KB234726

한국사회 이주노동자의 문화변용

한국사회 이주노동자의 문화변용

임선일 지음

본 책은 한국사회에서 주변부의 문제로 인식되었던 이주노동자의 생활실태를 심층적으로 파악하고 이론적으로 해석하려는 노력의 일환으로 집필되었다. 100만 명이 넘는 이주민이 한국 내에 거주하고 있고 이와 맞물려 한국사회는 고령 사회로 접어들고 있다. 사회적 환경의 변화로 인해 출산율이 저하되고 있고 이로 인해 경제활동인구의 감소를 불러왔다. 이와 같은 상황이 현재 한국사회의 현실이라 할 수 있을 것이다. 이렇듯 한국사회는 급격한 변화를 맞이하고 있음에도 불구하고, 경제활동의 주체적 역할을 담당하며 한국사회와 불가분의 관계를 설정하고 있는 이주노동자와 이주민에 대한 관심과 연구는 사회 분위기에 따라 부침(浮沈)을 거듭하고 있을 뿐이다.

지금까지 이주노동자에 관한 의제설정이나 연구는 인권이나 노동문제, 그리고 다문화 가정을 이루고 있는 이주여성의 동화를 전제로 한 적응과정에 관한 의제들이 주류를 이루고 있다. 그러나 이주노동자 혹은 이주여성이 한국사회와 대면적 접촉을 겪는 과정에 대한 연구는 많이 이루어지지 않았다. 따라서 본 책에서는 연구의 범위를 이주노동자로 한정하여 한국사회와의 관계 설정에 관한 현실과 방

법에 주목하여 분석을 시도하였다. 이주노동자와 한국사회의 관계
설정은 곧 이들이 담지하고 있는 에스니시티의 변형을 동반한다. 그
러나 에스니시티의 변형의 과정과 결과는 한국계 이주노동자와 비
한국계 이주노동자가 다르게 나타나고 있다. 왜냐하면 이들 각각이
담지하고 있는 역사적 · 문화적 배경과 정치적 · 경제적 상황의 차이
가 있기 때문이다. 따라서 본 책에서는 한국계, 비한국계 이주노동자
의 생활세계를 고찰함으로써 이들이 한국사회에서 적응하여 정착의
단계에 진입하고 있는 사실을 증명하려고 시도하였다.

이를 위해 한국계 이주노동자와 비한국계 이주노동자의 면담조사
를 실시했으며 면담조사의 한계를 보완하기 위해 설문조사도 함께
실시하였다. 이들의 한국 내 생활상을 세밀히 관찰하기 위해 이주노
동자들이 주최하거나 이주노동자 지원단체가 개최하는 행사에 참여
하여 최대한 자연스러운 관찰자로서 참여하여 객관적인 시각으로
관찰하였다.

연구결과 이주노동자의 한국 내 적응과정에서 에스니시티의 변형
이 발생하고 있었으며 한국계와 비한국계 이주노동자들 사이에 차
이점이 발견되었다. 이를 몇 가지 범주로 나누어서 살펴보면 첫째,
한국사회에 대한 적응과정에서 나타나는 태도이다. 한국계 이주노동
자는 한국사회에 적극적으로 적응하려하기 보다는 한국계만의 에스
닉 그룹 속에 있으면서 제한적 적응을 시도하고 있었다. 반면에 비한
국계 이주노동자는 여성들을 제외한 대부분은 한국사회로의 적응에
적극적인 행태를 보이고 있었다. 둘째, 한국 내에 이입된 한국계와
비한국계 이주노동자의 인적 속성의 차이다. 먼저 한국계를 살펴보
면 ① 저학력이며 40대 이상의 연령대가 주류를 이루고 있다. ②

중국에서 농업에 종사하거나, 소규모 자영업자 등과 같은 직업군에 종사하면서 중국 내의 주류사회에 진입하지 못한 사람들이다. ③ 한국어와 중국어에 능통하다는 장점을 살려 한국계 기업에서 일을 하던 사람들이다. 반면에 비한국계는 ① 고학력이며 20대와 30대의 연령대가 주를 이루고 있다. ② 혈연이나 지역적 동질성을 공유하는 네트워크를 통해 한국에 이입되었다. ③ 한국정부의 외국인력정책이었던 산업연수생제도를 통해 이입되었다. 셋째, 국적 취득에 관한 태도이다. 한국계는 한국 국적 취득보다는 중국 국적을 유지한 상태로 양국 간의 자유왕래를 희망한다. 그러나 비한국계는 한국 국적을 취득하기를 희망하고 있는 부류가 많았다. 다만, 연구 대상이 미등록 신분을 가지고 있는 사람들이 많았기 때문에 개별 면담에서는 한국 국적의 취득에 대한 희망을 보여주었으나 타인에게 드러나게 한국 국적 취득에 대해 희망을 피력하는 사람들은 소수였다. 비한국계의 경우 자신들의 미등록 신분에 대해 절감하고 있었으며 결국 희망적 미래에 대해 체념하게 되고 한국정부의 처분만 바라볼 수밖에 없는 처지인 것이다.

이상의 연구결과는 그동안 이주노동자를 시혜의 대상이나 사회문제의 원인으로만 바라보았던 한국사회의 시선을 한국사회에서 일정부분 역할을 하고 있는 실체로서 인정할 수 있는 근거를 제시하였다는 데 의의가 있다하겠다. 이주노동자들의 삶과 생활세계는 한국인과 동떨어진 것처럼 보였으나 사실은 끊임없는 문화변용을 통해 한국인의 생활세계와도 심층적인 상호작용 관계를 맺고 있다는 사실을 알 수 있다.

위와 같은 결과를 얻어 본 책을 발표하는 데 많은 분들의 도움이 있었습니다. 연구의 흐름을 이어 갈 수 있도록 언제나 조언을 아끼지 않으셨던 성공회대학교의 이종구 교수님, 신정완 교수님, 그리고 한국학 중앙연구원의 이창호 선생님께 감사의 마음을 드립니다. 마지막까지 교정작업을 함께 해 주었던 성공회대학교 박사과정의 김봉열 아우에게도 고마움을 전하고 싶습니다. 또한 연구를 위해 면담대상자를 선정하고 설문 조사를 진행하는 데 도움을 주셨던 경기도 마석의 '남양주 외국인근로자 복지센터'의 관장이신 이정호 신부님과 실무자들, 구로의 '지구촌 사랑나눔' 대표이신 김해성 목사님께도 감사드리며 면담과 설문조사에 흔쾌히 응해주신 중국동포와 이주노동자 여러분께 진심으로 감사드립니다. 아울러 졸작인 저의 책을 출판할 수 있도록 배려해 주신 한국학술정보(주)와 실질적으로 저의 책이 출판될 수 있도록 세세한 부분까지 고민해 주셨던 출판사업부의 이주은 선생께도 감사의 인사를 드립니다.

　마지막으로 언제나 저에게 든든한 버팀목으로 존재하는 사랑하는 가족들에게 고마움을 전합니다.

2010년 11월
항동골에서 임선일

CONTENTS

01

서 론

# 서 론

1. 왜 이주노동자의 문화변용 연구인가?

1980년대 후반 88올림픽을 계기로 한국이 세계에 알려지면서 제3세계의 노동력이 한국에 유입되기 시작하였다. 이후 1991년까지 전국의 영세 중소업체를 중심으로 10만 명이 넘는 이주노동자가 이입되어 국내의 노동인력시장의 한 부분을 차지하게 되었다. 한국은 1960~70년대 협소한 국내 취업 시장을 해소하기 위해 독일과 중동의 사우디아라비아 등 해외에 많은 노동력을 송출했다. 그러나 1980년대의 3저 호황으로 국내 경기가 호전되고 1987년 노동자 대투쟁을 기점으로 국내의 노동조건과 노동자 권리 등이 향상되면서, 그 결과 오히려 국내 노동력은 3D업종 기피현상을 나타내게 되었다. 반면, 이러한 국내 노동시장의 변화는 '코리안 드림'을 꿈꾸는 아시아 저개발 국가의 노동자들에게 꿈과 희망을 품게 했다. 이때부터 가족과 친지 방문 목적으로 입국하였다가 돈을 벌기 위해 불법체류를 감수하는 중국출신의 교포가 점증했다. 동시에 한국에 입국해 불법체류 상태에서 돈을 벌고 있는 비한국계 이주노동자들의[01] 체류기간이 길어지면서 그 가족들과 친지들이 한국에 유입되기 시작하였다. 그동안 한국 내의 이주노동자 문제를 단순히 '외국인력'이라는 틀로만 규정하며 미봉책으로 일관했던 한국 정부의 정책은 이제 더욱 복잡한 양상을 띠게 되어 버렸다. 이들을 일시적인 '노동력' 개념으로만 존치시키기에는 거주의 기간이 상당 기간 경과되었고 오래된 시간만큼이나 한국계 이주노동자와 비한국계 이주노동자의 적응방법과 결과에서도 차이를 나타내고 있었다. 정주기간의 장기화로 인해 '탈(脫)노동자화'하는 한국계 이주노동자가 생겼으며 한국정부가 취하는 어떠한 방법에도 단속되지 않고 살 수 있는 방법을 터득한 비한국계 이주노동자도 생겼다. 이제 이주노동자와 한국사회와는 분리될 수 없는 상황에 이른 것이다. 그동안, 처해진 상황만큼이나 다양하게 한국사회와 교류하며 살고 있는 이주노동자를 이웃이라고 말하기도 하지만 어떻게 이웃이 되었는지 어떠한 기제로 이웃이 되었는지 설명할 수는 없었다. 다시 말해 한국계와 비한국계 이주노동자가 한국사회에 적응하고 정착하는 과정과 사회적 네트워크 형성과 강화의 문제, 그리고 이들이 한국사회라는 구조에서 어떠한 방식

---

01 통상적으로 한국 내에서는 경제적 이익의 수취를 위해 외국으로부터 입국한 사람들을 이주노동자(Migrant Workers)라고 호칭한다. 국제노동기구(ILO) 협정 제143호의 제1장 제11조에서는 "다른 사람에 의하여 고용될 목적으로 한 나라에서 다른 나라로 이주하거나 이주하였던 사람"을 이주노동자로 규정하며, 한국정부의 외국인 근로자 고용 등에 관한 법률 제 2조에서는 '외국인 근로자라 함은 대한민국의 국적을 가지지 아니한 자로서 국내에 소재하고 있는 사업 또는 사업장에서 임금을 목적으로 근로를 제공하고 있거나 제공하고자 하는 자'로 규정한다. 그러나 한국의 이주노동자 지원단체에서는 외국인노동자(Foreign Workers)라는 용어가 국적 · 성별 · 빈부 · 교육정도의 차이에 따라 이분법적으로 '너와 나'를 구분하는 방식으로 국적에 따른 차별을 내포하고 있다고(김병조, 2009) 지적하여 '외국인 이주노동자' 또는 '이주노동자'를 공식 용어로 채택하고자 제안하였고 현재는 통상 '이주노동자'로 호칭하고 있다.

으로 에스니시티(ethnicity)를 변형시켜 문화적 변용을 하는가와 같은 주제는 학계의 연구 문제에서 소외돼 있었다는 점이다. 필자의 고민의 출발점이 여기에 있다. 오래전부터 이주노동자를 한국계와 비한국계로 분류하여 연구하는 작업은 활발히 있어왔다. 이러한 연구 작업에서 이들은 노동자로서의 인식적 지위를 벗어나지 못하는 한계를 가지고 있었다. 그렇지만 이주노동자는 한국사회에서 이미 '생활인'의 지위를 획득하고 있다. 이제 이 현상을 어떻게 설명하고 분석할 것인가에 대한 해답이 요구되는 시점인 것이다. 본 책에서는 노동력만을 제공하는 노동자로서의 지위를 넘어 한국사회의 구성원으로서 참여하고 있는 이주노동자들의 '에스니시티 변형과 문화변용'에 대해 집중 고찰하고자 한다.

이를 위해 민족적 정체성이 상이한 한국계와 비한국계 이주노동자가 한국사회와의 관계 설정을 동일한 수위에서 하는가, 관계 설정 방법의 차이가 있는가, 차이가 있다면 어떠한 차이가 있는가, 이들의 삶에 이러한 관계 설정이 실질적 의미를 가질 수 있는가, 그리고 생활세계를 통해 변형되는 이주노동자의 에스니시티가 어떠한 유형으로 분화되는가에 관한 논의가 중요한 분석 내용이 될 것이다.

이주노동자의 한국 내 유입이 증가할수록 이들에 대한 문제는 보다 더 다양한 시각에서 접근하고 분석하는 작업이 필요하며 인권의 문제를 넘어, 초고령(超高齡) 시대에 접어드는 한국의 국가정책에 중요한 문제로 대두 될 것임에 틀림없다. 이는 주변적 문제로 인식되었던 이주노동자의 문제가 중심적 의제로 부상할 것임을 의미한다.

한국에 체류하고 있는 외국인들을 제도적 측면에서 살펴보면 법에 의해 정해진 체류 기간을 넘어서 거주하고 있는 이주노동자가 고용허가제나 그 밖의 합법적 테두리 안에서 거주하는 이주노동자보다 많은 수를 차지하고 있다. 이들은 미등록과 등록 외국인을 불문하고 자국민의 커뮤니티나 한국인과의 인적 네트워크를 통해 한국사회에 적응해 가고 있으며 그 수는 벌써 2009년 3월 현재 110만 명이 넘었다(법무부, 2009).[02] 이중에서 중국계가 차지하고 있는 비율이 가장 높은데 현재 57만여 명이 국내에 입국해 있다. 중국계 외국인 중에서 한국계(재중동포)가 차지하는 체류자 수는 39만여 명으로 등록체류자가 36만여 명, 미등록체류자가 2만 6천여 명이다. 나머지 50만여 명의 외국인들은 미국과 영국, 호주 등과 같은 선진국 출신의 외국인과 동남아시아 출신의 외국인들로 구성되어 있다.

본 책에서는 선진국 출신의 외국인을 제외한 동남아 출신의 이주노동자와 중국 출신의 재중동포 이주노동자로 연구대상을 한정하였는데 선진국 출신의 외국인은 영어 교육과 관련된 업종이나 엘리트류의 직업군에 속해 있어 국내에 정주할 가능성이 희박하고 한국인과의 결혼을 하더라도 본국으로의 귀국을 상정하기 때문에 재중동포나 동남아 출신의 이주노동자와는 전혀 다른 상황에 처해 있다고 할 수 있다. 이들은 한국사회로의 적응에 소극적일 수밖에 없으며 한국어 습득이라든지 에스니시티(ethnicity)[03] 변형에 적극적이지 않

---

02 행정안전부는 법무부보다 상세하게 5월 한 달간 외국인 현황을 조사하였다. 2009년 5월 현재 국내에 거주하는 외국인은 총 110만 6천884명이었다. 이는 국내 인구(4천959만 3천665명)의 2.2%를 차지하는 수치로, 2008년 같은 시기에 조사 했을 때의 현황인 89만 1천341명보다 24% 증가한 것이다. 국적별로는 조선족을 포함한 중국 국적이 56.5%로 62만 4천994명, 베트남과 필리핀 등 동남아시아계가 21.2%로 23만 5천77명, 미국 5.4%로 5만 9천870명의 순이었다. 이 중 재중동포는 44만 3천836명으로 전체 외국인의 40.1%를 차지하고 있었다. 시·도별 분포는 서울 30.3%로 33만 4천910명, 경기 29.3%로 32만 3천964명, 경남 5.8%로 6만 4천298명, 인천 5.6%로 6만 1천522명이 거주하고 있는 것으로 나타났다. 110만 명의 국내 거주 외국인 중 이주노동자는 전체의 52%인 57만 5천657명에 달했다.

03 에스니시티에 대한 개념 정리는 본 책 65~67쪽을 참조하라.

다. 그러나 재중동포 가운데 일부와 동남아 출신의 이주노동자들은 본국으로의 귀환보다 한국사회로의 적응이 삶의 질 향상에 더 큰 이익이 담보되기 때문에 에스니시티 변형에 적극적이다. 이주노동자의 에스니시티의 변형은 곧 한국사회와의 자기일치화 과정이며 이러한 변화를 탐지하는 작업은 한국인과 이주노동자가 미래의 공생 관계를 유지하는 데 중요한 출발점이다. 이주노동자의 에스니시티는 방향성이 일정하지 않으며 출신국에 따라 다양한 양상을 보인다. 이렇게 방향성이 일정치 않은 에스니시티의 변화를 탐지하는 작업의 필요성은 첫째, 미래 한국사회의 노동시장과 사회 전반에 걸친 정책을 수립하는 데 참고 자료로서의 가치가 있다. 저출산·고령 사회로의 이행기에 위치한 한국사회는 노동력의 이입이04(김병조, 2009: 49) 반드시 필요한 시점이다. 한국경제의 주체가 대기업이기는 하지만 중소기업의 뒷받침 없이는 대기업의 운용은 사실상 불가능하다. 중소기업에 취업하고자 하는 한국인은 지속적으로 감소해 왔고 제조업 현장의 노동력 부족은 현재도 심각한 수준이다. 이러한 노동공간을 이주노동자들이 보완하고 있으며 미래 한국의 노동시장은 이들로 인해 더욱 다양한 형태를 띠게 될 것이다. 노동시장의 다변화에 대처하는 정책의 수립이 지체될 때 노동시장은 혼란하게 되며 이는 한국사회의 중요한 문제로 제기될 것임이 분명하다. 이와 같이 노동계를 포함하는 사회전반의 문제를 미리 예상하고 대비하기 위해 이

---

04 이주노동자가 특정지역(혹은 국가)을 중심으로 한 '구조적이며 목적의식적이며 주체적인 활동'의 의미로서, 이동을 사회·경제구조와 이주노동자의 관계성 속에서 발현되는 동적 구조로 파악하기 위하여, 이주노동자 입장에서 기존의 수입(受入)·송출(送出)이나 유입(流入)·유출(流出)과는 구분되고 차별화되는 이출(移出)과 이입(移入)이라는 김병조의 정의에 동의를 하고 있다. 그러나 본 책에서는 이주노동자의 출신국을 의미할 때는 이출국이라는 표현 대신에 이해를 용이하게 하기 위해 출신국으로 사용할 것이며 출신국으로부터 다른 지역으로 이동하게 되는 상황은 이출이라고 구분해서 사용할 것이다.

주노동자의 삶의 경로를 탐색함으로써 그들의 현재 상황을 이해하고 이주노동자와 한국인이 공생할 수 있는 조화로운 사회·노동정책을 생산해내는 작업은 중요하다. 둘째, 밸러(Wehler. Hans-ulrich, 2007)가 말한 '정통성 위기의 심화가 민족주의 생성에 결정적으로 작용했다'는 의미는 민족주의 또는 민족성이라는 정의가 대중적 통치를 위한 수단이었다는 것을 말하며 베네딕트 앤더슨의 '상상의 공동체'가 현실 세계로 전이되었음을 의미한다. 에스니시티는 외부적으로 규정되거나 내부적 필요에 의해 강제적으로 인식되는 것이다. 이처럼 모호한 에스니시티 인식에 비추어볼 때 강력한 에스니시티 인식을 가진 한국인들에게 이주노동자의 존재는 이질적이고 배타적이다. 그러나 이주노동자 역시 각각의 에스니시티를 담지하고 있으며 그러한 상태로 한국에 이입된 것이다. 결국 한국인과 이주노동자의 에스니시티 차이에 의한 갈등의 소지가 존재하며 상호 간에 겸허하게 존중해 주지 않는다면 문화적 충돌로 이어질 것이다. 아직까지 이주노동자의 에스니시티에 관한 심도 깊은 논의는 이루어지지 않았으며 이들의 에스니시티를 개념화하고 이의 변화를 살펴보는 일은 한국인과 이주노동자의 상호 이해를 위한 토대로서 필요하다고 할 수 있다. 셋째, 이주노동자의 현실적 상황에 대한 이해의 필요성이다. 이주노동자가 어떠한 경로를 통해 한국에 입국하고 한국사회에 적응해 가고 있는가에 대한 연구 또한 많지 않다. 적응의 의미는 언어의 습득, 음식문화의 체득, 인적 네트워크의 개선 등 다양한 의미를 내포하고 있는데 이주노동자가 가지고 있는 고유한 에스니시티가 무엇에 의해 변형되는지 그 변형 기제를 찾아내는 일도 의미 있는 작업이라 할 수 있겠다. 마지막으로 동남아 출신의 비한국계 이주노동자와 중국 출신의 한국계 이주노동자의 에스니시티가 어떻게 변형되는가를 비교하여 살펴볼 필요가 있다. 중국에서는 주류로 인정받지 못하고 한국에 이입된 이후로는 한민족으로 대접 받지 못하는 한국계 이주노동자와 다양한 민족으로 구성된 국가로부터 이입된 비한국계 이주노동자의 에스니시티가 변형되는 과정을 비교하여 살펴보고 분석하는 일은 의미 있는 작업이다. 이들 모두는 한국사회의 하층 노동시장을 구성하는 존재이지만 적응과정과 삶에 대한 전망에서 차이가 존재하며 역으로 한국사회 역시 이들과의 관계 설정에 있어 차이를 담지 할 필요가 있다. 이렇게 에스니시티의 변형을 통해 상호 간에 발생하는 문화변용에 관한 이해는 미래 한국사회에서 동반자로서의 위치를 재확인하는 작업으로서 가치가 있다 할 수 있다.

본 연구의 목적은 거시적 차원과 미시적 차원으로 나눌 수 있다. 먼저 거시적 목적은 다문화 사회를 준비하는 한국사회의 에스니시티에 관한 이해와 인식을 재구성할 필요성에 의해 준비된 작업이라 할 수 있다. 자본과 노동력의 이동이 더 활발하게 되는 미래에 필연적으로 맞이하게 될 다인종·다민족 사회에서 배타가 아닌 배려로, 대립이 아닌 상호 이해로 나아가 한국사회에서 이질적인 두 집단 간의 화합에 기여할 수 있는 준비작업의 성격을 가지고 있다.

미시적 목적은 한국에 이입되어 있는 이주노동자의 문화변용 실태를 정확하게 파악함으로써 효과적인 이주노동자 정책을 수립하는 데 기초가 되어 이주노동자 문제에 관한 공론화의 장에서 참고적 기준이 될 수 있게 하는 데 있다. 단순히 합법과 비합법의 이분법적 구분을 넘어선, 제도권 밖에서 발생하는 이주노동자의 생활세계에 대한 본 연구가 한국 정부의 이주노동자 정책 입안 시에 중요한 자료로서 역할을 할 수 있기를 기대하고 있다.

2. 구로지역의 중국동포, 마석공단의 이주노동자

필자가 처음 이주노동자를 접하게 된 지역은 동대문구의 창신동에 위치한 '서울외국인노동자센터'였는데 이 단체가 위치한 창신동이라는 지역의 특성은 동대문 의류시장을 기반으로 살아가는 봉제노동자가 주거 인구의 대부분을 차지하고 있다는 것이다. 물론 이 지역에서 이주노동자가 작업장에서 차지하는 비율이 비교적 높기는 하지만 경기도 서부 지역과 북부, 남부 지역 등 수도권 외곽에 비하면 그리 높은 편은 아니다. 창신동 지역에서 일하는 다양한 국적의 이주노동자들은 오랜 기간 동안 이 지역에 머무르며 일을 하는 경우가 많지 않은데 여기에는 몇 가지 이유가 있다. 첫째, 법무부의 표적단속 대상이 되기가 용이하다는 것이다. 법무부는 미등록 이주노동자의 퇴거를 위해 매년 정기적으로 집중단속 기간을 운용하는데 단속을 위한 예비 후보지역 1순위가 동대문 지역 인근이기 때문이다.05 실제로 부정기적인 불심검문에 의한 단속에 의해 많은 이주노동자들이 강제 출국을 당하는 경우도 많다. 둘째, 이 지역에 산재해 있는 봉제 공장의 특성상 재단이나 재봉틀의 기술자가 되지 않으면 타

---

05 동대문운동장을 중심으로 한 지역에는 러시아권(우즈베키스탄, 카자흐스탄, 우크라이나 등) 이주노동자들의 에스닉 타운과 몽골인들의 에스닉 타운, 그리고 네팔과 인도인들을 위한 식당 등이 밀집해 있어 출입국 관리소에서 비정기적 단속이나 검문을 수시로 실시하고 있다.

업종에 비해 상대적으로 낮은 임금을 감수해야 하기 때문에 대부분
의 이주노동자들은 기술이 필요 없이 일을 할 수 있는 타 지역으로
이주하는 현상이 일어난다. 창신동의 봉제 공장들은 대부분이 영세
한 재하청을 생업으로 삼는 공장들이 밀집해 있기 때문에 보조 노동
자에 대한 임금과 처우는 열악할 수밖에 없다. 따라서 이주노동자들
은 영세한 봉제 공장을 대신해 경기도 일원에 산재해 있는 다른 업
종의 중소업체에 일자리를 찾아 이주하게 되는 것이다. 셋째, 한국으
로의 이주를 결정하고 실행할 때 이주노동자들은 친척 관계의 인맥
을 찾아 한국에서 자리를 잡게 되는데 창신동 지역에서는 네팔, 베트
남, 몽골 등 한국인과 외모가 비슷한 국가 출신의 노동자들만이 정착
하고 있다. 이는 전자에 언급한 한국정부에 의한 단속에 적발될 소지
가 타 국가 출신의 노동자들에 비해 적어 보인다는 프리미엄이 존재
하기 때문이다.

위와 같은 몇 가지 이유 때문에 집단주거지를 중심으로 이주노동
자의 문화변용을 연구하는 데 있어 동대문 지역은 부적격 조건에
해당된다. 따라서 다양한 국가 출신의 이주노동자를 면담하고 관찰
하기가 용이한 지역을 찾아본 결과 1990년도 초부터 동남아시아 출
신의 이주노동자가 집단적으로 거주하고 있는 마석공단과 조선족이
라 불리는 재중동포들이 집단적으로 거주하여 타운을 형성하고 있
는 구로 지역을[06] 연구 대상 지역으로 선정하게 되었다. 이 두 지역

---

06 구로공단은 서울특별시의 서남단에 위치하여 동쪽으로는 영등포구, 금천구와 인접해 있고 서쪽은 부천
시와 광명시를 경계로 하며 남쪽은 광명시와 접하여져 있다. 또한 영등포에서 연장되는 경부선이 분리
되는 지점으로부터 경부선, 경인선 이외에도 수원과 인천 방면의 전철1호선과 국도가 관통하고 있는
구로구와 금천구 일부에 걸쳐 있고 남부순환 도로와 서부간선도로가 연결도로의 역할을 하고 있으며
전철 2호선과 7호선이 현재 운행되고 있는 교통의 요지라 할 수 있다. 이곳은 국내의 대표적 한국계
이주노동자의 집단 거주지로서 가리봉동을 중심으로 한 구로지역에는 실질적으로 재중동포들이 집단으
로 거주하고 있다. 하지만 현재는 재중동포들의 삶의 터전이 확장되는 경향을 보이면서 대림동 일대까
지 집단거주지로 탈바꿈하고 있다.

은 각각 동남아시아 출신의 이주노동자와 재중동포가 집단적으로 거주하는 대표적 지역으로써 연구 조사에 필요한 충분한 면담대상자와 그들만의 커뮤니티가 활발하게 활동하는 공간이다.

출신국에서 이입국으로 이입된 이주노동자들은 그들만의 커뮤니티를 구성하거나 이주노동자를 돕기 위해 만들어진 시민단체 또는 독자적으로 이입국 상황에 적응하기 시작한다. 본 연구의 대상인 한국계 이주노동자와 비한국계 이주노동자 또한 일정한 지역을 중심으로 한국에 적응하기 시작하는데 한국계 이주노동자의[07] 경우 가리봉동을 중심으로 한 구로 지역에서 생활하는 사람들이 많다. 반면 비한국계 이주노동자들은 서울 외곽 지역을 비롯해 경기도 일원에서 한국사회로의 적응을 시도하는데[08] 본 책에서는 경기도 남양주시에 위치한 마석공단에서[09] 생활세계를 이루고 있는 네팔, 필리핀, 방

구로 지역은 순환선인 지하철 2호선과 7호선이 통과하기 때문에 서울을 비롯한 경기도 곳곳에 환승을 통해 접근할 수 있는 공간적 이점을 가지고 있다. 또한 서울 도심에서 순환선이 통과하는 지역 중 이 지역보다 주거비가 적게 드는 지역도 없을 뿐만 아니라 재중동포들이 집단거주 하게 되면서 얻게 되는 일에 대한 정보, 중국 현지에 대한 소식 등이 타 지역에 비해 획득하기 좋은 조건을 가지고 있다. 이것이 구로 지역이 갖는 특별한 특징이라 할 수 있다.

07 대표적 한국계 이주노동자는 중국 출신의 조선족과 러시아를 비롯한 구소련 연방 출신의 고려인이 있는데 본 연구에서는 중국 출신의 재중동포를 중심으로 연구를 진행하였기에 한국계 이주노동자라 함은 재중동포를 칭한다.

08 서울과 경기 지역에 살고 있는 이주노동자의 통계는 정확히 알 수 가 없다. 미등록 노동자와 고용허가제에 의해 입국한 이주노동자가 혼재되어 있는데 정부나 지자체의 행정력으로도 이들의 정확한 수의 통계를 알 수 없는 한계가 있다. 그러나 행정안전부에서 2008년 발표한 통계 자료에 의하면 서울 108,140명, 인천 30,407명, 경기도 173,230명으로 조사된 바 있다.

09 작은 분지 형태의 마석공단은 주거를 위한 주택과 상품 생산을 위한 제조업체가 동일한 공간에 위치한 특징을 보이고 있는데 이는 노동활동을 위한 공간과 생활세계가 분리되지 않음을 의미한다. 이 지역 경제 활동에서 중요한 노동력을 제공하는 이주노동자들에게 있어서 이러한 조건은 이주노동자들이 집단을 이룰 수 있는 몇 가지 조건을 충족시키고 있다. 첫째, 이주노동자를 필요로 하는 작업장이 대다수이기 때문이다. 마석공단의 제조업은 가구제조업이 주류를 이루며 그 밖에 신발 제조, 냉장 회사 등이 운영되고 있다. 이들 기업은 원청으로부터 재하청을 수주 받아 영위 되는 업체로서 한국인에게 고임금을 지불하면서 운영하기에는 재정적 어려움을 감당할 수 없으며 작업장의 환경이 심하게 열악하기 때문에 한국인이 취업하기를 꺼려하기 때문이다. 소위 3D 업종이 밀집되어 있는 전형적인 영세 제조업체가 대부분이다. 둘째, 단속의 공포에서 비켜갈 수 있는 비상구의 확보가 용이하기 때문이다. 차량을 이용해 공단을 출입할 수 있는 통로가 두 군데 밖에 없기 때문에 출입국관리소의 기습 단속이 실시되더라도 공단 입구에서 단속 사실을 인지하면 빠른 시간 안에 단속 사실이 공단에 알려지고 이주노동자들은 즉시 작업장을 이탈해 공단 인근의 야산으로 피해 버린다. 마석공단은 이주노동자들의 노동력에

글라데시 출신의 이주노동자를 대상으로 연구를 진행하였다. 비한국계 이주노동자의 경우 연구대상자는 최하 5년 이상의 장기간 동안 한국 생활을 경험한 이주노동자를 중심으로 하되 연구에 필요할 경우 거주기간을 반드시 고집하지는 않았다. 조사대상자의 거주 기간을 5년으로 한 이유는 이주노동자가 한국에 입국하기 위해 치러야 할 경제적 비용이 존재하는데 이 비용을 상환하는 데 소요되는 기간이 통상 5년 안팎 정도 소요되기 때문이다.

－사례 1

인제 내가 볼 때는 4년 정도… 4년에서 한 7년 정도 되니까 거반 열심히 모은 사람들은 그래도 뭐 본국에 집이나 땅 뭐 이런 것들을 좀 그 만들어 놓은 것 같드라구요(이영 신부).

－사례 2

뭐 월급 가지고 생활 조금 해야죠. 돈 내가 그때 한 2800만(원) 있어, 2800은 들고 갔는데…(엠구룽, 45세, 네팔, 체류 21년).

이영 신부는 이주노동자와 오랫동안 생활하면서 축적된 경험으로 통상적인 입국 비용의 상환기간을 유추하고 있었다. 이러한 사실이 일반적이지는 않을 수 있지만 한국으로의 입국비용과 본인의 생활비, 본국으로 송금하는 비용 등을 계산해 보면 틀린 지적은 아니다. 엠구룽 씨의 경우에도 최초 입국 후 9년을 체류했는데 2,800만 원을

대한 의존도가 높은 지역이다. 셋째, 작업장과 주거지의 공간적 거리가 멀 때에는 대중교통비와 같은 부가적인 비용지출이 증가한다. 주택의 임대료가 타 지역에 비해 저렴한 이유로 이주노동자들이 이 지역에서 생활하는 경우도 있지만 출·퇴근을 할 경우 지불되는 비용을 아낄 수 있는 이점도 있다. 또한 출·퇴근에 대한 공간적 거리가 축소되면 야근이나 잔업을 함으로써 수취할 수 있는 수입의 증가도 중요한 이유가 될 수 있다. 넷째, 국가별 커뮤니티가 활성화되어 있다는 점이다. 마석공단에는 동남 아시아를 비롯해 소수의 아프리카 출신 이주노동자도 삶을 영위하고 있는데 구성비가 높은 네팔, 필리핀, 방글라데시 출신의 이주노동자들은 출신국별로 커뮤니티를 구성하고 있다.

 　한국사회 이주노동자의 문화변용

저축하고 있었다. 이런 결과는 4~5년 동안은 입국 비용을 상환하기 위해 저축을 할 수 있는 여건이 되지 않았지만 이후에는 저축을 할 수 있는 경제적 조건이 성립되었기 때문이라고 볼 수 있다.

입국 비용을 상환하기 위한 기간 동안 이주노동자들은 한국정부의 단속이나 추방명령을 회피하기 위해 다양한 방법으로 한국에 적응하려 노력한다. 이 과정에서 한국사회로의 적응이 서서히 진행되는데 동남아 출신 이주노동자의 대표적 거주지인 마석공단은 비한국계 이주노동자들이 출신국별 커뮤니티나 시민단체·종교단체를 통해 정착하는 데 필요한 정보를 얻거나 일자리를 찾는 데 도움을 얻고자 하는 사람들이 대표적으로 찾는 거주지역이다. 마석공단에서 활동하는 대표적 이주노동자 지원단체는 '남양주시 외국인근로자 복지센터'와 '남양주이주노동자여성센터'이다. 전자는 남양주시로부터 위탁을 받아 성공회에서 운영하는 곳이고 후자는 남양주시의 지원과는 별개로 기독교 단체에서 운영하는 곳으로서 마석에서 활동을 시작한지 10년 정도 되는 단체이다. 필자는 이 두 곳 중 성공회에서 위탁 운영하는 '남양주시 외국인근로자 복지센터'를 통해 연구조사를 실시하기로 하였는데 이러한 결정에는 몇 가지 이유가 있다. 첫째, 마석공단에서 가장 오랫동안 이주노동자를 위해 활동한 단체이기 때문이다. 1990년부터 이곳에서 목회와 이주노동자 운동을 했던 이정호 신부는 이곳에서 18년 동안 이주노동자들과 생활했기 때문에 이주노동자들의 삶을 세세히 파악하고 있었으며 이주노동자들 역시 이정호 신부를 '파더'라고 부르며 따르고 있다. 따라서 이주노동자들의 삶의 행태를 비교적 상세하게 관찰 할 수 있는 조건과 이정호 신부로부터 이주노동자에 대한 충분한 자료를 수집할 수 있는 여건이 충족되기 때문이었다. 둘째, 18년의 역사를 가진 '남양주시 외국인근로자 복지센터'는 2005년에 현재의 건물로 이전했는데 이전 과정에서 개관작업에 필요한 몇 가지 업무에 필자가 관여했기 때문이다. 개관작업에 필요한 일들을 처리하면서 센터에 출입하는 이주노동자들과 기본적 친밀감을 형성하고 있으며 출신국가별 커뮤니티의 대표로 활동하는 몇몇 이주노동자와는 막역한 관계를 유지하여 이들에게 특별히 필자에 대한 설명을 하지 않더라도 일종의 라포(rapport)를 미리 형성시켜 놓았기 때문에 면담을 위해 별다른 친밀감을 형성시킬 필요가 없었기 때문이다. 셋째, 센터에서 활동하는 한국인들과의 친밀도이다. 현재 센터에서 활동하는 실무자들의 인적 구성의 속성이 초기 샬롬하우스와는[10] 거리가 있기는 하지만 오랫동안 성공회 남양주교회를 출석하며 자연스럽게 현 '남양주시 외국인근로자 복지센터'에서 활동을 하는 몇몇 구성원들과는 격의 없는 관계를 유지해 왔기에 마석공단에 대한 정보나 현황에 대해 충분히 알 수 있는 조건이 충족되었다 할 수 있다. 마지막으로 가장 중요한 네 번째 이유는, 한국사회의 대표적 이주노동자 집단 거주지 중 한 곳인 마석은 거주기간, 성별, 출신국적 등이 다양한 이주노동자를 만날 수 있는 공간으로서 연구대상이 풍부하다는 최고의 장점이 있다. 이상과 같은 이유가 '남양주시 외국인근로자 복지센터'에서 연구조사를 실시하기로 한 주요 요인이다.

한편 재중동포의 에스니시티를 연구하기 위해 선정한 단체는 가

---

10 '남양주시 외국인근로자 복지센터'의 원래 명칭은 샬롬하우스, 또는 샬롬의집이라고 했었다. 본 책에서는 면담 과정에서의 구술을 제외하고는 이주노동자들이 호칭하는 '샬롬하우스'로 명칭을 통일하였다.

리봉동에 위치한 '중국 동포의 집'이다. 정확한 명칭은 '지구촌 사랑 나눔'이라는 사단법인인데 아직도 재중동포나 이주노동자 관련 활동가들은 이곳을 '중국 동포의 집'이라고 부르고 있다. 이곳은 이주 노동운동의 대부로 불리는 김해성 목사가 대표로서 오랫동안 활동하고 있는 곳이다. 구로 지역은 교통이 편리하고 집값이 비교적 서울의 다른 지역에 비해 저렴하기 때문에 이주노동자의 집결이 용이한 곳이다. 통계에 따르면11 구로구보다는 영등포구에 재중동포를 비롯한 이주노동자의 수가 많지만 영등포 지역에서 활동하는 이주노동자 지원단체들의 규모가 작기 때문에 다양한 이주노동자를 면담하고 관찰하는 데 한계를 가지고 있으며 주거지역이 영등포라 할지라도 재중동포 간의 일자리를 구하기 위한 정보 교환과 친목 도모를 위한 모임이나 신변상의 문제가 발생할 때 가장 효과적으로 문제 해결을 도와주는 지원단체가 구로구에 있기 때문에 구로 지역을 자주 방문한다. 이런 이유로 가리봉동을 중심으로 한 구로 지역에는 많은 이주노동자가 자리를 잡고 삶을 영위하게 되었는데 특히 중국 출신의 동포들이 많이 모여 살고 있다. 이 지역에는 이주노동자를 위한 다양한 단체가 다수 활동을 하지만 이곳에 사는 재중동포들이 가장 많이 도움을 요청하고 가장 많이 찾는 곳은 재중동포들의 이주 초기부터 활동을 했던 중국 동포의 집이다. 중국 동포의 집에서 일요일에 실시하는 예배는 하루 3회가 이루어지는데 1,000여 명의 재중동포가 참석하고 있을 뿐 아니라 '(사)지구촌 사랑나눔'에서 운영하

11 법무부 출입국외국인정책본부 정보분석팀에 의하면 2008년 기준으로 구로구에 등록된 외국인 수를 보면 남성이 14,271, 여성이 13,630로서 총 27,901명으로 나타났다. 영등포구에 등록된 외국인의 수는 남성 18,093명, 여성 17,345명으로 총 35,438명이다. 이 밖에 구로와 인접한 금천구에도 17,924명이 등록되어 있다. 그러나 이 통계에는 미등록 신분의 외국인은 포함되지 않았기 때문에 실질적인 외국인의 수는 더 많다.

는 외국인전용병원을 찾는 이주노동자들이 많아 연구조사를 할 수 있는 좋은 조건을 가지고 있다.

연구조사의 면담 대상자는 비한국계 이주노동자의 경우 마석 가구공단의 영세제조업체에서 일을 하는 필리핀, 네팔, 방글라데시 출신의 노동자와 이들의 지원단체인 샬롬하우스의 관계자들뿐만 아니라 이주노동자가 마석공단에 들어오기 전에 그곳에서 삶을 영위하던 한국인과 이주노동자와 비슷한 시기에 함께 살기 시작한 한국인이다. 총인원 16명의 면담대상자를 면담 했으며 특별히 국적에 따른 인원배분은 고려하지 않았다. 면담은 샬롬하우스를 비롯하여 이주노동자들의 여름캠프, 체육대회 장소 등에서 이루어 졌으며 한국인 면담 대상자들은 그들이 경영하는 업체의 사무실과 매장에서 면담을 하였다. 다만 비한국계 여성이주노동자의 경우 한국에서의 거주기간이 장기간 경과한 대상자를 접촉하는 어려움[12] 때문에 입국 경과 기간에 관계없이 선정했음을 밝혀둔다. 한편 한국계 이주노동자의 면담은 구로 지역을 중심으로 생활하는 재중동포와 지원단체인 중국동포의 집 관계자를 포함하여 14명에 대한 면담이 이루어졌다. 면담장소는 중국동포의 집과 중국식 식당, 재중동포 타운의[13] 환전소와 면담대상자가 운영하는 식당, 그리고 방범활동을 하는 재중동포들과 동행하면서 이루어졌다. 한국계 이주노동자는 비한국계 이주노동자와는 달리 현재 미등록인 상태의 신분을 유지하는 사람들이 감소하였고 한국으로의 이입 이후 중국에 다녀왔던 경험을

---

12 재중동포 중 장기간 체류하고 있는 여성이 많지 않은 이유는 중국에서의 자녀 교육과 양육 문제로 인해 단기간 돈을 벌고 귀국을 결정하거나 남성만 한국으로 돈을 벌기 위해 입국하고 여성은 중국에서 자녀 교육에 전념하는 부부가 있기 때문이다.

13 이러한 소수의 이문화 집단의 거주지를 엔클레이브(Enclave), 또는 에스닉 타운(Ethnic town)이라 하는데 본 책에서는 에스닉 타운이라는 용어를 사용하였다.

가진 사람들이 다수 존재하기 때문에 입국기간의 장·단기 분류를 통한 면담대상자 선정이 의미가 없으므로 직업군을 중심으로 다양한 직종에 종사하는 면담 대상자를 선정하였다. 또한 한국계 이주노동자는 비한국계 이주노동자와는 달리 한국어에 능통하여 입국기간과는 별개로 면담을 진행하는 데 불편함이 없다는 원인도 입국 이후의 경과 기간이 면담대상자 선정에 영향을 미치지 않았던 이유 중 하나이다. 면담은 2008년 5월부터 2009년 9월까지 1년 4개월에 걸쳐 구로지역과 마석공단 그리고 면담 대상자들의 자체 행사를 진행하는 공간에서 이루어졌다.

〈표 Ⅰ-1〉 마석지역 면담 대상자

이름	국적	나이	거주기간	결혼여부	직업
김영권	한국	45세	–	–	슈퍼마켓운영
까디리몰라	방글라데시	55세	18년	○	전구공장 노동자
라원식	한국	44세	–	–	샬롬하우스 실무자
레닌	방글라데시	42세	10년	×	인테리어 일용직노동자
로저	필리핀	46세	18년	×	가구공장 노동자
모노	방글라데시	31세	9년	×	가구공장 노동자
박희권	한국	50대	–	○	가구공장 대표
부런	네팔	37세	15년	○	인테리어 노동자
샤니	방글라데시	41세	1992년 최초입국, 2005년 귀국 후 2006년 재입국	○	샬롬하우스 전 실무자
신봉환	한국	50대 중반	–	○	가구공장 대표
에바	필리핀	23세	2년	×	리본 공장 노동자
엠구릉	네팔	45세	1990년 최초입국, 1998년 귀국 후 1999년 재입국	×	일용직 노동자

〈표 Ⅰ-2〉 구로지역 면담 대상자

이름	국적	나이	거주기간	결혼여부	직업
원영규	한국	72세	–	–	무직
이영	한국	42세	–	–	성공회 신부
이정호	한국	53세	–	–	성공회 신부
이종선	한국	41세	–	–	성공회 신부
김관준	중국	46세	5년	○	건설현장 노동자
김선태	한국	38세	–	–	중국동포의집 실무자
김일선	중국→한국 (진행 중)	50대 중반	16년 거주, 2006년 귀한 후 2007년 재입국	○	건설현장 노동자
김해성	한국	50대	–	–	중국동포의집 대표
김해철	중국	53세	14년	○	식당 운영
노순걸	중국	54세	9년	○	건설현장 노동자
미라	중국	30세	5년	○	유흥업 종사
민아	중국→한국 (진행 중)	32세	2년	×	유흥업 종사
신덕화	중국	50대 초	2년	○	건설현장 오야지
오학봉	중국	32세	7년	×	보험회사 직원
윤영순	중국	52세	3년	○	식당 주방장
이림빈	중국→한국 (완료)	40세	1997년 최초입국 산재 후 중국 귀국. 2000년 재입국	○	식당 운영
이성국	중국	41세	7년	○	식당 일용직
장학림	중국→한국 (완료)	50대	20년(수시왕래), 2005년 국적취득	○	환전소 운영

　　연구를 진행하는 과정에서 피면담자가 나이를 밝히기를 원하지 않는 경우에는 보이는 모습이나 면담과정에서 유추하여 기록하였다. 결혼 여부에 관한 기표는 결혼을 한 경우에는 ○를, 미혼인 경우에는 ×로 표기하였다. 한국인 면담대상자의 경우 거주기간에 대한 부분과 결혼 여부는 본 연구와 관계가 없으므로 특별히 서술할 필요성이 없어 생략하였다. 한국계 이주노동자 중에서 중국 국적에서 한국

국적을 이미 취득하였거나 서류를 제출하여 법무부에서 심사 중에 있는 사람들은 그 과정을 화살표로 표시하였으며 비한국계 이주노동자는 한국 국적을 취득한 사람이 전무(全無)하기 때문에 별도로 표기하지 않았다.

1) 이주노동자와의 친밀감 형성을 통한 접촉

이주노동자의 에스니시티를 연구하는 주제는 양적으로 계량화시킬 수 없는 부분이 있다. 이러한 부분은 직접 이주노동자들과 접하면서 그들의 삶의 궤적을 면담하여 분석해내는 작업이 필요하다. 따라서 본 연구에서는 면담을 통한 질적 연구와 참여관찰을 주요 연구 방법으로 하고 이를 뒷받침할 수 있는 근거로서 설문지를 통한 양적 방법론을 보완적인 연구 방법으로 연구를 실행하였다.

마석공단에서 삶을 영위하는 이주노동자들은 타 지역에 비해 출신국이 다양하고 출신 국가별로 공동체를 만들어 활발히 교류하고 있다. 공동체를 중심으로 한 이들은 정보 공유를 통해 같은 작업장에서 일을 하고 세력화됨으로서 작업장에서 입지를 굳히게 되는데 본 연구에서는 오랜 기간 동안 작업장의 주변부에 위치해 오던 이들이 작업장의 일부를 책임지는 기간 노동자로서 성장해 온 과정에 주목하였다. 한국에 이주해 있는 이주노동자들이 어떻게 적응하고 사회화하는가에 대해 살펴보기 위해 지원단체의 상담 실무자, 관리 실무자와 그 밖의 한국인을 면담함으로써 이주노동자가 어떠한 메커니즘을 통해 한국사회에 적응하게 되는가에 대해 살펴보았다. 더불어

1990년대 전까지 한센병 환자들의 집단 거주지였던 마석 지역이 이주노동자의 집단거주지로 탈바꿈하게 된 현재 이들의 집단 거주지를 중심으로 한국인과의 관계설정 과정과 문화충돌을 경험하며 한국사회에 적응하는 과정을 에스니시티의 변형과정으로 분석함으로써 그들의 현주소를 파악하고자 노력하였다.

반면 구로지역은 마석공단과는 달리 다양한 국적의 이주노동자가 거주하는 것이 아니라 주로 재중동포들이 집단적으로 거주하는 양상을 보인다. 원래 구로지역은 서울의 대표적 중소 하청업체가 밀집했던 지역으로서 1970~80년대의 대표적 공단이었다. 소위 '공순이', '공돌이'로 불리던 한국의 하층 노동자들이 구로공단을 중심으로 삶을 영위하다가 이들이 떠나고 새롭게 이 지역의 주민으로 편입된 재중동포들이 가리봉동을 중심으로 살아가고 있다. 현재 구로지역은 과거의 제조업 중심의 산업구조를 탈피하고 IT중심의 산업구조로 급격히 개편되고 있다.[14] 그러나 재중동포들은 지속적으로 구로를 중심으로 밀집하여 생활하고 있는데 산업구조가 변화하고 있음에도 불구하고 구로지역에서 삶을 영위하고 있다. 본 책에서는 이들의 주거지를 중심으로 구성된 사회적·인적 네트워크와 현재 구성 중인 네트워크에 주목하여 재중동포 사회를 연구하였다. 이러한 다양한 네트워크는 재중동포들이 한국사회와 어떠한 방식으로 대면하는가에 대한 중요한 매개체로서의 역할을 하고 있기 때문이다.

연구를 위해 마석 지역과 구로 지역의 역사 및 사회문화적 환경에 대한 기초자료, 주요 통계자료를 수집하고 기존의 연구를 참조하는

---

14 현재 구로는 재개발 지역으로 정부에서 '서남권 르네상스 개발계획'으로 20조를 투자할 것이며 2011년 완공하는 돔구장에는 세계야구대회가 열릴 예정이다. 또한 구로구는 준공업 지역 확정과 프리미엄이 오르면서 최대 수혜지로 급부상하고 있다(경향신문, 2009년 11월 3일자).

것 외에 경제 인류학, 생태인류학 등 인류학 관련 문헌과 외국의 유사한 사례를 수집하였다. 이와 같은 사전조사 후 이주노동자들의 국내 정착과정을 세밀히 분석하기 위해 첫째, 이들의 인적 속성과 유입경로에 대해 구체적으로 살펴보고 둘째, 한국 내에서의 정착과정의 경로를 분석해 본 후 셋째, 정착 후의 삶의 변화에 대해 살펴보는 기초 연구를 토대로 에스니시티의 변형 유형과 문화변용 결과를 분석하는 것을 중심적 연구 방법으로 설정하였다.

현장기반 이론가들이 그들이 발견할 것에 대해 아무런 개념 없이 현장으로 들어가는 반면에 버러웨이는 반대 입장을 취하고 있다. 현장에 진입하기 전에 그 현장에서 무엇을 발견하기를 기대하는지를 가능한 한 일관되게 윤곽을 잡아내야 한다는 것이다(Buraway et al, 1991: 9). 버러웨이는 이론을 수용 또는 기각하기 위한 것을 대신해서 이론을 재형성하거나 증진시키기 위한 하나의 방법으로 사례확장법을 수용하고 있다. 그는 관찰이 기존의 이론과 어떻게 다른지, 그리고 '이론적 간격과 침묵(Theoretical gaps or silences)'이라고[15] 그가 명명한 모든 것을 찾아 나선다. 현장연구의 이러한 지향은 사전에 문헌을 검토하는 것이 가장 중요한 일이라는 함의를 지닌다. 따라서 본 연구는 구로 지역과 마석 지역에 관한 모든 연구 실적을 검토한 후에 진행하되 선행된 연구의 이론적 틀에 연연하지 않았다. 다만 객관적인 연구에 필요한 자료의 수집을 위해 현지답사를 통한 기초조사와 선행연구의 수집을 충실하게 수행하였다. 이 조사에는 공식 · 비

---

15 많은 연구들의 초점이 종종 이론적으로 실패한 종류의 이론까지도 뒤따른다. 따라서 현장기반이론가들은 다른 사람들이 이미 내린 결론을 알고 시작하면 그들의 관찰과 이론형성에 편견이 생길 수 있다는 점을 우려하면서 현장에 대한 관찰을 시작하기 전에 이론적 구조화를 시도하지 않는다(Burawoy, 1991, 10: 14~19).

공식적인 면담과 참여관찰, 생애사 청취, 가구 조사 등의 현지 조사
도 이용하였으며 이주노동자와의 긴밀한 관계 설정을 위해 마석공
단과 구로 지역에서 활동하는 이주노동자 지원단체에서 실시하는
행사에 자원봉사자로 참여하고 이주노동자들의 자체 행사인 방글라
데시 독립기념일이나 한국의 추석과 같은 명절에 진행하는 행사에
도 참여하는 등 각별한 노력을 기울였다.

2) 면담을 통한 분석

　　현장연구의 중요한 장점은 연구하려고 하는 사회현상에 가능한
한 근접하게 접근함으로써 현상에 대한 깊고 완전한 이해를 도모할
수 있다는 점이다. 현장연구는 일정기간에 걸친 사회과정을 연구하
는데 적합하기에 이주노동자들의 20여 년을 연구 분석하는데 적절
하다고 판단된다. 질적 연구의 장점은 면담대상자와의 대면(對面)
접촉을 통해 심도 깊은 내용을 청취하기 용이하기 때문에 많은 양의
자료를 표준화된 통계에 의해서 처리하는 객관적인 방법을 사용하
거나 숫자를 이용하여 표준적인 개념을 사용하는 양적 연구보다 좀
더 개방적으로 현상과 과정을 조사 할 수 있는 장점이 있다(Wilson,
1973). 질적 면접은 면접자와 응답자 사이의 상호작용을 말하며 이
때 면접자는 응답자에게 질문에 대한 충분한 사전 인식을 전제로
한다. 슈타이너 크배일(Steinar Kvale, 1996: 3～5)이 면접자를 광부
또는 여행객으로 비유한 은유는 소지한 정보를 캐내는 역할이 동일
하기 때문이다. 이를 위해 먼저 마석과 구로지역의 역사 및 사회문화

적 환경에 대한 기초자료, 주요 통계자료를 수집하고 기존의 두 지역에 대한 연구를 참조하는 것 외에 두 지역에서 활동하는 시민단체를 통해 실제적인 사례를 수집하였다.

본 책의 연구 대상자는 중국 출신의 한국계 이주노동자와 동남아시아 출신의 비한국계 미등록 노동자를 포함하고 있다. 특히 비한국계 미등록 이주노동자는 신분이 불안정하여 합법적인 신분을 취득한 후 한국에 이입된 다른 이주노동자와는 달리 자기 자신을 드러내는 일에 불안감을 가지고 있다. 한국정부의 단속에 의해 강제출국될지도 모른다는 두려움은 연구를 위한 면담자에게조차 마음의 장막을 치게 만든다. 이런 특수한 상황을 가진 비한국계 이주노동자들에게 계량적인 설문 조사만으로는 이들에 대해 연구하고자 하는 실체에 접근하는 일이 용이하지 않다. 따라서 이들의 생활상과 삶의 궤적을 살펴보기 위해서는 깊은 친밀감의 형성과 이를 통한 진솔한 면접조사를 필요로 한다. 한국계 이주노동자의 경우에도 대면접촉이 아닌 지면을 통한 설문조사는 이들이 가진 이해상황에 따라 연구자의 의도에 부합하는 답안만을 작성할 수 있는 문제점이 발생할 수 있다. 비한국계 이주노동자의 경우와 마찬가지로 이러한 문제점을 해결할 수 있는 방법은 친밀감을 전제로 한 대면 면접이 대안이 될 수 있기에 질적 면접을 통한 연구는 큰 의의가 있다고 할 수 있다.

본 책에서 이주노동자와의 면담 과정에서 경어를 사용하지 않았던 경우가 있는데 그들은 이미 필자와의 친밀감이 형성되어 있는 상태였다. 보다 편안하게 이야기할 수 있도록 분위기를 조성하여 면담을 진행하고자 경어를 생략했음을 밝혀둔다.

3) 참여 관찰

참여관찰은 연구하고자 하는 정치적, 사회적 현상에 직접 참여하여 무슨 일이 어떻게 진행되고 있는지, 또 누가 어떤 일을 담당하고 어떻게 처리하고 있는지를 보고, 듣고, 물어보고, 특히 직접 경험해 보는 방법이다. 준커(B. Junker, 2008)에 따르면, 참여관찰에서 관찰자의 유형은 완전참여자, 관찰자적 참여자, 참여자적 관찰자 및 완전관찰자로 구분될 수 있다.

현장연구에서의 가장 큰 장점은 연구자가 현장에 있다는 점이다. 이는 현장에서의 풍부한 자료를 기록할 수 있다는 중요한 지점을 내포하고 있다. 그러나 방대한 자료를 수집해서 분석해야 하는 이러한 방법에서 순도 높은 자료를 추출하기도 쉽지 않다는 단점이 있다. 따라서 본 연구에서는 연구의 비교집단이 되는 구로지역의 한국계 이주노동자들과 마석의 비한국계 이주노동자들의 다양한 생활의 행태를 관찰하였다. 이주노동자들의 종교 활동과 여가 활동은 물론 한국에서의 새로운 인적 네트워크를 구성하는 한국인 지인들, 그리고 집중 관찰 대상이 속해 있는 커뮤니티의 동료에 대한 구술 면접을 포함한다.

이를 위해 필자는 2007년부터 2009년까지 2년 동안 마석 가구공단을 정기적으로 방문하여 이주노동자들이 개최하는 체육대회나 야유회, 그리고 이들을 지원하는 단체인 샬롬하우스에서 지원하는 여름캠프 프로그램에 참여하였다. 이렇게 만들어진 친밀도를 기반으로 면담을 진행하였다.

한편 구로 지역의 재중동포를 조사하기 위해서는 구로 지역에서 오랫동안 이들을 지원했던 중국동포의 집을 통해 조사를 진행하였다. 이 단체의 대표인 김해성 목사는 오랜 기간 동안 이 지역에서 재중동포들을 위한 상담과 지원 활동을 해 왔다. 중국동포의 집은 주로 노동 상담을 하기 시작하면서 재중동포들을 지원하기 시작했는데 현재는 사단법인 '지구촌 사랑나눔'이라는 법인으로 발전하였다. 연구를 위해 매주 일요일 마다 진행되는 재중동포들을 위한 예배에 참석하고 진료를 받기 위해 무료 병원을 방문한 환자들을 관찰하였다. 또한 중국동포의 집에서 지원하는 음악회와 교회의 예배에 참석하는 재중동포 교인이 운영하는 식당, 재중동포들로 구성된 자율방범대의 활동도 관찰의 대상에 포함되었다.

필자는 이주노동자와의 면담에서 보다 진정성 있는 답변을 청취하고자 관찰자적 참여자(participant-as-observer)로서 참여하였는바[16] 연구대상 집단에 대해서는 최대한 객관적인 입장을 견지함으로써 대상 집단의 자율성을 침해하지 않는 범위 내에서만 참여했음을 밝혀둔다.

4) 설문지를 이용한 조사

본 연구는 질적 연구의 계량적 한계를 보완하기 위해 설문 조사를[17] 통한 양적 분석도 동시에 실행하였다. 설문지는 자기기입식으

---

[16] 이주노동자는 한국계와 비한국계를 막론하고 라포(rapport)가 형성되지 않으면 속내를 털어 놓지 않기 때문에 관찰을 하되 적극적 참여는 필수적이다. 이들의 행사에 자원봉사자의 자격으로라도 참석함으로서 라포르를 형성시키는 것이 더 많은 면담 자료를 취득할 수 있는 전제 조건이 된다.

[17] 설문조사는 성공회대학교 노동사연구소에서 한국연구재단의 지원을 받았던 '이주민의 에스니시티와 거주지역 분석' 연구에 필자가 연구원으로 참여함으로써 설문자료의 결과를 이용하였다.

로서 총 550부의 설문지를 한국계 이주노동자에게 중국어 번역본과 한국어 설문지를 혼합하여 350부를, 비한국계 이주노동자에게 필리핀, 방글라데시, 네팔의 3개 국어로 번역하여 필리핀 80부, 방글라데시 70부, 네팔 50부를 배포하였다.[18] 한국계 이주노동자는 구로의 중국동포 교회에서 일요일마다 실시되는 예배 시간과 대림동을[19] 중심으로 형성된 에스닉 타운을 중심으로 조사하였으며 비한국계 이주노동자들의 설문지는 마석공단에서 샬롬하우스를 찾는 이주노동자와 체육활동 장소, 그리고 숙소를 직접 방문하여 조사하였다. 이중 회수된 설문지는 502부였는데 설문지의 문항 수가 많아 답변에 어려움을 호소하는 분들이 있었다. 이러한 분들은 설문지에 대한 기표를 포기한 사람이 대부분이었다. 회수된 502부 중 유효표본은 한국계 이주노동자 261부, 비한국계 이주노동자 141부로서 총 401부이다. 설문지는 SPSS프로그램을 이용하여 빈도 분석하였으며 기본적인 독립 변수는 재중동포와 동남아시아를 구분하는 국적별, 연령별, 성별, 종교별, 체류자격과 체류기간별, 그리고 한국으로의 이입시기별로 분류하였다.

먼저 수집된 표본을 국적별로 나누어 보면 다음과 같다.

---

18 국적별로 배포한 설문지의 수량이 차이가 나는 이유는 마석에 거주하는 국적별 인구 수를 고려하여 배분하였다.

19 구로지역에는 가리봉동, 대림동, 구로동 일대에 폭넓게 재중동포 에스닉 타운이 형성되어 있다. 대림동의 에스닉 타운도 구로 지역에 위치한 대표적 에스닉 타운으로서 면담대상자를 소개해주는 재중동포의 친족이나 친지가 이곳에 많이 거주하거나 상업활동을 영위하고 있어 선택하게 되었다.

〈표 Ⅰ-3〉 출신국가별 분류

국적		빈도 수(명)	유효 퍼센트(%)
한국계(중국, 한국 국적 포함)		261	64.9
비한국계	필리핀	67	16.6
	방글라데시	60	15
	네팔	14	3.5
합계		402	100.0

유효표본은 한국계 이주노동자의 경우 261부가 회수되어 64.9%, 비한국계 이주노동자는 필리핀이 67부로써 16.6%를 방글라데시가 60부로써 15%, 네팔의 경우 14부가 회수되어 3.5%를 차지함으로써 총 35.1%의 비율을 차지하였다. 네팔 출신의 비한국계 이주노동자의 표집 수가 적은 이유는 비한국계 이주노동자의 표집을 위해서 마석공단을 방문하였는데 집중 단속의 여파로 마석공단을 떠나 다른 지역으로 이동한 사람들이 있었다. 그 중 유달리 네팔 사람들의 비율이 높았기 때문에 현재 마석공단 내에 거주하는 네팔 출신의 이주노동자의 수는 타 국가 출신의 이주노동자에 비해 그 수가 적은 편이다. 다음으로 출신국가별로 남·여 성별을 분석하였다.

성별 분류에서 한국계 이주노동자는 남성보다 여성의 비율이 높게 나타나고 있는데 한국계 이주노동자 설문을 위한 1차 조사가 중국동포 교회에서 이루어졌기 때문에 발생한 현상이다. 일요일마다 중국동포 교회에서 실시하는 예배 모임에 참석하는 한국계 이주노동자는 남성보다 여성이 월등하게 많았다. 이렇게 불균형한 성비의 균형을 맞추기 위해 2차 조사는 대림동을 중심으로 한 재중동포 거리에서 이루어졌다.

그러나 한국계 중 여성이 차지하는 비율이 큰 오차가 있는 것은 아닌데 한국계 남성이 일을 할 수 있는 건설 현장보다 한국계 여성이 일을 할 수 있는 식당이나 가정부, 간병인 일거리가 더 많기 때문이다.

<표 Ⅰ-4> 출신국가별·성별 구분

(단위: 명)

구분		무응답	남	여	전체
한국계		4	103	154	261
		1.5%	39.5%	59.0%	100.0%
비한국계	필리핀	1	52	14	67
		1.5%	77.6%	20.9%	100.0%
	방글라데시	0	60	0	60
		0	100.0%	0	100.0%
	네팔	1	8	5	14
		7.1%	57.1%	35.7%	100.0%
전체		6	223	173	402
		1.5%	55.5%	43.0%	100.0%

그런데 비한국계 이주노동자의 경우는 여성보다 남성의 비율이 압도적으로 높게 나타나고 있다. 이는 비한국계 이주노동자가 여성인 경우, 출신국을 떠나 한국사회에 이입하기 위해 필요한 개인적 용기나 사회적 네트워크가 남성에 비해 미약하기 때문에 남성 이주노동자보다 한국사회에 이입되어 있는 여성의 수가 많지 않기 때문이다. 특히 방글라데시 출신의 이주노동자는 여성의 응답이 전무한데 이는 이슬람교의 특성상 여성이 타인에게 드러나는 것을 터부

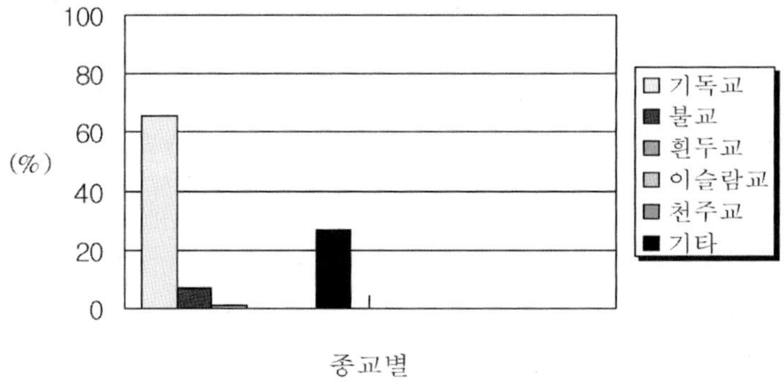

[그림 Ⅰ-1] 한국계의 종교성향

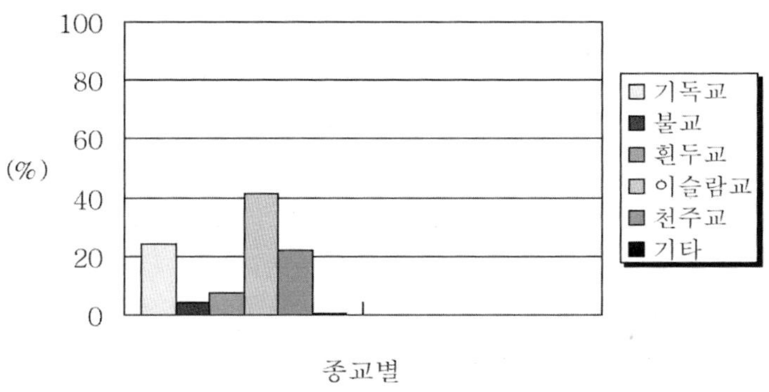

[그림 Ⅰ-2] 비한국계의 종교성향

(taboo)시하기 때문에 설문조사를 위한 대면 접촉이 어려웠음을 나타내고 있다.

다음으로 한국계와 비한국계의 종교성향에 대해 분류해 보았다.

한국계는 기독교를 종교로 가진 사람이 많았다. 이는 1차 조사가 중국동포교회에서 이루어진 측면도 있으나 사회주의 국가인 중국에서도 공공연하게 기독교를 종교로 가지고 있는 사람들이 존재하고 있다는 사실이 면담 과정에서 증언되었다. 그 이외에 종교를 가지고

있지 않은 부류가 그 다음으로 많은 수를 차지했으며 불교를 종교로
가지고 있는 사람들도 있었다. 특이한 점은 이슬람교나 천주교를 종
교로 가지고 있는 사람이 한명도 없는 데 반해 힌두교를 믿는 사람
도 2명이 있었다는 점이다.

<표 Ⅰ-5> 출신국가별·종교적 성향

(단위: 명)

구분		기독교	이슬람	천주교	불교	힌두교	기타	전체
한국계		142	0	0	15	2	58	217
		65.4%	0%	0%	6.9%	0.9%	26.7%	100.0%
비한국계	필리핀	32	0	29	0	0	1	62
		51.6%	0%	46.8%	0%	0%	1.6%	100.0%
	방글라데시	0	55	0	1	1	0	57
		0%	96.5%	0%	1.8%	1.8%	0%	100.0%
	네팔	0	0	0	5	9	0	14
		0%	0%	0%	35.7%	64.3%	0%	100.0%
전체		174	55	29	21	12	59	350
		49.7%	15.7%	8.3%	6.0%	3.4%	16.9%	100.0%

종교에 관한 질문에 총 응답자 261명 중 무응답은 44명이었다. 한
편 비한국계의 종교적 성향은 대체로 고르게 분포되어 있었는데 제
일 많은 수가 이슬람교를 종교로 가지고 있었으며 다음으로 기독교,
천주교, 힌두교, 불교 순이었으며 무응답 자는 8명이었다. 이상의 통
계에서 무응답자를 제외한 각 국가별 종교적 성향은 위와 같다.
　필리핀 출신의 이주노동자는 대부분 기독교나 천주교를 종교로 가지
고 있었으며 다른 종교를 가지고 있는 사람은 거의 없었다. 방글라데시
역시 불교와 힌두교 각각 1명을 제외하고 모든 사람들이 이슬람교를
믿고 있는 것으로 나타났다. 네팔은 불교와 힌두교를 제외하면 타 종교

를 믿는 사람이 한명도 없었다. 위에서 보듯이 한국에 이입되어 있는 이주노동자들은 출신국에 따라 종교적 편향이 강하다고 볼 수 있다.

다음으로는 연령대에 의한 적응과 정착의 상관관계를 파악하기 위해 출신국에 따른 연령대를 분류해 보았다.

<표 Ⅰ-6> 출신국가별 · 연령대 분류

(단위: 명)

구분	국적	평균	인원수	표준편차	집단 중위수	최솟값	최댓값
한국계	중국	46.9438	249	10.52401	46.2941	20.00	72.00
비한국계	필리핀	36.6833	60	7.42532	35.8000	24.00	64.00
	방글라데시	32.9231	13	4.48073	33.2500	23.00	41.00
	네팔	33.5000	4	8.54400	32.3333	27.00	45.00
	합계	35.8831	77	7.15243	34.6667	23.00	64.00

연령대도 한국계와 비한국계의 차이가 있었다. 한국계의 평균 연령이 46세가 넘는 데 반해 비한국계는 가장 낮은 평균 연령을 보이는데 방글라데시가 32.9세이며 가장 높은 평균 연령을 보이는 필리핀 출신의 이주노동자도 36세에 머물렀다. 이는 한국계에 비해 10년 이상의 차이를 보이고 있다. 그러나 최솟값은 한국계가 20대인 반면 비한국계는 그보다 약간 높은 20대 중반을 보이고 있었고 최댓값 역시 한국계가 72세인데 반해 비한국계의 경우 필리핀 출신의 64세가 최댓값으로 이 데이터 역시 큰 차이를 보이고 있었다. 다음으로는 한국에 이입된 시기를 분류하였다. 이입시기의 분류는 단기적 노동정책을[20] 기조로 삼는 한국정부의 노동정책이 과연 유효한가의 문제를 분석하기 위해 필요하기 때문이다.

[20] 과거 한국정부의 외국인력정책이었던 산업연수생제도와 현재 시행되고 있는 고용허가제도는 이주노동자가 최장 3년 이상을 체류할 수 없는 제도로서 이주노동자의 합법적 장기체류를 제도적으로 제한하고 있다.

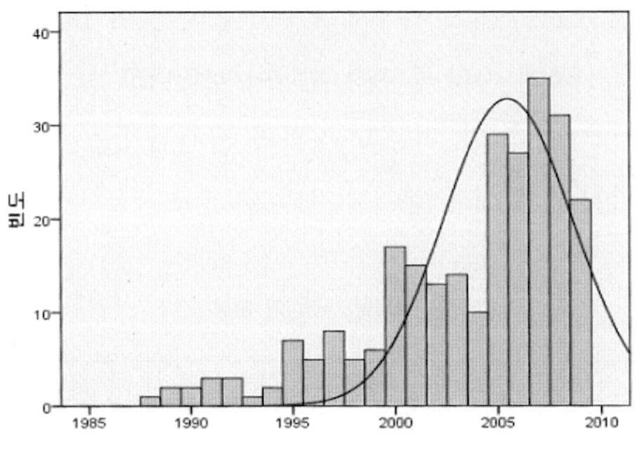

[그림 Ⅰ-3] 한국계의 이입시기

한국계는 1980년대 후반부터 한국으로의 이입이 시작되어 2000
년을 기점으로 증가되고 2005년 이후 급상승 곡선을 그리며 이입되
었음을 알 수 있다. 이러한 연도에 따른 입국자 수의 변화는 한국정
부의 재외동포정책에 의한 변화로써 발생했는데 이는 한국사회에서
재중동포의 에스니시티 변형의 출발점을 유추하는 데 필요하다.

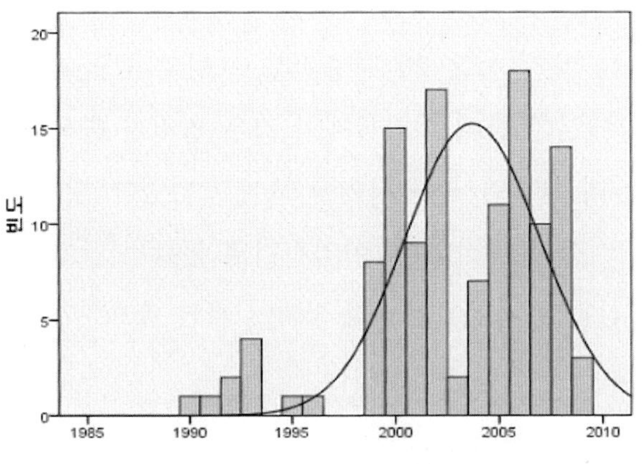

[그림 Ⅰ-4] 비한국계의 이입시기

반면 비한국계는 1990년대 소수가 이입되었다가 1997년 외환위기 시기에는 입국한 사람이 없다. 그 후 한국이 외환위기를 탈출하던 시기인 2000년을 전후하여 입국한 사람들이 많다. 그 후 2004년을 제외하고 2005년 이후로 꾸준히 입국하였음을 알 수 있다. 이렇게 입국한 한국계와 비한국계 이주노동자들은 한국 내에서 거주하면서 신분의 차이가 변화하게 되는데 소위 합법적 신분과 불법적 신분으로 나뉘게 된다.

〈표 Ⅰ-7〉 현재의 체류자격 분류

구분		빈도 수(명)	유효 퍼센트(%)
한국계	등록(합법체류)	217	91.2
	미등록(불법체류)	21	8.8
	합계	238	100.0
비한국계	등록(합법체류)	40	31.5
	미등록(불법체류)	87	68.5
	합계	127	100.0

체류자격도 한국계가 2004년 공포된 재외동포법의 영향으로 합법적 신분을 획득한 사람이 91.2%로, 그 수가 많은 반면에 비한국계는 미등록 비율이 69%에 다다르고 있다. 나머지 31%의 비한국계 이주노동자는 마석공단 내에 있는 업체에 고용허가제에 의해 입국한 사람들로서 이들을 제외하면 거의 미등록의 상태라고 보는 것이 합당하다.

<표 Ⅰ-8> 한국 내 체류 기간

(단위: 년)

구분		평균	빈도	표준편차	집단 중위수	최솟값	최댓값
한국계	한국계	6.5039	258	4.78019	4.9821	1.00	22.00
비한국계	필리핀	7.6167	60	4.89237	5.8182	2.00	20.00
	방글라데시	5.9245	53	2.94076	6.2105	1.00	10.00
	네팔	9.0909	11	4.70010	8.0000	4.00	18.00
	합계	7.0242	124	4.24353	6.5556	1.00	20.00

마지막으로 체류기간에 대한 질문을 하였다. 체류기간의 분류는 이주노동자가 한국사회에 어느 수위만큼 적응했는가에 대한 중요한 척도가 될 수 있다.

한국계의 경우 평균 6년여를 체류하고 있었고 최댓값은 22였다. 한국계와 비한국계 모두 6~9년 사이의 평균체류 기간을 보이고 있었는데 전체적으로 비한국계가 한국계 보다 평균 체류기간이 길게 나타났다. 네팔출신의 한 이주노동자는 18년, 필리핀 출신의 한 이주노동자는 20년 동안이나 체류하고 있는 것으로 나타났다. 이는 법적 제도와는 별개로 한국사회에서 실질적 정주가 이루어지고 있음을 나타낸다.

3. 연구의 범위와 구성

한국사회의 이주노동자 구성은 다양한 스펙트럼을 가지고 있다. 예컨대 재하청 산업 구조의 제조업에서 일하고 있는 3세계 출신의 노동자가 있는가하면 영어를 가르치거나 전문 직종에 종사하는 미국이나 영국 출신의 외국인이 있다. 하지만 한국사회는 선진국 출신의 외국인을 이주노동자라 칭하지 않는다. 그들은 그저 미국인, 영국인일 뿐이다. 본 책에서는 한국사회에서 소위 '외국인 노동자' 또는 '이주노동자'로 불리는 사람들의 에스니시티 변형에 대해 연구하였다. 결혼을 통한 이민이나 단기적 이입자를 포괄하는, 한국에 이입된 이주노동자 전체를 대상으로 하는 것이 아니며 이익의 수취를 위해 노동력을 제공하고자 이입된 이주노동자 – 재중동포 포함 – 만을 연구의 대상으로 하고 있음을 밝혀둔다. 이주노동자와 이주민은[21] 입국 목적의 차이가 있으며 이에 대한 포괄적 정의는 <표 Ⅰ－9>와 같이 정리 할 수 있다.

이주노동자와 이주민에 대한 포괄적 정의에서 규정짓기 어려운 부류가 중국이나 러시아 출신의 한국계 동포들이다. 고령의 한국계 이주민들은 영구 귀국을 목적으로 입국하여 이주민의 범주에 포함될 수 있으나 60세 이하의 연령대 이주민들은 반드시 영구 귀국을 목적으로 하지 않는다는 점에서, 재중동포들은 이주민인가 이주노동자인가에 대해 일반화시키기 어려운 점이 있다. 그러나 본 책에서는 한국에 이입되어 노동을 경험하는 이주노동자의 에스니시티 변형에 대한 연구가 중요한 목적이기에 영구 영주를 위해 한국에 입국한 고령의 한국계 이주민에 대한 연구는 생략될 것이다.

---

21 설동훈(2002: 9)이 정의한 "이민노동자(Immigrant Workers, 혹은 유입이주민)는 이주노동자(Migrant Workers)와는 달리 영주를 전제로 한 개념으로 사용된다. 그런데 이주노동의 초기 각국의 이주노동자는 한시적 노동계약을 체결하고 유입되었지만, 그 중 상당수는 그곳에 영주하게 되었다. 일제 강점기 국내에 유입된 쿨리(Coolie: 중국 출신의 하급노동자)도 마찬가지다. 이 경우 이주노동자와 이민노동자는 사실상 같은 개념이다"라고 주장한다. 그러나 본 연구에서는 이주노동자의 속성과 입국과정, 적응과정을 통한 '정주화'과정을 밝히는 것이 목적이므로 두 개의 개념을 등치시킬 수 없다. 따라서 두 개념을 구분해서 사용하였다.

<표 Ⅰ-9> 한국 내 이주노동자와 이민자의 구분과 포괄대상

이주민 (Migrant)	정의	– 국가적 경계를 이동하여 한국에 입국하여 장기체류 및 정착을 목적으로 하는 자
	대상	– 결혼 이민자(베트남, 캄보디아, 중국, 필리핀 등) – 고려인, 재중동포 중 일제치하 강제노동으로 이송되었다가 영구 영주를 목적으로 입국한 제1세대 이주의 후손들 – 제1세계로부터의 전문직 이민자 – 유학, 사업을 위해 입국한 자 – 미등록 장기 체류 비한국계 이주노동자 – 북한 출신의 탈북자
이주노동자 (Migrant Worker)	정의	– 임금 수취를 목적으로 노동을 제공하고자 입국한 외국 출신의 노동자
	대상	– 해외 한국계 출신의 이주노동자(재중동포, 고려인) – 산업연수제도, 고용허가제법 적용하의 외국인 입국자 – 각종 비공식 경로를 통해 국내 취업을 목적으로 이입한 이주노동자 – 미등록(불법체류) 이주노동자

1. 위의 정의는 김병조의 논의를 참고하여 필자가 재구성한 것임(2009: 52~53참조).
2. 이주노동자와 이주민의 정의에 모두 포함 되는 '미등록 이주노동자'는 이입 초기에는 노동자로서의 지위만을 가지지만 장기간 이입국에 거주하게 되면서 양자의 지위를 모두 가지게 된다.

위의 표를 참고로 한국사회에 이입된 이주노동자의 유형을 살펴보면 첫째, 중국이나 러시아 출신의 한국계 이주노동자가 있다. 일반적으로 중국 출신의 한국계 이주노동자를 조선족,[22] 러시아 출신의 한국계 이주노동자를 고려인으로 칭하는 것이 일반적이다. 윤인진(2004)은 조선족의 명칭을 재중동포로 부를 것을 제안했는데 본 책의 연구대상인 이들에 대해 본 책에서도 한국사회에서의 일반적인 호칭인 '조선족'보다는 재중동포로 사용하였다. 이들은 주로 방문취업비자(H-2)를 통해 한국에 이입되는데 방문 취업비자는 비한국계

---

22 윤인진은 "조선족은 중국의 56개 소수민족 중 하나로서 중국정부의 공식 명칭이다. 조선족이란 중국정부의 민족개념에서 나온 것으로 자랑스러운 동이(東夷)의 후손(동쪽 오랑캐의 후손)이라는 표현이므로, 민족적 차원에서 재중동포(在中同抱)로 부를 것"(윤인진, 2004)을 제안했다. 그러나 본 책에서는 문맥과 내용에 따라 '재중동포'와 '한국계 이주노동자'를 혼용하여 사용하였다. 그리고 인용된 선행연구에서는 저자의 의도를 손상시키지 않기 위해 '중국동포'를 그대로 인용하였음을 밝혀둔다.

이주노동자들에게는 발급되지 않는 비자로서 서비스업이나 건설업에도 종사 할 수 있는 비자의 종류이다. 둘째, 북한 출신의 이주민들로서 '새터민'들로[23] 불리는 한국계 이민자들이다. 새터민이라는 호칭은 정부에서 사용하기 시작했지만 탈북자 단체연합회인 '북한민주화위원회' 황장엽은 '폭압과 독재의 북한에서 탈출한 탈북자이며…'[24]라고 주장하며 새터민이라는 호칭보다는 정치적 색채를 띤 '탈북자'로 호칭 변경을 요구했지만 통일부의 수용거부로 받아들여지지 않았다. 그러나 2008년 통일부는 가급적 새터민이라는 표현을 자제하고 '탈북주민'이라고 호칭하기로 하였다. 따라서 본 책에서도 북한 출신의 이주민을 '탈북주민'으로 호칭할 것이다. 셋째, 미국, 일본을 비롯한 제1세계에 이주했다가 역이민으로 이입되는 이주민들이다. 한국계 이주민은 크게 위의 세 부류로 나눌 수 있을 것이다. 본 책에서는 미국이나 일본 등의 선진국에서 삶을 영위하던 한국계 교포들은 노동을 하기 위해 모국으로 역이주하거나 영구귀국을 목적으로 이입되는 빈도수가 적기 때문에 본 논의에서는 제외시킬 것이다. 세 부류의 한국계 이주민 중에서 제1세계 출신의 역(逆)이민자나 탈북자를 제외한 중국 출신의 동포로서 임금 수취를 목적으로 이입된 사람들로 범위를 한정 한다. 넷째, 국내에는 산업기술연수생(D-3-2~D-3-6), 해외투자기업 연수생(D-3-1), 고용허가제(E-9)와 같은 기술 전수를 목적으로 입국한 동남아시아 출신 이주노동자와 관광비자(C-3)를 가지고 입국하여 미등록 외국인 신분으로 한국사회에서 삶을 영위하는 동남아를 비롯한 서남아시아, 아프

---

23 통일부가 2005년 '북한의 탈북이주노동자'(실향민, 귀순용사, 탈북동포)를 지칭하여 고시한 명칭이었으나 2008년 '탈북 주민'으로 재 고시되었다.

24 자세한 내용은 The Daily NK, 2007년 5월 11일 자를 참조하라.

리카 출신의 다양한 이주노동자들이 있는데 본 연구에서는 소수의 서남아시아 출신과 아프리카 출신의 이주노동자를 제외하고 동남아 출신의 이주노동자 중에서 필리핀, 네팔, 방글라데시 출신의 이주노동자를 중점적으로 살펴 볼 것이다. 다만 <표 Ⅰ-9>에서 규정한 이주민과 이주노동자의 구분에 미등록 장기체류 이주노동자의 범주를 이주민에 편입시킨 이유는 본 책의 주제인 이주노동자의 적응·정착 과정 이후 형성된 새로운 에스니시티에 의해 이들이 더 이상 이주노동자로서만 존재하지 않고 이주민의 지위를 획득하고 있다고 보이므로 이주민의 포괄적 범주에 위치시켰다.

한편 선진자본주의 국가에서 이입된 엘리트 이주노동자들도 연구 범위에서 제외 된다. 이들은 전문기술인력(교수, 회화지도, 연구 기술지도, 예술흥행, 특정사업 비자 소지자) 그룹으로서 한국사회에서 이주노동자라 칭하는 부류와는 별개의 층위(層位)를 구성한 외국인이다. 이들은 이주노동자로 통칭되는 그룹과는 별개의 그룹으로 존재하고 있기 때문이다. 요약하면, 본 책에서 한국계 이주노동자라 하면 중국 출신의 재중동포를 지칭하며, 비한국계 이주노동자라 함은 비자의 종류에 상관없이 한국에서 생활하는 필리핀, 네팔, 방글라데시 출신의 이주노동자를 지칭함을 밝혀둔다.

본 책은 한국에 이입된 이주노동자의 에스니시티 변형 과정을 설문지를 이용한 양적연구와 면담을 통한 질적 연구를 중심으로 관찰하여 정리하였으며 책의 구성은 다음과 같다.

1장은 연구를 수행하는 목적과 필요성, 그리고 연구 대상과 자세한 연구방법에 대해 서술하였다.

2장은 이주노동자의 에스니시티 변형을 연구하기에 앞서 에스니시티에 대한 개념을 정의하면서 문화변용 이론을 검토하고 한국에서의 이주노동자 연구에 관한 선행 연구들을 검토하였다.

3장은 재중동포인 한국계 이주노동자와 비한국계 이주노동자들의 인적 속성과 한국으로의 입국과정을 분석함으로써 이입시기의 에스니시티를 정리하고 한국에서의 생활세계를 조망하였다. 여기에서 도출된 결과는 4장에서 핵심적으로 분석할 이주노동자의 에스니시티 변형에 관한 분석 작업의 기초가 될 것이다.

4장은 한국계 이주노동자와 비한국계 이주노동자의 에스니시티 변형에 관한 유형을 분석하여 한국사회에 적응한 이주노동자와 그렇지 못한 이주노동자의 유형과 특성을 정형화시키려는 시도를 하였다. 이렇게 유형화된 모델은 다시 한국계와 비한국계로 구분하여 에스니시티 변형의 차이를 비교 분석하였다.

5장은 에스니시티의 변형을 통한 문화변용이 한국사회에 어떻게 적용 될 수 있는가에 관해 분석하고 분석의 수준을 국가, 개인, 제도로 구분하여 한국사회와 이주노동자 각각의 문화변용 전략과 궤적을 살펴보았다.

6장은 연구 결과를 바탕으로 본 연구가 가진 함의와 결과를 분석하고 한국사회의 바람직한 미래상과 대안을 제시함과 더불어 본 연구가 가진 한계에 대해 서술하였다.

02

문화변용 이론과
선행연구

문화변용 이론과 선행연구

1. 문화변용 이론과 이주노동자 현황

1) 이주노동자의 이입과 현황

본 책에서 다루고자 하는 에스니시티의 변형은 이주노동자가 이입국에서 적응하게 되는 개인적이고 심리적인 현상과 이입국 사회의 구조 속에서 조응하며 발생한다. 따라서 한국사회의 이주노동자 에스니시티를 분석하기 위해서 이주노동자가 대면하는 한국사회의 구조를 파악할 필요가 있는데 이주노동자가 접하는 한국 사회 구조의 대표적인 형태는 이들에게 적용되는 법제도이다.

한국의 제도적 틀 속에서 진행되는 이주노동자의 거시적 적응형태는 뵈닝의 이주모형을 적용하여 분석해 보는 것이 이들의 전반적인 상황을 이해하는 데 도움을 줄 수 있다. 노동력을 제공하고 돈을 벌기 위한 목적으로 이입국에 이입되는 이주노동자라 할지라도 체류가 장기화되면서 노동 이외의 직업에 종사하게 된다. 이는 노동자로서의 정체성을 탈피하고 일반적 이주민의 정체성을 취득하는 과정이라고 할 수 있는데 이러한 이민자의 이민사회를 설명하기에 뵈닝의 이민사회 모형이 적합하다.

아래의 분석틀은 전 지구적이고 보편적인 상황을 상정한 것이 아니며 한국사회라는 특수한 사회의 상황만을 전제로 하고 있음을 밝혀둔다.

뵈닝은 국제노동력 이동을 통해 형성되는 이민사회 형성 과정에 관한 논의에서 이주시작, 이주지속, 가족 재결합, 영구정착의 네 가지 형태로 이주모형을 설계하였다(Bohning, 1984; Castle and Miller, 1998).[25] 뵈닝의 네 단계 모형은 이민의 일반적 모형을 설명하는 데 적당하고 한국사회의 이민 형태를 설명하기에도 용이하므로 본 연구에서도 이 모형을 이용해 분석하였다.

---

25 제1단계는 소수의 젊은 미혼남성 노동자들이 단신으로 고임금을 찾아 해외취업을 감행한다. 그들의 소득은 대부분 모국으로 송금하고, 이입국에서 기대수준에 도달하면 모국으로 귀국할 계획을 가지고 있다. 이들은 외국에서 단기간 취업하며 이 단계에서 이주노동자의 준거집단은 모국사회이다. 제2단계에서는 해외이주를 감행하여 취업한 사례가 송출국 사회에 널리 유포되고 아직까지 해외취업을 결정하지 못하던 기혼노동자까지 해외취업의 대열에 합류하게 된다. 이주노동자의 성별 구성비는 변화가 없으며 이입국에서 이주노동자의 체재기간이 장기화 되고 귀환은 감소한다. 그러면서 상호부조 형식의 '사회적 연결망'이 결성된다. 제3단계는 이주노동자들의 의식 변화가 발생하여 돈을 많이 모아 귀국하겠다는 생각을 접고 모국에서 가족을 초청하거나 이입국에서 결혼하여 정착하는 사람들이 늘어난다. 고연령층 노동자가 지속적으로 유입되고 그 가족의 합류가 일어나면서 여성과 아동의 비율이 증가한다. 이 단계에 이르면 이주노동자의 준거집단이 모국사회에서 체재국 사회로 전환되며 사회적 연결망을 발전시켜 출신국 단위의 민족 공동체를 형성하기도 한다. 제4단계는 이주노동자가 유입되기 시작한 시기로부터 오랜 시간이 지나 가족재결합이 일반화되어 영구 정착한 사람들이 증가한다. 영구 정착 한 이주노동자와 그 가족이 늘어나면서 소비재와 주택, 교육, 사회복지 서비스에 대한 수요가 증가한다. 같은 나라 출신자끼리의 소수민족 집단 주거지가 생겨나고 그들 상호간의 교류를 촉진하는 상점이나 음식점, 술집, 서비스업 등 자영업이 발달하며 사회단체와 종교조직도 생겨난다. 결과적으로 많은 이주노동자들은 체재국 사회에서 소수민족집단을 형성하면서 영구정착 한다. 소수민족 집단 중 일부는 정치적 영향력을 행사하기도 하는데 소수민족의 입지는 그들에 대한 국가와 사회의 태도와 밀접한 관련이 있다.

<표 Ⅱ-1> 뵈닝의 4단계 모형에 따른 한국 내 이주노동자의 이주

단계	시기	비고
1단계: 이주시작	1988년~1992년	88서울올림픽 이후 산업연수생제도 도입 전
2단계: 이주지속	1993년~2004년	산업연수생 제도 실시 이후부터 고용허가제 병행실시 전까지
3단계: 가족재결합	해당 없음	제도적 원천 봉쇄
4단계: 영구정착	2004년 이후 현재진행 중	고용허가제 병행실시 이후부터 2007년 고용허가제 단일화 이후 현재까지

*위 표는 뵈닝의 이주모형에 기초하여 필자가 재구성한 것임.[26]

　　뵈닝의 네 가지 모형을 통해 한국의 상황을 분석해 보면 <표 Ⅱ-10>과 같이 정리 할 수 있다. 국제 노동력이 한국으로 본격적으로 이입된 시기는 1988년 서울 올림픽 이후라고 보는 것이 일반적이다. 이때가 이주시작의 단계가 될 것이다. 물론 1988년 이전에도 이주노동자의 이입이 있었으나 그 수는 극히 미미했고 '88서울 올림픽'을 계기로 한국이 동남아시아에 알려지게 되면서 이주노동자의 이주가 시작되었다고 볼 수 있다.[27] 이 당시 시작된 이주는 1992년 산업연수생 제도 실시 때까지 지속되었다.

　　아래의 <표 Ⅱ-2>는 2009년 현재까지 한국 내 외국인력 정책 변화의 시기와 특징을 보여주고 있다.

---

26 정경화(2003)는 뵈닝(Bohning)의 이주성숙의 4단계를 받아들여 한국에 이주한 이주노동자 유형을 분석한 바, 1단계의 단기체류 미혼남성 노동자 중심, 2단계 장기체류 기혼자 여성비율의 증가, 3단계 가족상봉과 어린이 노인비율의 증가, 4단계 2세, 3세의 탄생으로 이입국 적응 및 영구이민 등의 4단계 중. 한국에서의 이주유형은 1, 2 단계를 거치고 있다고 주장한다. 이정환(2007: 52)은 "거의 4단계까지 진입했다고 해도 과언이 아니다"라고 주장하며 김병조(2009: 53)는 "2단계에서 3단계로 이행하는 과정에 있으며, 부분적으로 4단계 논의가 일부 이주노동자 지원단체에서 선도적으로 논의되고 있다고 할 수 있다"라고 한다. 하지만 본 연구에서는 3단계 유형은 그 존재가 미미하여 존재하지 않았다고 보고 있다.

27 언론에서 이주노동자를 다루었던 거의 첫 번째 사례로 알려져 있는 기사로서 이때부터 이주노동자가 한국사회에 일부로서 다루어지고 있었다고 판단된다. "강남의 K고교 교사(41)는 『요즘 학생들 사이엔 '우리 집엔 가정부도 외제(필리핀 출신의 대졸자)'라고 자랑하며 신발이 유명메이커 제품이 아니어서 창피하다고 칼로 찢는 학생들도 있다』"(중앙일보, '있는 집 아이들 흥청망청' 1989년 11월 18일자).

〈표 Ⅱ-2〉 한국 내 이주노동자의 집단이주의 단계

구분	1단계	2단계	3단계	4단계
시기	1988~1993. 10.	1993.11.~2004. 7.	2004. 8.~2007. 1.	2007. 1.~
특징	정책부재	산업연수제	고용허가제+ 산업연수제	고용허가제 일원화
내용	미등록노동자 대책요망	연수생저임금, 장시간노동, 미등록노동자 증가	고용허가제 시행 산업연수제 존속	산업연수제 폐지 고용허가제만 시행

노동력을 담보로 한국으로의 이입을 감행하는 이주의 첫 번째 단계인 이주시작의 단계는 관계이론의 위험회피 모형과 상대적 박탈이론에 의해 설명할 수 있다. '88 서울 올림픽'이라는 우연한 기회를 통해 중국과 동남아시아에 알려진 한국이라는 나라는 주변국이었던 동남아시아 각국의 사람들에게 '코리안 드림'이라는 희망을 갖기에 충분한 발전상을 보여주었다. 이주시작의 단계인 이 시기에 입국했던 이주노동자들은 대부분 '가족의 행복'을 위해 한국에 입국했다. 한국으로 이입하기 위한 막대한 비용에도 불구하고 가족이 총 동원되어 빚을 내어서라도 한국에 입국하는 것이 일반적이었으며 한국으로 이동한 이주노동자는 소위 가족의 '대표 선수'였다.

－사례 1
면담자: 한국에는 어떻게 오게 됐어?
모 노: 그냥 가족들이 좀 힘들어서요. 돈 벌어야 한다는 생각도 들고 이제
　　　엄마 아빠가 네가 돈 좀 벌어라, 외국에 나가라고…(남, 31세, 방글
　　　라데시, 체류 9년)

－사례 2
면담자: 지금 혼자 계세요?
김관준: 네.

면담자: 가족 분들은?
김관준: 음 우리 아들은 지금 대학 공부하고, (중 략) 마누라는 지금 그 중
        국의 총덕….
면담자: 무슨 일 하세요. 사모님은?
김관준: 거기서 그 식당일….
면담자: 가족이 다 따로따로 떨어져 사시네요?
김관준: 예, 셋이 다 갈라져서(남, 46세, 중국, 체류 5년).

한국에서의 노동을 대가로 출신국의 가족들은 경제적 위험이 감
소되었고 준거집단 내에서의 상대적 박탈감도 자연스럽게 해소되었
다. 초기 한국 이민사회의 이주노동자들의 모습은 돈을 벌어 모국으
로 돌아가는 것이었다.

몰라 씨의 경우 한국에 체류한 기간이 상당히 경과했는데 방글라
데시의 가족들에게 몰라 씨가 송금하는 돈은 자녀들의 교육비와 생
활비로 긴요하게 쓰이고 있었다. 그러나 이 당시 본국으로 귀국한
이주노동자보다는 미등록의 신분을 갖더라도 돈을 더 벌기 위해 한
국에 체류하려는 이주노동자가 더 많았다. 본국과 한국의 임금의 격
차가 컸기 때문에 불법을 감수하더라도 한국에 남아 있는 쪽이 유리
했기 때문이다. 몰라 씨와 마찬가지로 같은 이유에서 모노 씨와 이성
국 씨도 한국에 입국한 사례이다.

－사례 1
면담자: 50만 원 써요. 어, 그러면 한 달에 한 80만 원 보내요, 집에?
까디리몰라: 아, 이렇게 80만 원 70만 원 집에 다가 보내, 에… 100만 원 이
        렇게 보내요.
면담자: 와이프는 거기서 무슨 일해요? 일 안 해요?
까디리몰라: 아니요, 일 안 해요.
면담자: 그냥 남편이 보내주는 돈 가지고 살아요?

까디리몰라: 예, 예. 에… 아들, 아들 학비 내서요(남, 56세, 방글라데시,
　　　　　 체류 18년).

－사례 2
면담자: 한국에는 어떻게 오게 됐어?
모　노: 그냥 가족들이 좀 힘들어서요. 돈 벌어야 한다는 생각도 들고 이제
　　　　엄마 아빠가 네가 돈 좀 벌어야 고국에서 나가라고.
면담자: 브로커 통해서?
모　노: 예, 브로커 통해서(남, 31세, 방글라데시, 체류 9년).

－사례 3
이성국: 처음에는 한국은 솔직히 말하면 옛날에 중국에 경제가 나쁘다보
　　　　니, 한국에 솔직히 말해 대한민국에 중국하고 88년에 생각하고(올
　　　　림픽을 계기로 한국에 오려고 생각하고) 이렇게 선생님도 알다시
　　　　피 한국이 80만 원 중국이 60원밖에 안 돼요. 이정도로 차이가 많
　　　　아요. 그래서 어떻게 기회 되가 나온 거예요.
면담자: 돈을 벌기 위한….
이성국: 그렇죠(남, 41세, 중국, 체류 7년).

이후 1993년 산업 연수생 제도에 의해 이주노동자가 본격적으로
한국에 이입되었는데 이때부터 두 번째 단계인 '이주지속'의 단계가
시작되는 시기로 파악할 수 있다. 이 시기는 '사회적 연결망 이론'과
'조직결성 이론'에 의해 이입되는 이주노동자의 수가 증가하고 이주
의 속도가 가속되는 시기라고 볼 수 있다.

1993년 이전에는 한국정부가 이주노동자의 공식적인 한국 내 이
입을 인정하지 않았기 때문에 비공식적인 루트를 통해 이입과 취업
이 결정되었다면 1993년 이후에는 공식적인 외국인력의 취업이 본
격화되었다고 할 수 있다. 1993년 이전의 개별적 이주가 집단이주로
양상을 달리하면서 이주노동자의 숫자가 늘어나기 시작한 시기가

바로 이때부터이다. 현대판 노예제도라 불리던 산업연수제의 불합리한 관행을 피해 미등록 신분으로 지위를 바꾼 이주노동자의 수는 지속적으로 늘어났다. 그 당시 이주노동자들이 합법적 신분을 포기하고 미등록 신분으로의 지위를 바꾸게 된 중요한 이유는 산업연수생의 신분에 관한 문제와 출신국에서 브로커에게 지불한 송출 비용 때문이었다. 산업연수생은 원칙적으로 노동자가 아니었기 때문에 산업재해나 퇴직금과 같은 노동자로서 누려야 할 권리를 박탈당한 상태였다. 그러나 배치 받은 업체를 이탈하여 다른 업체에 취업이 되면 미등록 신분일지라도 노동자로서 누려야할 권리를 다소 보장 받을 수 있었기 때문이다.[28] 한편 산업연수생으로 선발되어 한국으로 이입하기 위해서는 브로커에게 수수료를 지불해야 하는데 산업연수생이 받는 임금으로는 한국으로 입국하기 위해 지불했던 막대한 비용을 변제할 수 없었다. 이상과 같은 이유가 이주노동자들이 스스로 합법적 지위를 포기하게 하는 기제로 작용했다.

〈표 Ⅱ-3〉 외국인노동자의 입국 및 취업비용(1995년)

(단위: 달러)

구분	전체	산업기술 연수생		미등록 노동자	
		한국계	비한국계	한국계	비한국계
전체	2,333	3,534	2,011	2,743	2,165
교통비	700	375	666	358	882
취업알선업자 수수료	595	799	914	529	475
여권·사증·기타 비용	1,037	2,360	431	1,856	808

* 설동훈(1996a: 135)에서 인용

---

28 미등록 이주노동자가 누릴 수 있는 노동자로서의 권리는 한정된 것이었다. 노동 3권의 보장, 4대 보험과 같은 사항은 권리로서 인정되지 않았고 퇴직금 산정과 산업재해에 의한 피해 구제와 같이 노동자로서의 자격은 제한적으로 인정되었다고 보는 것이 정확하다.

이주노동자가 "한국에 입국하기 위한 평균 비용은 2,333달러이며 그중에서 가장 큰 비중을 차지하는 것은 '여권 사증을 발급 받는 데 소요되는 비용과 기타 지방정부에 예치하여야 하는 공탁금 등'으로 평균 1,037달러에 달하고 다음은 교통비로 평균 700달러, 취업알선 사의 수수료(commission)도 595달러에 이른다."(설동훈, 1997) 이정 도의 비용은 이주노동자들의 출신국 상황으로 비추어볼 때 상당히 큰 비용이었다.

〈표 Ⅱ-4〉 한국의 체류자격별 외국인노동자 수(1987~2008년)

(단위: 명)

연도	전체	합법취업자			산업연수생	미등록 노동자
		전문인력 기술	비전문 취업자[29]	연수 취업자		
1987	6,409	2,192	0	0	0	4,217
1988	7,410	2,403	0	0	0	5,007
1989	14,610	2,474	0	0	0	12,136
1990	21,235	2,833	0	0	0	18,402
1991	45,449	2,973	0	0	599	41,877
1992	73,868	3,395	0	0	4,945	65,528
1993	66,919	3,767	0	0	8,644	54,508
1994	81,824	5,265	0	0	28,328	48,231
1995	128,906	8,228	0	0	38,812	81,866
1996	210,494	13,420	0	0	68,020	129,054
1997	245,399	15,900	0	0	81,451	148,048
1998	157,689	11,143	0	0	47,009	99,537
1999	217,384	12,592	0	0	69,454	135,338
2000	285,506	17,000	0	2,063	77,448	188,995
2001	329,555	19,549	0	8,065	46,735	255,206
2002	362,683	21,450	0	12,191	39,647	289,239
2003	395,679	20,014	166,669	20,244	50,696	138,056

29 2003년과 2004년의 비전문취업자 수는 '비전문취업'과 '취업관리' 사증 소지자 수를 합한 것임.

연도	전체	합법취업자			산업연수생	미등록 노동자
		전문인력 기술	비전문 취업자	연수 취업자		
2004	453,552	19,340	144,739	48,937	32,643	208,893
2005	400,983	21,231	94,465	51,204	34,887	199,196
2006	439,456	18,427	113,524	51,517	4,4000	211,988
2007[30]	608,664	8,058	134,012	14,683	(방)228,448	223,463
2008[31]	590,116	9,872	159,862	16,826	(방)203,067	200,489

* 법무부. 출입국관리통계연보. 각 연도

위 표에서 산업연수생제도가 시작된 1993년 이후, 2년의 연수생 신분 기간이 지난 1995년부터 급격하게 미등록 체류의 비율이 상승하고 있음을 볼 수 있다. 이와 같은 현상은 "한국정부도 산업계의 사정을 고려하여 미등록 노동자를 사실상 활용하는 정책을 펴왔다"(설동훈, 2005: 204)라고 설동훈이 문제 제기 했듯이 한국정부의 기이한 법제도가 원인이었다.[32] 즉, 이주노동자가 연수생의 신분으로 한국에 입국하기 위해 치렀던 막대한 송출 비용을 상환할 수 있는 방법이 원천적으로 봉쇄된 제도였던 것이다.

한국에서의 체류 기간이 장기화되면서 배치 받은 작업장을 벗어난 이주노동자들은 출신국과의 '사회적 연결망'을 통해 다른 이주노동자의 한국 내 이입에 중요한 역할을 담당하게 된다. 초기 한국으로의 이주는 외국의 상황이나 취업정보에 밝은 고학력, 중산층 출신의

---

30 2007년부터 산업연수생제도는 완전히 폐기되고 고용허가제로 단일화되었다. 통계표에서 고용허가제 인원 통계는 비전문 취업자에 포함되었다. (방) 표시는 재중동포들이 방문취업제 비자를 발급 받아 체류하고 있는 수치임.

31 각 연도 12월 31일 기준임.

32 후일 법제도가 변화하기는 했지만 그 당시 산업연수생은 학생과 동일한 신분으로서 노동자가 아니기 때문에 아무런 법적 효력으로부터 보호를 받지 못했지만 미등록일지라도 노동자로서의 법적 보호를 받을 수 있었다.

이주노동자가 주류를 이루었으나 이때부터 저학력, 빈곤층 출신의 유입이 동시에 이루어졌다. 저학력, 빈곤층 출신의 이주노동자는 먼저 이주를 감행했던 친척이나 친지를 통해 한국을 소개받아 이주를 결행하게 되었다. 이주를 감행한 이주노동자들은 이주 초기, 언어와 문화 충돌을 겪게 되는데 이러한 과정에서 인권을 침해 받는 사례가 발생하기 시작했고 종교단체나 노동단체를 중심으로 이러한 문제를 공론화시키기 시작하였는데 이때에 이주노동자 지원단체나[33] 이주노동자들만의 독자적 조직이 많이 생겨나게 되었다.

한편 필자는 뵈닝의 네 가지 이민사회 형성과정에서의 세 번째 단계인 가족재결합 단계는 한국사회에서는 통용되지 않았다고 본다. 왜냐하면 한국정부의 강력한 통제력에 의해 이주노동자 가족들의 입국이 사전에 차단된 것이 첫 번째 이유이고 아직까지 존재하는 외국인에 대한 차별과 혐오로 인해 아이들이 한국 내에서는 정상적인 교육환경을 접할 수 있는 통로가 존재 하지 않다는 것이 둘째 이유이다. 실제로 한국에서 태어나거나 혹은 어렵게 한국으로 입국한 이주노동자의 자녀들이 본국으로 귀국하는 사례는 종종 목격된다.[34] 또한 교육현장에서 아동들이 체험하는 한국사회로의 부적응과 차별의 강도는 성인의 그것보다 강하다. 어느 한쪽의 부모가 한국인

---

[33] 1993년 초부터 이주노동자상담소 형태의 지원단체들이 서울과 수도권에서부터 설립되어 전국으로 확대되었다. 특히 1994~1997년 사이 산업연수제를 통해 이주노동자의 수가 급증하면서 많은 수의 지원단체가 설립되었다. 한국정부는 산업연수제를 통해 미등록 이주노동자의 수를 줄이겠다는 의도를 가지고 있었지만, 제도의 폭력성으로 인해 오히려 미등록 이주노동자의 수는 증가하였고, 이주노동자 인권문제가 사회적 쟁점으로 대두되었다. 이주노동자 지원단체 중 가장 많은 수를 차지하는 것은 천주교나 개신교 등의 종교기관 혹은 종교적 색채를 강하게 띤 단체들이지만 사회운동단체의 성격을 갖는 이주노동자 지원단체도 설립되었다(설동훈, 2005: 74~80).

[34] 2006년 KBS 방송국의 인간극장에서 방영되면서 한국사회의 관심을 모았던 방글라데시 소녀 타나는 학급회장을 하면서 공부도 잘하는 모범생이었지만 더 이상 한국에 머물지 못하고 결국 2007년 방글라데시로 돌아갔다.

인 다문화 가정 아동들도 학교에서의 인종 차별을 경험하고 있다는 사례가 보고되고[35] 있는데 하물며 부모가 모두 외국인이며 노동자일 경우 받게 되는 차별의 강도는 더욱 심할 수밖에 없다.[36] 그럼에도 불구하고 극소수의 이주노동자들은 부부가 함께 생활하거나 자녀를 양육하고 있다.[37] 그렇다고 해서 이 상황을 뵈닝의 이민모형 3단계에 적용시키는 문제는 조심스럽다. 뵈닝의 4단계 모형에 비추어볼 때 1, 2, 4단계는 분명하고 거대한 사회현상으로 발현되는 데 비해 3단계의 상황은 극소수의 사례일 뿐이다. 이는 이주노동자 전체에 비해 미약한 수치이지만 이들 그룹을 맹아(萌芽)로 조망할 수 있는가의 문제가 대두된다. 따라서 필자는 이를 '불투명한 전망의 맹아'로 정리하면서 3단계 모형은 한국사회에서 적용되지 않는 단계로 분류하고자 한다.[38]

뵈닝의 4단계 모형은 영구정착의 단계로서 누적원인 이론과[39] 세

---

35 혼혈 아동의 따돌림에 관해 박준성, 정태연(2008). "한국사회에서 다문화 가정 아동의 초등학교 적응에 관한 연구"를 혼혈 아동의 정체성 형성과 변화에 관한 연구로는 김민정(2008)을 참조하라.

36 이주노동자 자녀들의 학교생활과 갈등에 관한 논의는 배은주(2007), 김정원 외(2005), 장혜경(2004)을 참조하라.

37 2009년 기준 한국에 체류 중인 이주노동자 자녀는 총 1,270명으로 집게 되었다. 이는 2008년 대비 9.4% 감소한 수치이다. 학교급별 비율은 초등학교 65.7%, 중학교 24.2%, 고등학교 10.1%이다. 이들의 지역별 분포를 살펴보면 서울 40.3%, 경기 30.2%, 인천 6.3%, 강원 3.5%의 순으로 나타났다. 조사 대상 중 초 · 중 · 고 학생의 합계인 895명이 대부분 서울 · 경기 지역에 집중적으로 거주하고 있었다. 부모의 국적별 비율은 몽골 30.0%, 중국 25.6%, 일본 9.8%의 순으로 나타났다. 그러나 이주노동자 자녀들의 재학 현황에 대해서는 파악할 수 있으나, 체류 · 신분 문제 등으로 인해 미취학 상태인 학교 밖 취학연령대 아동에 대한 파악은 어려운 실정이다(교육과학기술부, 2009년 통계). 본 책의 고찰 대상이었던 네팔과 방글라데시 출신의 이주노동자 자녀는 확인되지 않았으며 유일하게 필리핀 국적을 가진 아동이 전체의 3.5%, 재중동포의 자녀가 8.3%를 차지하고 있었다.

38 정경화(2003)는 뵈닝(Bohning)의 이주성숙의 4단계를 받아들여 한국에 이주한 이주노동자 유형을 분석한바, 1단계의 단기체류 미혼남성 노동자 중심, 2단계 장기체류 기혼자 여성비율의 증가, 3단계 가족상봉과 어린이 노인비율의 증가, 4단계 2세, 3세의 탄생으로 이입국 적응 및 영구이민 등의 4단계 중, 한국에서의 이주유형은 1, 2 단계를 거치고 있다고 주장한다. 이정환(2007: 52)은 "거의 4단계까지 진입했다고 해도 과언이 아니다"라고 주장하며 김병조(2009: 53)는 "2단계에서 3단계로 이행하는 과정에 있으며, 부분적으로 4단계 논의가 일부 이주노동자 지원단체에서 선도적으로 논의되고 있다고 할 수 있다"라고 한다. 하지만 본 연구에서는 3단계 유형은 그 존재가 미미하여 존재하지 않았다고 보고 있다.

계체제론에[40] 의해 설명될 수 있다. 관계이론의 하나인 국제노동력 이동 체계 이론은 송출국과 이입국이 밀접한 관계를 가지고 상호작용하는 연결 구조를 밝히고, 하나의 체계 안에서 파악되어져야 한다는 것인데 이는 한국의 상황과 괴리가 있다. 한국은 이입되어 있는 이주노동자 출신국과의 관계가 선진자본주의 국가에 비해 밀접하지 않기 때문이다. 따라서 국제노동력 체계 이론은 한국의 이주노동자 이입과 적응에 관한 설명에는 적합하지 않다.

국내노동시장은 구조적으로 미스매칭(miss matching)의 문제를

---

39 국제노동력 이동은 추가적 노동력 이동을 발생시킬 가능성을 내포하고 있다. 이 과정을 미르달(Myrdal, 1957)은 누적원인(cumulative causation)이라고 불렀다. 누적원인이 국제노동력 이동에 영향을 주는 사회경제적 요인을 여섯 가지로 테일러(Taylor, 1992; Stark, Taylor and Yitzhaki, 1986)는 제시한다. 첫째, 어느 한 가구가 위험회피, 또는 상대적 박탈감을 해소하기 위해 국제노동력 이동을 선택하는데 이 가구의 구성원이 해외 취업에 성공함으로써 소득 수준이 향상되면 송출국 사회의 소득 분배가 변화되고 이는 다른 가구에도 영향을 미치게 되는 소득 분배가 요인이 된다. 둘째, 해외에서 취업에 성공한 노동자는 송출국으로 송금을 하게 되고 송금액은 토지를 구입하는 데 쓰인다. 그러나 외국에서의 취업이 농업에 종사하는 것보다 더 큰 수입을 보장하게 되기 때문에 송출국의 국제노동력 이동은 더욱 증가되고 결국 구입한 토지는 휴경지로 남게 된다. 이것이 더 큰 국제노동력 이동을 추동하는 압력이다(Weist, 1979; Grasmuck and Pessar, 1991). 즉, 토지분배 요인이다. 셋째, 해외 이주노동자의 가구는 자본집약적 농경 방법을 통한 농사를 지을 확률이 높아지는데 이는 농업 노동력의 감소로 이어지고 새로운 국제노동력 이동의 압력을 받게 된다. 자본집약적 농경 방식에 따라 축출된 농업노동력은 해외 취업을 모색한다. 넷째, 해외취업에 대한 긍정적 시선이다. 해외취업자들이 돈을 벌기 위해서 이주를 결심했었지만 그들은 선진 자본주의 사회의 소비취향과 생활양식을 획득하면서 새로운 의식을 갖게 된다. 따라서 선진자본주의의 체험 경험은 다시 해외 취업을 시도하게 만들고(Massey, 1986). 해외취업을 통해 지위상승을 추구하지 않는 사람은 바람직하지 못한 구성원으로 간주된다(Reichert, 1982). 다섯째, 고학력ㆍ고숙련 노동자들이 해외로 이주하면서 인적 자본이 유출된다. 송출국의 인적자본 고갈과 유입국의 인적 자본 축적이 맞물리면서 양국의 발전 격차는 심해지고 이는 국제노동력이동을 더욱 촉진하게 된다(Myrdal, 1957; Greenwood, 1981, 1985; Greenwood, Hunt and McDowell, 1986). 여섯째, 유입국에서 이주노동자들이 취업하는 직종은 하층 직업으로 낙인찍히게 되고, 유입국 사람들은 사회적 낙인이 찍힌 직종에 취업하지 않게 되고 이는 고착화된다.

40 국제노동력 이동의 세 가지 이론들은 미시행위자, 거시구조, 중간 수준의 조직과 사회적 연결망 등이 국제노동력 이동에 미치는 영향을 잘 나타내고 있지만 그것들의 관계를 나타내주지 못하는 것에 주목하여 설동훈이 새로이 정립시킨 모델이다. 세계체제(world system) 속에서 노동력 송출국과 노동력 유입국, 각각의 사회 속에서 국가ㆍ사회ㆍ시장이 존재하고 이들은 개별국가 내에서는 독립적인 상호작용을, 양국 사이에서는 국가 간 상호작용의 영향을 주고받으며 작동되는 시스템이다. 개별 국가에서 사회-국가-시장은 세 가지 관계로 발현한다. 첫째, 사회와 국가 간의 관계는 국가가 사회에서 출현하였으나 사회를 통제하는 기능을 수행한다는 것이다. 둘째, 사회와 시장 간의 관계에서 제도로서의 시장은 인간의 노동력을 상품화하는 노동 시장을 통해 사회를 지배한다. 셋째, 시장과 국가의 관계에서 국가는 항상 시장에 개입하려 하였고 시장은 국가 개입을 최소화시킴으로써 자기 논리를 관철하려 하였다. 세계체계 속에서 사회-국가-시장은 개별 국가 내부의 사정과는 다른 상황에 놓인다는 것이다. 사회는 세계사회 형성이라는 이상을 가지고 있지만 개별 국가의 형태로 분열되어 존재하고 시장은 세계를 하나로 통합하는 것을 지향한다는 것이다(설동훈, 1999).

내포하고 있다. 청년 실업은 증가하지만 이주노동자들이 종사하는 최하층의 직종에는 내국인들이 일하기를 꺼려하기 때문이다. 우리나라 청년실업의 현황을 실업률을 통해 살펴보면 15~24세의 실업률은 아래 [그림 Ⅱ-1]에서 보듯이 외환위기 직전에 6% 수준을 유지하다가 외환위기와 함께 급증하여 1998년에 무려 16%에 육박한다. 이후 이들의 실업률은 점차 하락하고 있으나 2003년 이후에도 10%에 근접할 정도로 높은 수준을 유지하고 있다. 15~29세 청년의 실업률도 이와 유사하게 움직이며 대략 2%포인트의 차이를 유지하고 있다 이러한 청년실업률은 검은색 동그라미로 나타낸 경제 전체의 실업률에 비해 매우 높은 수준이다(남재량, 2006).

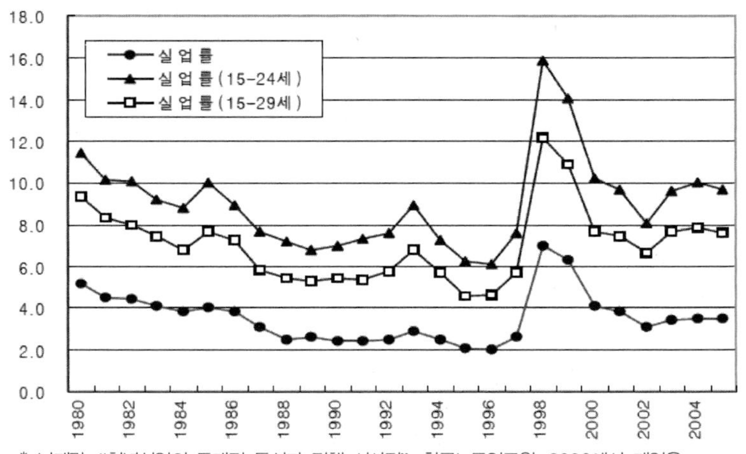

* 남재량, "청년실업의 동태적 특성과 정책 시사점", 한국노동연구원, 2006에서 재인용.

[그림 Ⅱ-1] 실업률

2004년부터 산업연수제와 고용허가제가 병행 실시되면서 외국의 노동력이 공급되고 2007년 1월 이후 고용허가제도로 외국인력 정책이 단일화되었다. 이 시기를 거치면서 이주노동자의 이입은 더욱 급증하였고 1980년대 시작된 이주노동자의 이입은 30년 가까운 시간이 지나면서 세대 재생산의 단계에 접어들었다. 이는 영구정착의 단계로 접어들었음을 의미한다. 그러나 완전한 영구정착 단계로의 변태된 것은 아니며 이주지속의 단계는 아직도 유효하다. 따라서 2010년 현재, 한국사회의 이주노동자는 두 번째 이주 지속의 과정과 네 번째 단계인 영구정착의 단계가 혼재되고 있는 상황으로 파악할 수 있다.

2) 이주노동자와 에스니시티 개념화

한국사회에 이입된 이주노동자는 체류 기간이 장기화되면서 '문화충격'(Culture Shock)을[41] 경험하게 되는데 이입국 사회로의 적응을 위해 본래 가지고 있던 민족 정체성이나 국가 정체성이 변화하는 과정을 겪게 된다. 그런데 다양한 국적을 가진 이주노동자들이 담지한 출신국별, 민족별 속성을 국가 정체성이나 민족 정체성으로 표현하기에는 무리가 있다. 이주노동자는 그들의 출신국을 떠나 새로운 공간에 이입되는 순간부터 본래의 지니고 있던 국가 정체성, 민족성, 종족성과 같은 속성들은 이입국 사회에서 고려의 대상이 되지 않으며 단지 이주민의 지위를 받아들이면서 전혀 다른 내·외적 속성을 부여 받게 된다(Wolf, 1982; Glick-Schiller and Fouron, 1990).[42]   한

---

41 1958년 캐나다의 인류학자 칼베로 오베르그(Kalvero Oberg)에 의해 최초로 정의된 '문화 충격'(Culture Shock)이라는 의미는 완전히 새로운 문화적 환경에 처한 인간이 다른 문화 환경이나 사회 환경에 있을 때 느끼는 장기간의 심리적 스트레스를 뜻한다.

42 현재의 이주노동자는 미국의 인디언처럼 침입자에 의해 정체성이 규정된 것은 아니지만 유럽인이 약자인 인디언을 규정했던 상황과 동일하다고 할 수 있다. 유럽이 상업적으로 팽창하는 과정에서 인디언들을 지배하게 되고 노동을 하는 사람들이라는 의미로서 '인디언' 또는 '니그로'라는 언어를 사용하게 되는데 이 말 속에는 문화적·신체적 차이를 무시하며 그들을 구성하는 각각의 집단이 가지고 있는 정치적·경제적 이념적인 정체성을 고려하지 않았다. 이러한 상황은 이주노동자가 약자의 위치에서

국의 경우에도 마찬가지여서 200여 개국 출신의 이주노동자가 국내에 거주하고 있지만[43] 그들 각각의 속성을 고려하지 않으며 단지 '이주노동자' 또는 '외국인노동자'라고 불릴 뿐이다. 이들은 체형적 · 문화적 · 역사적 특성을 달리하지만 국경의 경계를 넘어 경제적 · 정치적 동질성을 공유하는 집단으로 탈바꿈하게 되는데 이러한 새로운 집단의 내적 속성을 특징지을 수 있는 용어의 선택이 필요해진다. 따라서 본 책에서는 이주노동자의 내적 정체성을 고찰하는 데 있어 '에스니시티(ethnicity)'라는 개념을 사용하고자 한다. 에스니시티는 체형적, 문화적 유사성, 혹은 공통의 역사적 경험을 바탕으로 하여 실재 혹은 상상의 혈연관계에 대한 주관적 믿음을 가지는 집단으로 정의하는 코넬(Cornell, 1998)과 하트만(Hartmann, 1998)의 넓은 의미의 정의를 받아들여 기존의 문화적 역사적 특성만을 강조하는 개념에서 벗어날 수 있을 것이다. 실제로 에스니시티라는 용어는 역사적 · 문화적 특성을 강조하는 개념에서 벗어나 정치, 경제적 변화에 의해 형성되는 집단을 연구하는 용어로 쓰이기도 한다. 즉, 에스니시티 개념은 인종이 가지는 차별주의적 관념을 넘어서고, 민족 · 종족을 포괄하는 정치적 정체성의 기초개념으로 이해할 수 있을 것이다 (박종일, 2006). 이러한 에스니시티 개념은 종족을 포괄하는 정치적 타자에 의해 규정되어 지기도 하고 스스로 자각하여 담지하고 있기도 하다. 이 책에서 고찰 대상이 되는 이주노동자 집단의 에스니시티 특성은 첫째, 정치 · 경제적 요인에 의해 국경의 경계를 넘어 이입국에 이입된 이주노동자들이 공통적으로 가지고 있는 내적 속성이 있

헤게모니를 획득하지 못한 이입국에서의 상황과 동일한 형태라고 할 수 있다.
43 2009년 법무부 출입국관리 통계연보.

 한국사회 이주노동자의 문화변용

다. 둘째, 인종·종족·민족이 상이함에도 불구하고 이입국 사회에서 동일하게 타자로서 규정되는 집단의 속성을 가지고 있다. 셋째, 소수자로서 출신국과 이입국 사이에서 문화적·역사적 경험을 공유하며 어느 한 국가로도 완전하게 편입되지 못하는 마이너리티 집단(minority group)으로서의 속성을 가지고 있다. 따라서 이러한 속성을 전제로 하는 에스니시티의 변형을 분석하기 위해서는 먼저 개념과 문화변용 유형에 대한 이론적 고찰을 시도 할 필요가 있다. 이를 토대로 본 책에서는 한국에 이입되어 있는 한국계 이주노동자와 비한국계 이주노동자의 에스니시티의 차이를 살펴보고 이러한 에스니시티의 차이가 어떠한 기제에 의해 어떻게 변형되는가에 대해 고찰해 볼 것이다.

2. 문화변용에 관한 선행이론

선술한 에스니시티의 정의를 참고하면, 에스니시티의 변형을 통해 문화변용이 이루어진다고 할 수 있다. 문화변용(acculturation) 또는 문화적응(adaptation)의 개념은[44] 문화 간 접촉에서 발생하는 문제들에 대한 관심에서 탄생하였다. 이는 문화접촉 상황 초기에 나타나는

---

[44] 개인별 이주민의 문화적응 정도를 나타내는 말로 문화변용(acculturation) 또는 문화적응(adaptation)을 쓰는데 이에 대한 개념은 아직까지 한국에서 정립되지 않은 용어이다(김효정, 2009). 예를 들면 베리의 문화적응 척도를 나타내는 모델을 정진경, 양계민(2004)은 문화적응으로 윤인진(2004)은 문화변용으로 각각 표현하였다. 이 밖에도 문화접변, 문화변이, 문화동화 등이 쓰이기도 한다. 본 책에서는 문화적응 정도 또는 척도를 표현하기 위해 문화변용이라는 용어를 사용하였으며 적응은 단순히 수용(accommodation)의 의미로 사용하였다. 인용문을 옮긴 경우에는 저자의 의도를 훼손하지 않기 위해 본문의 내용을 그대로 정서했음을 밝힌다.

집단수준의 변화를 지칭하는 개념으로서 '문화적 근원이 다른 사람들 간의 지속적이고 직접적인 접촉의 결과로 일어나는 변화'로 정의할 수 있다(Redfield, Linton & Herskovits, 1936). 문화변용은 상호작용을 하는 두 집단 모두에게서 나타나는데 실질적으로는 두 집단 중 한 집단이 다른 집단에 비해 더 많은 변화를 겪게 되는 것이 일반적이다(Berry, 1990).

문화변용의 초기 연구는 미국에 이주한 이민자들의 정신건강에 관한 연구로부터 시작되었다. 이 연구는 미국이 이민자를 선별하여 받아들이는 정책을 입안하는 데 기초가 되었다(Furnhan & Bochner, 1986). 1970년대 중반까지 지속되었던 이민자에 관한 연구는 주로 이민자의 정신건강 문제에 천착해 있었다고 할 수 있다(Ward et al, 2001). 그러나 이러한 연구는 이주민이 일상생활에서 경험하게 되는 심리적 기제에 대한 고려의 부재와 문화변용에 대한 대처방식에 관한 적절성을 간과하고 있었기에 한계점을 가지고 있었다. 이후 새롭게 조명된 이주민에 관한 연구는 오히려 이민자 집단의 병리 수준이 수용국의 주민보다 낮거나(Lasry, 1977) 현지인과 차이가 존재하지 않는다는 결과를 보여주었다(Brewinm, 1980; Kim, 1984).

1980년대에 들어서는 타 문화와의 접촉에 의해 발생하는 문화변용을 학습경험으로 바라보기 시작했다. 즉 문화적 적응을 위한 개입에서 중요한 것은 치료가 아닌 준비, 오리엔테이션, 문화와 관련한 사회적 기술의 습득이라는 것이다(Furnhan & Bochner, 1982; Klineberg, 1982). 이는 이민자가 이입국에서 생존하기 위해 필요한 행동적 측면에 관해 다루고 있는데 타인과 상호작용할 때의 태도나 감정, 그리고 예절과 같은 것을 말한다. 이러한 사회적 기술과 대인 간 행동에 관한 연구는 이주민이나 유학생 또는 난민이 수용국 사회에서 경험하는 상호작용이 적절하지 못하기 때문에 문제가 발생한다고 본다. 민감한 사람들은 자신에게 발생하는 일들에 대해 의미를 파악하고 유연한 대처를 할 수 있는데 여기에서 적응(adaptation)이란 새로운 문화 환경에 필요한 구체적 기술을 학습하는 것이라고 보았다(Argyle, 1969). 문화학습(Culture learning) 접근에서는 의사소통의 맥락정도와 상호 간의 에티켓에 대한 문제를 중심의제로 다루었는데 이는 문화충격(cultural shock)을 이해할 수 있는 적절한 틀을 제공했다. 그러나 문화변용을 어떻게 조망할 것인가에 관한 문제와 문화적 접촉의 사회적 맥락과 사회적 상황을 간과하고 있다는 딜레마가 있다. 전자는 문화의 상호작용을 간과하고 수용국의 현지문화를 일방적으로 습득하여 동화한다는 의미로서의 한계를 지니고 있으며 후자는 문화적 접촉에 관한 가변적인 상황을 고려하지 않고 있다는 점이다. 즉, 새로운 문화의 지식적 측면을 습득하는 것은 좋지만 학습한 내용을 현실에서 적용시키면서 발생하는 특수하고 구체적인 상황에 적절하게 적용시키기에는 문제점이 생길 수 있다는 점이다(Furnhan & Bochner, 1982). 이러한 문화학습의 이론적 접근은 문화변용을 일방적 적응으로 보았다는 점에서 한계를 가지고 있지만 현재는 이 이론의 경계선을 넘어서 두 문화 간의 유연하고 원활한 접촉행동을 적응으로 정의하고 있다. 하지만 완전하게 경계선을 넘어서지 못한 경우도 있는데 한국에 이입되는 이주노동자에 대한 사전교육("외국인 산업기술연수 협력사업 운용요령" 중소기업협동중앙회, 1941. 1. 제12조)이나 탈북자를 훈련시키는 프로그램과 같은 것이 그 예가 될 수 있다(정진경, 2000; 정진경, 최진이, 김성민, 정진헌, 2001).

문화학습이론이 적응의 행동적 측면에 초점을 맞추고 비교문화적 적응에 있어 사회적 기술의 학습에 주안점을 두고 있는 이론이라면 스트레스 대처(Stress and coping) 접근은 적응의 정서적인 측면에 관한 이론이다. 이 이론은 문화 간의 이동을 스트레스라고 보고 이에 대한 대처방안의 필요성을 강조하고 있다. 스트레스 대처접근에 관한 Lazarus와 Folkman(1984)의 영향을 받은 이 연구들은 스트레스적인 사건(Lin, Tazuma & Masuda, 1979)이나 외향성, 모호함에 대한 인내, 통제 신념의 위치와 같은 성격의 특징(Ward & Chang, 1997; Ward & Kennedy, 1992), 대처방식(Shisana & Celentano, 1987), 향수병(Pruitt, 1978), 그리고 결혼 여부(Naidoo, 1985), 출신국과 이 입국과의 관계(Furnham, 1985)와 같은 요인 이외에도 성(性)이나 인종, 직장의 유무에 관한 변인들을 고려하였다. 이민자의 이주과정에서 발생하는 생활사건의 의미에 관한 이민자의 인지적 평가와, 변화에 적응하는 대처전략의 선택과 행동에 초점을 두고 연구를 수행하는 스트레스 대처 접근은 문화 간 접촉과 변화가 사회 정치적·경제적 맥락에서 발생하고 있으며 이민자는 출신국과 수용국 두 사회의 특성에 모두 영향을 받는다는 것이다. 일반적으로 문화변용에 관한 스트레스 접근 연구는 일차적 대처와 이차적 대처로 나눌 수 있다. 일차적 대처는 자신에게 환경을 맞추는 것이고 이차적 대처는 환경에 자신을 맞추는 것이다(Lazarus, Folkman, 1984). 어떤 방법으로 스트레스에 대처하여 새로운 문화에 적응하는가에 관한 연구(Ward, Leong & Kennedy, 1998)는 싱가포르에 거주하고 있는 유학생들의 자아개념과 스트레스 대처 방법 그리고 심리적 적응의 관계를 분석하였는데 이차적인 대응을 하는 사람들이 스트레스를 더 적게 경험하고 있는 것으로 나타났다. 이는 새로운 환경에서 제한된 자원을 가지고 있는 체류자들이 스트레스의 감소를 위해 이차 대처 방식을 사용하는 것이 더 효과적임을 시사하고 있다. 기타 문화변용과 스트레스에 관련한 연구의 기타 변인은 개인의 성격이나 사회적 지지, 문화변용의 방식, 대처에 사용할 수 있는 지식과 기술의 소유 여부, 그리고 문화적 변용을 하게 되는 위치 및 인구학적 변인들이 있다.

스트레스 대처 접근의 측면에서 살펴 본 문화변용은 문화학습 이론이 새로운 문화에 대한 지식과 사회적 기술의 습득에 초점이 맞추어져 있다면 스트레스 대처 접근 방식은 문화변용에 영향을 미치는 다양한 심리적 환경에 관한 요인에 초점을 맞추었다는 점에서 가치가 있다고 할 것이다. 다만 스트레스 대처 접근이 문화변용 과정의 부정적 측면을 다루었다는 점에서 비판의 여지가 있다고 할 것이다. 그러나 문화변용의 부정적인 측면과 더불어 긍정적인 측면에 관한 연구가 동시에 이루어진다면 통합적인 연구 결과를 기대해 볼 수 있을 것이다.

Tajfel(1982)에 의해 제기된 집단 역동에 관한 이론인 사회정체성(Social identification)이론은 인지적 측면을 강조하며 접근하는 연구 방법이다. 이 이론에서는 다른 집단에 속한 사람들이 서로를 어떻게 조망하는지, 어떻게 편견이 발생하는지, 왜 사람들이 어떤 집단에는 남아 있고 어떤 집단에서는 떠나는지, 집단의 구성원이 어떻게 자아존중감에 영향을 미치고 있는지에 관한 연구를 주로 수행한다.

사회정체성 이론은 자신이 속해 있는 집단이 사회 내부에서 주류 집단으로부터 호의적인 평가를 받지 못하고 있는 상황에서 자아존중감을 유지시키기 위한 전략을 잘 설명해 주고 있다. 예를 들면 이민자는 다수의 주류집단에 의해 편견을 수반하는 대상이 되기 쉽다. 이때 자신의 자아존중감을 유지하기 위해 다양한 방법을 구사한다(Tairel & Turner, 1986). 이는 세 가지로 분류할 수 있는데 다음과 같다. 첫째, 낮은 지위의 집단을 떠나 사회적으로 높은 지위라고 인정되는 집단으로 옮겨가는 것이다. 둘째, 자기 집단의 내적 특성을 다시 평가하고 긍정적 특성을 소유하려고 하는 것이다. 셋째, 외부 집단과의 경쟁을 통해 긍정적인 특성을 가지려 하는 방법이다.

사회적 정체성은 다양한 요인에 의해 다르게 나타나는데 이를 살펴보면 첫째, 교육 수준 및 사회경제적 지위가 정체성 형성에 영향을 미치고 있다는 것이다. 교육수준이 높을수록 그리고 사회경제적 지위가 높을수록 현지문화의 정체성을 빨리 수용하고 동화하는 것으로 나타났다(Suinn, Ahuna & Khoo, 1992). 둘째, 연령과 성별에 따라 다르게 나타난다. 연구 결과 나이든 사람보다 젊은 사람들이 새로운 문화의 가치를 더 쉽게 받아들이는 경향이 나타난다(Marin, Sabogal, Martin, Otero-Sabogal & Perez-Stable, 1987). 이는 젊은 사람들이 나이 든 사람보다 언어 습득 능력이 더 뛰어나가 때문이라고 생각된다. 또한 나이든 사람들일수록 출신국의 정체성을 고수하려는 경향이 강하기 때문에 새로운 문화의 가치 습득에 소극적일 수밖에 없다(Montgomery, 1992). 성별로는 연령에 관계없이 여성보다 남성이 떠 빨리 동화되는 것으로 나타났다(Ghaffarian, 1987).

사회정체성 이론은 이민자들이 사회적 범주화, 비교, 내집단 선호와 같은 기제를 통해 긍정적으로 사회적 정체성을 추구하려 한다고 한다. 그러나 이민자들은 통합주의적 전략을 선호하는 것으로 나타났다. 그러나 이는 현지인의 동의가 전제되어야 하는데 만약 현지인들이 통합에 부정적이거나 저항한다면 이민자들은 고정관념이나 차별, 편견에 의해 부정적 영향을 받을 수밖에 없다. 이 이론은 개인과 집단의 정체성이 어떻게 유지되고 변화하는가를 보여주며 문화 간 이동에서 겪는 정체성의 변화와 대응이라는 측면을 잘 보여주고 있다고 할 수 있다.

사회적 정체성 이론을 근거로 발달시킨 베리(Berry, 1980, 1990, 1997)의 문화변용 모델은 문화변용의 상태를 두 가지 차원의 네 가지 결과로 분류하고 문화변용에 대한 다양한 측정 방법을 개발하였다. 이를 표로 설명하면 다음과 같다.

〈표 Ⅱ-5〉 베리의 문화변용 모형

차원2	차원1	문화적 정체성과 특성을 유지할 것인가	
		그렇다	아니다
주류사회와 관계를 유지할 것인가	그렇다	통합(Integration)	동화(Assimilation)
	아니다	분리(Segregation)	주변화(Marginalization)

* Berry, 1997

두 가지 차원은 주류사회와의 관계를 유지할 것인가 아닌가의 문제와 자신의 문화적 특성을 유지할 것인가 아닌가의 문제이다. 모국의 문화를 유지하면서 새로운 문화를 동시에 받아들이면 통합(Integration), 모국의 문화는 유지하지 않고 새로운 문화만을 받아들이면 동화(Assimilation), 모국의 문화를 유지하면서 새로운 문화를 받아들이지 않으면 분리(Segregation), 모국의 문화를 유지하지도 못하면서 새로운 문화를 접촉도 하지 못하면 주변화(Marginalization)가 된다. 베리의 이론은 주목을 받았지만 현실적 문제점도 있었다.

이민자가 문화변용을 할 때 반드시 하나의 전략만을 선택하기 어렵다는 점이다. 이민자는 처해진 상황과 시기에 따라 다양한 전략을 사용할 수 있기 때문이다.

이민자들은 문화변용 전략에 통합을 가장 선호하고(Krishhan & Berry 1992; Sam, 1995) 있는 것으로 나타났는데 두 번째 선호전략은 이민자들의 특성에 따라 다르게 나타났다. 캐나다에 사는 한국인과 포르투갈인은 통합 이외의 세 가지 전략을 모두 바람직하게 보지 않았고 일본에 사는 서양인과 노르웨이에 사는 개발도상국 사람들은 분리를 두 번째로 선호하였다. 한편 캐나다에 사는 헝가리 사람들은 세대에 따라 다르게 나타났는데 1세대는 분리를 두 번째로 선호하고, 2세들은 동화를 선호하는 것으로 나타났다(Berry er al, 1991). 이러한 결과는 많은 이민자들이 담지하고 있는 문화적 정체성이나 문화적 유산을 새로운 사회에서도 유지하기를 바란다고 할 수 있다.

베리(1990)의 이론은 이민자가 문화변용을 일방적으로 수용하고 있다는 기존의 논의에서 벗어나 새로운 문화를 접촉할 때에도 고유한 자신의 정체성을 유지하려 한다는 이차원적 관점을 제시한 공헌이 있다고 하겠다.

종합하면 최근의 문화변용에 관한 연구들이 보여주는 장점은 첫째, 문화변용 과정의 정서, 행동, 인지적 요소 등을 광범위하게 다룬다는 점, 둘째, 문화접촉의 부정성을 능동적 대처 방식의 시각으로 바뀌었다는 점, 셋째, 문화접촉 과정에서 보이는 정서, 행동, 인지 요소를 살핌으로써 시간에 걸친 변화 과정을 조망할 수 있다는 점, 마지막으로 문화적 적응의 측면을 심리적 적응과 사회적 적응으로 구분하여 각 변인들의 측정을 쉽게 할 수 있게 해줌으로써 바람직한 적응에 영향을 미치는 변인들에 대한 체계적 분석을 가능하게 해 주었다는 점을 들 수 있다(정진경, 양계민, 2004). 특히 베리의 문화 변용 모형에서 보이는 다양한 측정의 유용성은 유럽이나 북미의 이민자나 난민연구에 적합하며 한국의 경우 북한이탈 주민에 대한 연구에 적합하다(홍순혜, 이숙영, 2008). 그러나 이와 같은 최근 연구 경향의 장점에도 불구하고 이주노동자나 중국동포의 사례를 적용하여 분석하기에는 제약이 있었다. 이들이 처한 상황이나 신분이 이민자와 난민, 탈북자와는 전혀 다르기 때문이었다.

그러나 2006년 베리는 이민자 유형을 정주와 이주로 나누면서 이주의 경우도 영구적인 것과 일시적인 것으로 구분하고 문화변용 모형도 기존의 네 가지 모형 이외에도 다문화주의, 용광로, 분리, 배제를 추가함으로써 다양한 집단을 분석하는 데 유용하게 되었다.

〈표 Ⅱ-6〉 복합사회에서 속에서 집단의 다양성

유동성	접촉의 자발성	
	자발적	비자발적
정주	인종문화적 집단	토착민
이주 영구 일시	이민자 체류자	난민 망명신청자

* Berry, 2006

베리의 문화변용 모형 이론에 비해 이주민에 대한 연구의 이론적 틀로 유용하게 이용되었던 문화학습이론이나 스트레스대처 접근 이론은 본 연구에서의 이론적 틀로는 적합하지 않다. 왜냐하면 현재 한국사회의 이주노동자는, 한국계인 중국동포나 비한국계 이주노동자를 막론하고 아직까지 한국사회와 괴리되어 있기 때문에 한국사

회에 적응하는 과정에서 문화 학습을 위한 적극적 행동에 나서지
않고 있으며 마찬가지로 정서적인 측면에서도 한국사회를 스스로에
게 맞추거나 혹은 이주민 스스로가 한국사회에 맞추려는 노력이 미
미하다.[45] 이는 이와 같은 이론적 분석틀이 한국사회의 이주노동자
를 분석하는 데 유용하지 않음을 보여준다.

　반면에 베리의 논의는 한국계 이주노동자인 재중동포와 동남아시
아 출신의 비한국계 노동자들의 에스니시티 변형과정을 분석하는
데 있어 유용한 분석적 틀을 제공하고 있다. 따라서 베리의 이론을
중심으로 한국계 이주노동자와 비한국계 이주노동의 문화변용에 관
해 분석을 시도하였다.

3. 문화변용 이론의 재구조화

　이주노동자는 한국사회에 적응을 하고 있고 더 나아가 정착하고
있으며 한국사회와의 교류를 통해 에스니시티가 변형되는 사람들과
또는 그렇지 않은 부류가 혼재 되어 있다. 이들은 이 문화변용 과정
을 거치면서 정착할 것인가 아니면 출신국으로 귀환할 것인가에 대
해 등록·미등록신분, 가족관계, 이익 수취의 크기를 포괄하여 결정
의 시점을 맞이하게 된다. 이러한 결정을 하는 데에는 이주노동자
본인이 가지고 있는 현재의 신분에 대한 고려, 한국사회에 대한 적응

---

45 한국계 이주노동자의 경우, 영등포구와 구로구를 중심으로 하는 지역에서 집단적으로 거주하며 한국사
　회로의 적극적 진입을 고려하지 않고 있으며 비한국계 이주노동자의 경우에도 경기도 지역 여러 곳에
　서 소규모 집단을 이루어 그들만의 삶을 영위하고 있다. 중국동포나 동남아시아 출신의 이주노동자를
　대하는 한국사회의 태도가 획기적으로 변하지 않는다면 이들의 한국사회 진입은 요원할 것이다.

정도, 에스니시티의 변형정도와 같은 조건을 척도로 하여 판단하게 된다. 여기에는 이입국 사회의 구조적인 특수한 상황이나 이민자 개인의 심리적 요인에 관한 분석이 전제되어야 한다. 그런데 베리의 기존 문화변용 모형에서는 이주민이 처해진 상황에서 선택할 수 있는 개인 행위의 심리적 상태만을 제시하고 있었다. 그러나 이주민 개인이나 집단이 하나의 모델을 선택하기까지 진행되는 문화변용은 이입국의 문화, 환경, 전통, 관습과 같은 구조적 상태를 배제할 수는 없다. 베리는 이러한 취약점을 보완하기 위해 이입국 주류사회의 구조적 상황과 이주민과의 관계를 상호작용으로 규정하며 새로운 모델을 유형화시켰다. 즉, 상호 간의 협의는 같은 사회에서 문화적으로 다른 사람들이 살아가면서 이입국 사람들과 이주민들 간에 수반되는 동의는 상호작용에 이르게 되는 필수요소라는 것이다(Berry, 2006). 이는 이주민이 이입국 사회에 적응하기 위한 전략과 이입국 사회에서 이주민을 수용하는 전략이 동시에 진행되고 있음을 나타내고 있음을 알 수 있다. 베리는 이와 같은 상황을 아래와 같이 정리하고 있다.

[그림 Ⅱ-2]에서는 이주민이 이입국 사회에서 구사하는 베리의 네 가지 문화변용 전략 이외에 이입국 사회가 이주민에게 구사하는

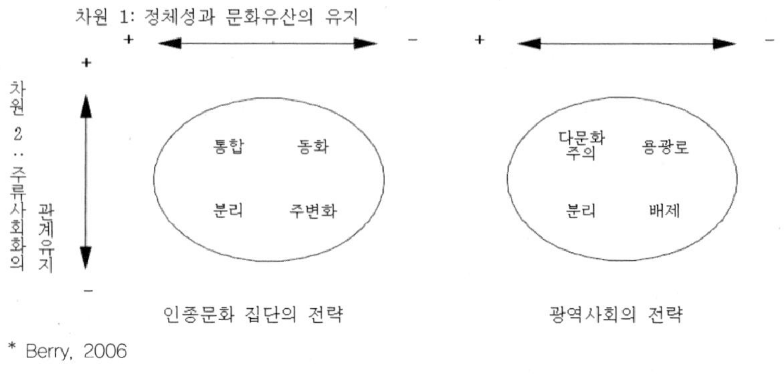

[그림 Ⅱ-2] 인종문화 집단과 광역사회의 문화변용 전략

네 가지 전략이 추가되어 있다. 먼저 용광로 모형은 이입국 주류사회에서 다양한 소수자 집단을 흡수함으로써 완벽하게 소멸시키는 전략이다. 소수자 집단의 문화적 지속성은 부정되고 '하나의 국민, 하나의 문화, 하나의 국가'가 최우선시된다. 예를 들면 지난 세기 미국적 전통은 모두가 일반화된 사회적 관례와 관습에 친숙하며 일반적 정의에 익숙하고, 종교와 정치의 일반적 시스템의 공언, 하나의 공용어를 사용하며 한 국가의 국민으로서 신의 섭리로 규정된 북미 대륙이 세계의 전부였다.

즉, 동화 모델은 이입국 주류사회에 의해 용광로 모델이 강력하게 추동될 때 나타나는데 이는 강하게 혼합시켜서 음식을 만들어 내는 압력솥과 같다고 할 수 있다. 둘째, 이주민의 분리 전략은 이주민이 주류사회와의 관계 유지에 소극적이며 이입국 주류사회 역시 이주민을 강제로 분리시키고자 할 때 분리 전략을 사용한다. 셋째, 이입국 주류사회가 이주민의 의지를 강요할 때 이주민은 주변화 전략을, 이입국 사회는 배제의 전략을 사용한다. 넷째, 이주민의 통합 전략은 이입국 사회가 전적으로 문화적 다양성을 목표로 삼고 상호 간의 문화를 서로 수용하는 전략을 구사할 때 조응하여 발생하는데 이를 다문화주의 모델이라 한다.

결국 이주민이 이입국 사회에서 경험하는 모든 상황은 이입국의 구조 속에서 발생하는 결과물이며 이주민은 이입국의 구조적 영향에 의해 심리적 반응을 하게 되고 이러한 결과가 문화변용이라고 할 수 있다. 본 책에서는 이와 같은 베리의 논의를 중심으로 한국 상황에서의 이주노동자의 문화변용 유형을 정리하고 이를 바탕으로 한국계 이주노동자와 비한국계 이주노동자의 문화변용 형태를 분석하였다.

〈표 Ⅱ-7〉 에스니시티의 변형 유형

차원2	차원1	문화적 정체성과 특성을 유지할 것인가	
		그렇다	아니다
주류사회와 관계를 유지할 것인가	그렇다	통합+다문화주의 (현지적응형) (Integration+Multiculturalism, Local Adaptation type)	동화+용광로 (귀화지향형) (Assimilation+Melting Pot, Naturalization aim type)
	아니다	분리+분리(귀소지향형) (Separation+Segregation, Homing aim type)	주변화+배제(상황선택형) (Marginalization+Exclusion, Conditions selection type)

* 위 표는 베리(1997)의 문화변용 모델을 기초로 필자가 재구성한 것임.

본 책에서는 위의 <표 Ⅱ-7>에서와 같이 이주민의 문화변용 전략과 이입국 사회의 전략을 조합하여 새로운 개념을 정립하였다.

먼저, 베리(1992)와 샘(1995)이 정리한 통합의 개념은 모국의 문화 정체성을 유지하면서 이입국의 주류사회와 관계설정에 적극적인 전략인데 이민자들이 가장 선호하는 모델이다. 많은 이민자들은 이 입국에서 출신국의 문화를 유지하기를 바란다는 결과로서 통합 방식은 다른 전략에 비해 긍정적인 효과를 보여준다(Sam & Berry, 1995). 통합 전략은 많은 이민자들이 선호하는 만큼 전략의 주체가 되어 이입국 사회의 구조 속에 온전히 편입되기를 희망한다고 볼 수 있다. 이입국 사회에서는 문화적 다양성을 존중하는 다문화 전략을 동시에 구사하게 되면서 이주민들은 이입국 사회로 원활한 적응을 하게 된다. 이주민들은 이와 같은 이입국 사회의 배려로 인해 출신국으로의 귀환을 고려하지 않게 되며 따라서 이를 '현지적응형'이라고 표현할 수 있다. 둘째, 이주민의 동화 전략과 이입국 사회의 용광로 전략은 이입국 사회의 구조에 강제적으로 편입될 수밖에 없고 주변의 상황에 의해 출신국의 문화정체감을 유지하기 어려운 경우에 선택하는 적응 유형을 말한다. 예를 들어 결혼이라는 동일한 과정을 통해 이주하지만, 후진국에서 선진국으로 이주한 결혼이주여성의 경우에는 출신국의 문화를 유지한다는 것이 쉽지 않다. 한국에서의 경우 이주여성은 출신국의 에스닉 그룹과의 접근성이 취약하기 때문에 출신국의 문화 자체에 접근할 수 있는 통로가 협소하다. 그러나 한국인 남편과 시댁과의 관계는 반드시 유지되어야 하기 때문에 주류사회와의 관계는 유지되어야 한다. 결국 출신국의 문화 정체성은 이입국 사회에서 구조적 강제에 의해 유지할 수 없고 주류사회와의 관계만을 유지할 수밖에 없는 상황이 된다. 이와 같은 유형은 재중동포에게도 나타나는데, 결과적으로 본다면 비슷한 동화의 개념이지만 처해 있는 상황은 차이가 있다. 결혼 이주여성이 이입국 사회의 강제에 의해 출신국의 문화 정체성을 유지하지 못하고 한국 주류사회와의 관계를 유지하는 반면에 재중동포들은 주체적 판단에 의해 출신국의 문화 정체성을 고집하지 않으며 한국 주류사회와 관계를 유지하려 한다는 점이다. 이를 단순한 '동화'의 개념으로는 설명하기에는 이주민의 다양한 환경적 요인과 심리적 요인을 간과할 수 있기 때문에 필자는 이와 같은 유형을 이입국의 구조적 환경에 의해 고유의 문화 정체성을 유지하지 못하고 이민자의 처해진 상황에 따라 주류사회와의 관계 유지를 고민해야 한다는 의미에서 동화와 용광로 모델이 합쳐진 '귀화지향형' 개념을 제시하고자 한다. 이 개념에 속한 유형의 사람들은 출신국의 문화 정체성을 고집하지 않고 이입국 사회와의 관계를 유지하면서 자연스럽게 이입국 사회로 진입을 시도한다. 이는 어떠한 사회라도 적합한 조건만 구비된다면 적응할 수 있다는 의미에서 '귀화지향형'이라고 개념화하였다. 셋째, 모국의 문화를 유지하면서 새로운 문화를 받아들이지 않으면 분리(Segregation)라는 베리의 개념은 대부분 후진국에서 선진국으로 이주한 이민자에게 나타난다.[46] 이는 후진국 출신의 이민자가 이입국의 주류사회와 관계를 맺거나 유지할 수 있는 사회적 통로가 제한적이기 때문에 발생한다. 이들은 이입국 사회의 구성원과 소통할 수 있는 네트워크가 전무한 상태로 이입되고 이입된 이후에도 이입국 사회의 구성원들과는 다른 업종에서 생업을 유지한다. 노동력을 담보로 이주하는 이주민은 대부분 이입국 사회의 구성원들이 하지 않으려는 일들을 대신하는 것이 일반적이기 때문이다. 이렇듯 종사하는 업종이 구조적으로 분리되어 있는 상태의 이주민들은 이입국에

---

46 예를 들면 헝가리 출신의 캐나다 사람들 중 1세대와 노르웨이에 사는 개발도상국 출신의 이주민은 가장 선호하는 통합 모델 다음으로 분리 모델을 선호한다(Berry et al, 1991).

서 주류사회와의 새로운 네트워크를 구성하지 못하는 대신에 출신국 네트워크를 통해 이입국에 적응하기 위한 도움을 받게 되고 이 과정에서 문화 정체성은 지속적으로 유지된다. 이렇게 출신국의 네트워크만을 지속하게 되는 이주민은 출신국의 네트워크 속에서 평온함을 가지게 되고 이 네트워크를 이탈하여 정착사회(Host society)로[47] 진입하려는 노력을 하지 않게 된다. 이는 의식적으로 이입국 사회도 분리 전략을 구사하며 이주민 스스로도 분리 전략을 구사함으로써 이주민들은 출신국의 네트워크에 집중하게 된다. 이 유형에 속한 사람들은 출신국의 문화 정체성이 강하고 이입국 사회와의 관계 설정에 적극적이지 않으므로 출신국으로의 귀국 가능성을 열어놓고 있다. 따라서 이를 '귀소지향형'이라고 개념화시킬 수 있다. 한국의 경우 동남아시아를 비롯한 3세계 출신의 이주노동자 중에서 몇 가지 부류가[48] 이러한 유형이라고 할 수 있다. 넷째, 이주민이 모국의 문화를 유지하지도 못하면서 새로운 문화를 접촉도 하지 못하는 주변화(Marginalization)의 개념과 이입국 사회의 이주민에 대한 배제 전략은 진행 과정이 단순하지 않으나 장기적으로 가장 주목해야 할 유형이다. 왜냐하면 이런 유형의 사람들은 출신국으로의 귀환을 상정하거나 또는 이입국에 정착을 결정하는 이민자와는 달리 이입국 사회의 주변부를 배회하며 주변인 또는 이방인으로 존재할 가능성이 높다. 결국 방치된 사람들은 점차로 사회 문제로 대두될 가능성을 가지고 있기 때문이다.

주변화 개념은 출신국의 문화 정체성 유지가 이민자 스스로의 결

---

47 일반적으로 이민자의 출신국을 기원사회(Origin Society), 이입국 사회를 호스트 소사이어티(Host Society)라 하는데 '정착사회' 또는 '정착국 주류사회'라 번역할 수 있다.

48 자세한 분석은 [그림 V-2] 비한국계 이주노동자의 에스니시티 변형 결과를 참조하라.

정에 의해 자발적으로 결정될 수도 있고 외부적 영향에 의해 강제될 수도 있다. 예를 들면 젊은 층의 이민자는 고령층의 이민자보다 출신국의 문화 정체성이 약하기 때문에 정체성 유지에 소극적일 수밖에 없다. 또한 여성에 대한 권위적 태도를 당연시하는 이슬람 출신의 이민자가 서구 사회로 이입되어 출신국의 문화를 고집하기는 어려운 것과 같이 이입국 사회가 출신국의 문화 정체성을 유지하기에 충분하지 않은 구조적·사회적 조건을 가진 사회여서 이주민을 배제하는 전략을 구사한다면 이민자의 문화 정체성 유지는 곤란하다. 이입국에서 주류사회와의 관계 설정도 마찬가지이다. 이입국 주류 사회와의 관계 설정을 의식적으로 기피하는 사람들도 있지만 미등록 이민자와 같은 경우처럼 신분적 지위가 불안하기 때문에 가지게 되는 근본적 불안감에 기인하여 이입국 주류 사회와의 관계 설정을 회피하는 경우도 있다. 이러한 상황을 단순히 주변화라는 개념으로 설명하기 곤란하다. 따라서 필자는 이러한 유형을 '상황선택형'이라고 개념화하였다. 이입국 사회의 배제 전략과 이민자의 개별적인 주변화 전략이 동시에 발생하면서 출신국의 문화 정체성도 일정하지 않고 이입국의 주류 사회와도 관계 설정에 소극적인 사람들은 이입국의 정책적 상황 변화에 따라 출신국으로 돌아 갈 수도 있고 이입국에 남아 있을 수도 있기 때문이다.

본 책은 위의 새로운 네 가지 개념에 기초하여 재중동포인 한국계 이주노동자와 동남아시아 출신의 비한국계 이주노동자의 에스니시티 변형을 비교 연구하고 그 변형의 유형을 정리하였다.

베리의 논의는 이주민의 문화변용을 분석하기에 적당한 이론적 틀을 제공한다. 그러나 국내에서 베리의 이론을 이용한 과거의 연구

형태는 '청소년 새터민의 문화변용과 심리사회적 적응에 관한 연구'(홍순혜, 이숙영, 2008)나 '탈북 청소년의 문화적응 이해과정'(금명자 외, 2004)과 같은 주제들로서 북한을 탈출한 탈북주민에[49] 관한 연구가 주류를 이루었다. 하지만 이상의 연구에서 이용되었던 양적 방법을 통한 통계 분석이 베리의 문화변용 이론을 설명하는 데 있어 정확하게 적용되었는가에 관한 의문점이 있다. 다시 말하면 이주민의 심리적 상태가 연구자들이 제시한 설문 항목에 대해 성실하게 답변할 수 있는 준비가 되어있는가의 문제이다. 이는 주변상황이 이주민 자신에게 유리하지 않은, 새로운 환경에 처해진 이주민들이 자신의 상황에 대해 객관적인 판단을 할 수 없을 지도 모른다는 우려를 가지게 한다. 또한 이주민들이 설문에 대해 얼마만큼의 성실성을 가지고 응답하는가에 관한 우려도 배제 할 수는 없다.[50] 그렇기 때문에 필자는 이들의 문화변용의 상태를 분석하기 위해서는 내면적 심리상태를 보다 정확하게 파악할 필요가 있으며 이러한 방법론에는 면담을 통한 연구조사와 심층분석이 반드시 필요하다고 판단하고 있다. 그러나 면담을 통한 질적 연구조사는 대상자의 수가 소수이기 때문에 객관성을 담보하기가 어렵다. 따라서 연구의 객관성을 보장하기 위해서는 설문조사를 병행함으로써 이를 극복할 수 있다.

---

49 통일부가 2005년 '북한의 탈북이주노동자'(실향민, 귀순용사, 탈북동포)를 지칭하여 새롭게 고시한 명칭으로 현재 공식적으로 사용되고 있다.

50 과거 필자가 이주노동자 지원단체의 실무자로서 활동할 당시에도 많은 연구자들이나 단체에서 이주노동자들에게 설문지를 통한 양적방법론을 통해 이들의 작업환경이나 생활실태 등을 조사하기 위해 방문했었다. 하지만 상담을 하기 위해 또는 한글을 배우기 위해 방문한 이주노동자들이 성실하게 응답하는 모습은 거의 본 적이 없다. 일주일에 한 번 주어지는 휴일을 이주민 자신의 목적(노동상담이나 생활상담)과 불일치하는 일에는 사용하지 않으려하기 때문이다. 그러나 이주민 자신에게 직접적인 도움을 주거나 도움을 줄 수 있는 사람에게는 비교적 속내를 잘 보이는데 필자는 그 당시부터 현재까지 관계를 지속하는 몇몇 사람이 있다. 이들을 통해 면담대상자를 소개 받아 면담을 실시하였고 따라서 면담대상자들은 과거 필자의 과거 활동을 인지하고 있었으므로 성실하게 면담에 응해주었다.

이를 바탕으로 필자는 한국사회의 이주노동자가 노동현장을 탈피하여 새로운 직업을 갖게 되고, 20년이 넘는 이주의 역사만큼이나 이주노동자에서 이주민으로 탈바꿈하는 집단이 생겨난다는 가설을 세우고 있으며 베리의 논의를 한국사회의 이주민화(化)된 이주노동자에게 적용하는 시도를 하였다.

4. 한국의 이주노동자 선행연구

한국에 체류하고 있는 이주노동자에 관한 연구는 크게 두 시기로 구분 할 수 있으며 연구의 대상 역시 민족적 정체성을 공유하는 한국계와 동남아시아를 비롯한 제3세계 출신의 비한국계로 나눌 수 있다. 먼저 시기적으로 보았을 때, 정확하게 시기를 나눌 수는 없지만 연구 초기에는 인권문제, 산업재해를 포함하는 노동문제, 폭행문제와 같이 이주노동자들이 한국사회에 체류하면서 겪게 되는 문제들에 관한 연구가 대부분이었다(강수돌, 1996; 박경태, 1996, 2005, 2007; 설동훈, 1996, 1997, 1999, 2000, 2001, 2002, 2003a; 송병준, 1997; 이욱정, 1999).

단일민족 신화에 익숙해져 있던 한국인들에게 외국인이라는 이질적 존재는 거부감을 불러 일으켰다. 게다가 동남아시아를 비롯한 저개발국 출신의 이주노동자는 한국인이 회피하는 3D 업종에 종사하였고 작업장에서는 한국인의 지휘 감독을 받는 것이 일반적 현상이었다. 이 과정에서 한국인과 이주노동자 사이에는 언어 소통 애로로 인한 갈등, 작업과정에서의 미숙련에 의한 갈등이 발생했고 이러한 문제의 해결 방식은 언어와 물리적 폭력으로 나타나는 일이 빈번했다. 또한 이주노동자를 고용하는 업체들은 대부분 영세한 규모의 제조업이 대부분이었는데 고용주가 사업부진으로 인해 회사의 자금사정이 원활하지 못한 경우에는 이주노동자의 임금을 지급하지 못하는 상황도 빈번했다. 이러한 상황은 이주노동자의 직무만족과 조직에 대한 헌신의 정도에 대해(석현호, 오계택, 1996) 연구자들이 관심을 갖게 했으며 더 나아가 인권문제와 그 대책(박석운, 1995)에 이르기까지 이주노동자들에 대해 사회적 관심은 확장되었다. 실제로 현재까지도 이주노동자에게 노동과 의료 영역의 문제가 정보 및 사회문화 영역에 비해 상대적으로 더 중요한 것으로 평가하고 있다(장임숙, 이수상, 2009). 그러나 연구자들 사이에서도 법적 지위와는 무관하게 장기체류하는 이주노동자가 증가하면서 한국사회와 이주노동자 사이의 문화적 차이에서 발생하는 문제들에 주목하기 시작했다. 한국인과의 문화 간 커뮤니케이션 갈등상황에서 이주노동자들이 처한 문제점을 그들의 관점에서 구체적인 갈등사례를 조사·분석한(정현숙, 2004) 연구와 문화적 배경이 전혀 다른 이주노동자들이 국내 작업장에서 적응하는 데 있어 겪게 되는 어려움의 요인을 분석한 연구(정기선, 1996) 등이 있다. 이주노동자들은 작업장뿐 아니라 생활세계에서 다양한 갈등을 경험하게 되는데 이주노동자의 일터와 생활공간에서 겪게 되는 다양한 유형의 시·공간적 제약과 이를 극복하기 위한 방안을 모색하게 되고 생활공간을 옮긴 이주노동자가 본국출신의 이민자들과 국지적 및 탈지역적 네트워크와 본국 가족 및 친지들과의 초국가적 네트워크를 구성하여 대응하거나 해소한다

(최병두, 2009: 319~343). 한편 이주민이 접하게 되는 문화적 충격 가운데 가장 큰 문제가 음식에 관한 기호인데 본국과 한국의 음식문화에 대한 갈등을 경험하면서 자발적 순응을 하게 된다(김영주, 2009). 한국 사회문화에 대한 적응 정도는 한국사회·문화에 대한 지식이 높을수록 스트레스를 덜 받으며 한국어 수준이나 사회문화 인식이 높을수록, 사회적 네트워크가 잘 형성되어 있을수록 삶의 만족도가 높다(김영란, 2008). 인권적 차원의 노동문제와 의료문제 등으로부터 출발한 이주노동자에 대한 관심은 사회·문화적 적응의 문제까지 폭 넓게 확대되었다. 하지만 여전히 이주노동자에 대한 연구는 작업현장에서의 육체적 건강 문제(오상우 외, 2000; 전수경, 2005)를 배제할 수는 없으며 문화적 갈등과 대응(김수재, 2008)에 대한 정신적인 문제, 그리고 사회문화적 적응에 관한 문제(김영란, 2008)까지 다양하다. 이 밖에 소설 '물 한 모금'을 통해 이주노동자에 대한 한국인의 태도를 배타적 민족의식, 서열적 인종관, 소통의 부재로(천연희, 2008) 정의하는 등 학문의 경계를 넘어 다양한 연구가 진행되었다.

이와 같이 동남아시아를 비롯한 제3세계 이주노동자가 겪는 문화적 갈등 이외에 재중동포들에 관한 다양한 연구가 진행되었다. 방문취업 제도에 의해 이입된 중국동포의 일 경험과 생활세계에 관한 사례(김현미, 2009)를 통해 재중동포들의 한국사회 적응정도에 관해 분석한 연구를 비롯해 재중동포의 정체성에 주목하여 종족 정체성 형성과정(이현정, 2001)을 분석하는 연구들이 진행되었다. 재중동포에 관한 연구는 비한국계 이주노동자와 마찬가지로 노동과정에서 발생하는 갈등(문형진, 2008)에 대한 문제점들에 관해서도 주목하고 있지만 중국이라는 국가의 국민이며 한민족이라는 두 개의 정체성을 가진 특수한 부류의 사람들이라는 상황에서 발생하는 정체성 인식(유명기, 2002)에도 주목하고 있다. 모국인 한국의 신화적 발전에 따라 노동력을 담보로 이주하는 '노동 귀환형' 이민이라는 특수한 '디아스포라'[51]의 경험 위치를 가지고 있는 재중동포는(전형권, 2005) 제도적으로 재외동포법의 중심에 서 있다(오타 타카코, 2004). 이러한 위치의 재중동포가 한국이라는 국가를 어떻게 인식하고 있는가에 관한 실증 분석(이왕재, 2001)을 통해 그들이 한국관에 대해 이해할 수도 있다. 이 밖에 재중동포들을 위한 주거 계획(최정신, 이영심, 2007), 이주의 중심에 여성 재중동포가 위치하여 초국가적 가족으로서의 삶을 영위하는 강인한 모습, 그리고 문화적 차이에 따른 갈등과 차별(여수경, 2005)을 겪는 재중동포에 대한 분석 등이 있다.

더 나아가 재중동포와 비한국계 이주민은 이제 국가별 네트워크를 중심으로 상권을 형성하기도 하는데 중국동포는 일정한 지역에 집단적 상권을 형성하고 비한국계 이주노동자는 민족네트워크를 따라 전국적으로 상권을 확장시키기도 한다(정영진, 2006). 한발 더 나아가 이제 이주노동자들은 시간이 지날수록, 형태는 상이하지만 실질적으로 국내에서 정주하는 경향이 나타나고 있는 것이 현실이라는 분석이 제기되었다(우평균, 2002).

이상의 연구들은 한국에 이주해 있는 이민자들의 상황을 잘 보여주고 있다. 그러나 생활과정에서 발생하는 문화변용이 한국계 이주

---

51 성경의 신명기(Deuteronomy)에 등장하는 디아스포라(Diaspora)라는 말은 원래 고국 팔레스티나에서 추방당한 유대인들의 민족이산(民族離散) 또는 이산된 유대인 혹은 유대인들이 이산된 지역을 뜻했다. 유대인의 경험을 기초로 한 이 개념은 점차 국외로 추방된 소수 집단 공동체, 혹은 본국을 떠난 이산민족을 의미하는 넓은 의미로 사용된다.

민과 비한국계 이주민에게 동일한가에 관한 비교연구는 아직까지 없었다. 따라서 본 연구는 선행연구의 논의를 바탕으로 한국계 이주민과 비한국계 이주민의 에스니시티 변형의 정도를 각각 분석하고 이를 근거로 두 그룹의 문화변용 상태를 비교 분석하였다.

03

이주노동자의
인적 속성과
생활세계

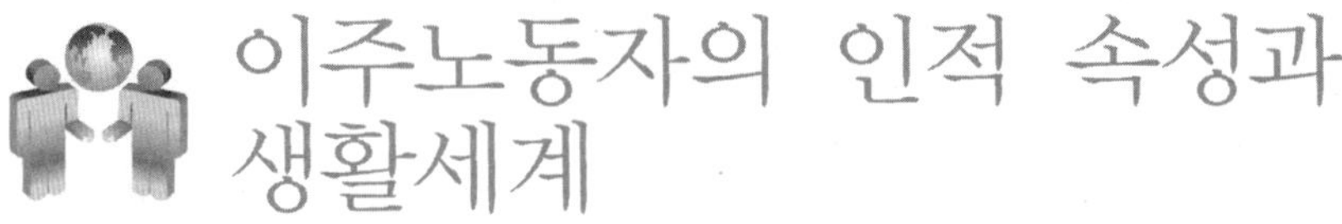

이주노동자의 인적 속성과 생활세계

1. 한국계

1) 입국희망자의 인적 속성

이념적 냉전체제가 지속되던 시기에 재중동포들은 적대국의 공민으로 취급되었을 뿐이다. 1980년대 친척 방문을 목적으로 입국하던 재중동포가 있었지만 그 수는 많지 않았다. 이후 1992년 개혁개방 정책을 표방한 중국과 한국정부는 수교하였으며 재중동포의 본격적인 한국으로의 이입은 이때부터 시작되었다. 한국인에 있어 재중동포는 상징적일 뿐이지만, 독립운동가의 후손이었고 혈연관계의 친족관계였으며 에스니시티를 일정부분 공유하는 집단이었다. 이들은 중국에서 공인된 과계민족으로서의[52] 특징을 십분 발휘하여 한·중 양국 간의 수교와 경제적 교류에 있어 동반자로서 자리매김하게 된다 (전형권, 2006). 이와 같은 재중동포들의 디아스포라적 유형과 위치 는 다음과 같이 정리할 수 있다.

<표 Ⅲ-1> 조선족의 디아스포라 유형과 변화 유형

대상	디아스포라 경험	디아스포라 위치			변화의 계기
		거주국의 위치	모국에서의 위치	자기정체성 인식과 지향	
재 중 동 포	개척형 이주	월경 개척민 (경제 유민)	망각	중국인	동북변경 개방 (1860~)
	박해도피형 이주	역사적 채무자 (유공자)	독립 거점	중국 속의 조선족	을사늑약, 일제강점 (1905~)
	현지귀화형	중국국민 (소수민족)	적대국의 국민 (배제)	중국인	2차 대전 종전 신중국건설(1949~), 문화대혁명
	노동귀환형	중국국민 (과계민족)	한·중 협력의 동반자(선언적)	중국 속의 조선족	친척방문(1980년대 중반) 한·중 수교(1992~)
			재외동포(법률적 배제/수용)	중국 속의 조선족, 한국인지향	재외동포법 정(1999)/ 재개정(2004)
			불법체류자 (경계인)	한국거주 한국인, 중국인으로 혼재	중국귀향운동(2003), 자진귀국프로 그램(2005)

* 표 Ⅲ-1은 코헨과 샤프란의 정의를[53] 참고하여 전형권(2006)이 구조화시킨 것을 연구자가 재구조화한 것임[54]

---

[52] 과계민족이란 두 나라의 경계에 걸쳐서 살고 있는 민족을 말한다. 중국에는 공식적으로 56개의 민족이 있는데 그 중 30여 개 민족이 중국과 국경을 사이에 두고 있는 국가에도 동일한 민족이 집단 거주하고 있다. 즉 이들을 지칭하는 말을 과계민족(跨界民族: Cross-boarder Ethnicity)이라 한다.

[53] 샤프란(W. Safran, 1991)의 디아스포라에 관한 정의는 유대인들의 역사에 근거한 것으로 구체적 디아스포라 집단의 적용에는 일부만 적용된다. 디아스포라가 갖는 다양한 특징 가운데 몇 개의 특징을 공유한다는 것이다. 그 특징을 살펴보면 a) 그들 선조가 원거주지로부터 둘 또는 그 이상의 외국으로 이주, 분산되었고, b) 원래의 조국 땅에 대한 집합적 기억, 비전, 또는 신화를 가지며, c) 거주국 사회에서 완전히 수용되지 않거나 소외나 고립되었다고 믿으며, d) 조상의 모국을 진정한, 이상적인 고향, 궁극적으로 돌아가야 할 땅으로 간주하며, e) 집단적으로 모국의 안전과 번영을 위해 공헌해야 한다고 믿고, f) 다양한 방식으로 조국과 관계를 유지하고 상호작용한다는 것이다. 한편 코헨(Cohen, 1997) 은 디아스포라를 본국을 떠나게 된 동기에 따라 첫째, 강요로 발생하는 '박해도피형', 둘째, 유럽 강대 국의 팽창에 의해 발생하는 '식민지 이주형', 셋째, 단순노동자가 일자리를 찾아 이주함으로써 발생하 는 '노동 이동형', 넷째, 상인들의 상업 도시 간 네트워크에 의해 형성된 교역망에 따라 발생하는 '상업 형 이주형'으로 나누었다. 이상의 샤프란과 코헨의 정의를 종합하여 요약하면 ① 동일한 민족이 두 개 이상 지역으로의 이산을 경험했거나(이산성), ② 조국에 대한 집합적 기억이나 신화를 보유하며(모 국신화), ③ 거주국 사회에서의 차별적 경험과 이 과정에서 형성되는 종족 집단의식(소외감, 종족 정체

그러나 한국사회에서 이들을 바라보는 시선은 우호적이지만은 않았던 것이 사실이다. 한국에 입국한 재중동포들은 각각 다양한 삶의 경로를 가지고 입국하였지만 공통분모 조건은 학력이 높지 않아 중국 주류사회에 편입되지 못하여 중국정부로부터 임대받은 토지에 농사를 지어 삶을 영위하거나 소규모 자영업, 또는 한국과의 보따리무역에 종사했던 사람들이 많았다.

　-사례 1
면담자: 오시기 전엔 무슨 일을 하셨어요?
신덕화: 오시기, 여기 오기 전에는 중국에서 내가 무역 같은 걸 좀 하고 그 다음에 저기 정부에서 개발구에 대전시 개발구에서 인제 이렇게 이제 기업, 기업 안의 하는 이제 한국 기업, 일본 기업 이렇게 안치하는 이런 일을 많이 하죠.
면담자: (기업체를) 유치한다는 말씀이죠?
신덕화: 그러니까 한국 기업이나 이제 중국에 와서 이제 기업에 이제 투자하시는 분들 안에 저….
(중 략)
면담자: 일종의 이제 사장은 아니었고 이제 그 일 하시는 직원으로?
신덕화: 네. 직원적으로 이제 그렇게 하면서 내 개인적으로 좀 하고(남, 50대 초, 중국, 체류 2년).

　-사례 2
면담자: 4월 달에요? 2008년 4월 달에. 그 중국에 계실 때에 무슨 일 하셨어요?
김관준: 우리는 그 시골에 농사를….
면담자: 농사지으셨어요? 그러면 이제 흑룡강성에서도 시골에 계셨던 거네요?
김관준: 시골이라도 그게 말하면 시내가 가까워요(남, 46세, 중국, 체류 5년).

성), ④ 주국으로 돌아가고자 하는 마음(귀환의식), ⑤ 조국발전에 집단적으로 참여, 헌신하고자 하는 동기(모국에 대한 집단적 헌신), ⑥ 모국과의 연결고리를 가지고 모국과 상호작용을 하고자 한다는 점(모국 연계성)으로 나타낼 수 있다.

54 본 책의 연구 주제가 이주의 과정이나 유형에 관련한 논의도 일부분 할애하고 있지만 중심적인 논의가 담지하고 있는 에스니시티의 변형과 문화변용에 초점이 맞추어져 있기 때문에 재중동포의 정체성 인식과 지향점에 관해 재구조화시켰다.

　－사례 3

면담자: 고등학교까지 다니셨어요? 어. 그럼 졸업하고 다른 중국에서 일을
　　　　하셨나요?
민　아: 식당 혼자 가게 했어요.
면담자: 혼자 하셨어요? 사장님이셨네요?
민　아: 예.
면담자: 근데 장사가 잘 안되셨나 봐요?
민　아: 음 중국에는 장사는 괜찮게 됐는데 그냥 외상하는 게 많았어요.
면담자: 아! 외상을.
민　아: 예. 외상 때문에 이렇게 못하고 끝났어요.
면담자: 그래서 그냥 한국으로 바로 오신 거예요?
민　아: 예(여, 32세, 중국, 체류 2년).

　재중동포들은 중국어에 능통하고 현지 사정에 밝기 때문에 한국
기업의 중국 진출 시 중요한 역할을 담당한다. 한국기업이 재중동포
들의 도움으로 중국시장 진출의 교두보를 마련하는 일은 흔한 일이
다. 신덕화 씨의 경우에도 한국기업의 중국 진출을 도와주는 일과
무역 관련 업종에 종사하다가 입국하였다. 저학력 출신의 소수민족
으로서 중국에서 취할 수 있는 이익의 크기는 한정되어 있기에 한국
으로의 이입을 결행 한 경우이다.

　－사례 1

저는 한국에 처음에는 원래는 뭐 나올라고 내가 애를 많이 썼습니다. 근데
이제 그럴 기회도 안 되고 그 다음에는 이제 나올라고 그런 연줄도 안 되고
이제 그래 돼서 못 나왔죠. 근데 우연히 이제 에… 한국에 있는 처삼촌을
통해서 전화도 많이 하고 인사의 말도 많이 하고 내가 말로 좀 많이 기쁜
말을 많이 해 줬어요. 그러니까네 초청을 해 주시더라고요. 우리 마누라를
먼저 해 주시더라고요. 그래가 우리 마누라 먼저 나오고 후에는…(신덕화,
남, 50대 초, 중국, 체류 2년).

－사례 2

노순걸: 아 제가 또 5년 비자 받고 왔어요.

면담자: 근데 2001년에 오셔서 5년 비자 받으셔서 중간에….

노순걸: 아 중간에 제가 집에 두 번 드갔다 나왔어요. 처음에, 처음에 한 반
년 있고, 이번에 한두 달 정도 있다가 들어 왔어요.

면담자: 그런데 관광비자가 그렇게 몇 년씩 안 되잖아요?

노순걸: 이게 더 원래는 정부에서 2003년도에 그거를 합법화를 시켰어요.
법으로. 그래서 그걸 정책을 저도 정부에서 하라는 정책대로 다 그
거 한 사람은 그렇게 합법적으로 또 5년 비자를 그게 또 그런 게
있고(남, 54세, 중국, 체류 9년).

－사례 3

이성국: 아니 식당도 잘되긴 잘 됐는데 갑자기 또 비자가 나오다보니 이게 또.

면담자: 주위에 분들이 뭐 한국으로 많이 오셨었나 봐요?

이성국: 예. 많이 왔죠. 옛날에 2005년 되면 한국에 오는 사람 많았어요.
2004년부터(남, 41세, 중국, 체류 7년).

2) 한국에 입국하기 위한 과정

1980년대에는 친척 방문을 위한 소수의 재중동포들만이 한국에
입국하였다. 그 후 1992년 한·중 수교를 계기로 입국자수가 증가하
였고 1999년 재외동포법의[55] 개정으로 본격적인 탈중국화현상이 벌
어졌다. 한국으로의 이입이 최고조에 이른 시기는 2003년 재외동포
법 개정 발의를 거쳐 2004년 법이 국회에서 가결된 시기로서 재중동
포들의 한국 이입을 촉진하는 계기였다. 2004년 재개정된 재외동포
법에[56] 의해 법률상 혜택에 포함되었는데 주로 친족 방문을 위한 비

---

55 1999년 개정된 재외동포법은 대한민국 정부 수립 이전에 이주한 구소련 동포 및 재중동포, 일본의
조선적(朝鮮籍) 동포들을 배제 시켜 해당지역의 동포들과 한국 내의 관련 단체들로부터 거센 비판을
받았다.

자를 발급받아 한국으로 입국하였고 재외동포 3세까지는 비자를 발급받는데 문제가 없었다. 이 당시에는 1990년대 한국에 입국하여 체류 기간을 넘기고 미등록 상태로 남아 있던 재중동포들도 중국으로 일시 귀국하였다가 재입국하는 현상이 벌어졌다. 1990년대 산업연수생 제도에 의해 입국을 하거나 관광비자를 발급받아 한국에 입국하던 재중동포들은 2004년 이후에는 한국에 남아 있는 친척을 찾아 비자를 발급받는 현상이 일반화되었다.

3) 한국계의 이입시기 에스니시티

구로지역의 재중동포들은 서비스업이나 건설업에 종사하는 사람들이 많기 때문에 일터와 생활세계가 일치하지 않는다. 식당의 일자리나 건설현장의 일들이 지역적으로 광범위하게 분포하고 있기 때문이다. 현재 구로구 3만 4천480명을[57] 포함해 금천구 일부와 영등포 일부에서 살아가는 재중동포의 수는 4만여 명에 육박한다. 이들 모두가 이 지역에 일자리를 가지고 있지는 않다. 생활의 일부로서 교회를 찾는 사람들의 수도 인구수에 비례하면 적은 수이다. 고연령층을 제외한 재중동포는 거의 교회에도 가지 않는다. 중국동포 교회에서 매주 일요일 마다 하루 세 차례 실시되는 예배에는 1,000여 명 정도의 동포들이 참석하고 있을 뿐이다. 중국이 사회주의 국가여서

---

56 개정된 부분은 '외국국적 동포'에 관한 조항으로 '대한민국의 국적'을 보유하였던 자(대한민국 정부 수립 이전에 국외로 이주한 동포를 포함한다) 또는 그 직계 비속으로서 외국국적을 취득한 자중 대통령령이 정하는 자(이하 "외국국적 동포"라 한다)로 개정되었다.

57 노컷뉴스, 2009년 8월 5일자에서 재인용.

종교를 가진 사람의 비율이 높지 않다는 점도 있겠지만, 구태여 교회에서 다른 재중 동포들을 만나지 않더라도 한국사회에서 적응하는 데 큰 어려움을 겪고 있지 않기 때문으로 해석할 수 있다(설동훈, 1999: 286). 재중동포들은 한국 내에 견고하진 않지만 친족 네트워크를 가지고 있는 경우가 대부분이며 외형적 조건이 비한국계 이주노동자들과는 달리 한국인과 똑같기 때문에 이주지원 단체나 종교단체의 도움이 없어도 한국사회에 적응하는 데 별 어려움을 겪고 있지 않다. 재중동포들에게 교회나 지원단체는 생활세계 외부에 위치해 있는 것이다. 정리하면 구로지역은 한국계 이주노동자들에게 일자리 공간의 의미를 포함하는 생활세계이며 베드타운이자 여가를 즐기는 다중적 의미의 역할을 하고 있다. 이곳을 중심으로 재중동포들은 에스니시티의 변형을 경험하게 되는데 변형 전 이입시기의 에스니시티를 베리의 이론에 근거하여 분석할 수 있다. 그런데 베리의 문화변용 모델을 이용하여 재중동포의 문화변용 정도를 가늠하기에는 한 가지 문제점이 있다. 그것은 문화적 정체성과 특성이라는 차원 1의 문제를 어떻게 해석할 것인지에 관한 것이다. 재중동포들이 가지고 있는 문화적 정체성은 중국과 한국의 정체성을 동시에 공유하고 있기 때문이다. 그렇기 때문에 베리의 모델을 적용시키기 위해서는 재중동포들의 정체성을 명확히 하는 작업이 선행되어야 한다. 임채완과 김경학이 1999년 6월부터 2001년 1월에 걸쳐 중국 길림성 연변조선족 자치주 일대에서 연구한 '연변 조선족의 민족 정체성 조사연구'에 의하면 연변조선족들은 상호 친밀감이 높으며 높은 민족적 긍지를 가지고 있다(임채완 외, 2002). 그러나 생활양식은 중국에 가깝다고 한다(임채완 외, 2002). 비슷한 시기, 연변 조선족의 정체성을 조선족 정체성과 한족 정체성으로 나누어 비교 연구한 신승철의 연구에서도 감정적 측면에서는 한족 정체성이 높은 반면 행동적·인지적 측면에서는 조선족 정체성이 상대적으로 높게 나타났다(신승철 외, 1994). 이 결과는 조선족이 조선족으로서의 민족의식과 중국 국민으로서의 국민의식을 동시에 가지고 있는 이중 정체성(dual identity)을 가지고 있음을 말해 주고 있다. 그러나 민족이란 인식론적으로 구성되는 상상의 공동체(imagined communities)라는 베네딕트 앤더슨의 정의에 근거하면 실체가 불분명한 민족 정체성을 재중동포의 정체성으로 규정하기는 곤란하다. 따라서 행동적, 실체적, 인지적인 측면의 정체성이 본연의 정체성이라고 상정한다면 재중동포는 중국 국민으로서의 정체성을 가지고 있다고 규정하는 것이 타당할 것이다.[58] 규정된 정체성을 바탕으로, 재중동포들이 정체성과 특성을 유지하려는 의지는 어떠한가의 문제가 남아 있다. 재중동포들은 이민 초기에 한국에 대해 호의적인 모습을 보이고 있었다. 왜냐하면 자신들의 아버지와 할아버지가 조국을 위해 희생한 대가를 자신들이 조국으로부터 보상을 받을 차례라는 인식이 짙게 깔려있었다(문형진, 2008). 이렇게 기대를 전제로 한 호의적인 생각은 한국에 입국하면서 스스로를 중국인이라기보다 한국인이라고 생각하고 있는 경향이 강했다.[59] 그렇기 때문에 중국 국민으로서의 정체성을 유지하려는 성향은 보이지 않았다.

---

58 재중동포의 정체성은 복합적이라 할 수 있다. 예를 들면 중국으로의 이민 1세대는 한민족의 정체성을 고스란히 간직하면서 중국사회로 적응했기 때문이다. 그러나 본 책에서 다루는 재중동포들은 모두 이민 3세대와 4세대에 포함되어 있으므로 위와 같이 규정지었다.

59 이를 세대별로 구분하여 그 속성을 분류해 보면 중국으로 이주했던 이민 1세대와 2세대는 한국으로의 이입이 귀향의 의미가 있으며 3세대 이후의 세대는 한국으로의 이입이 돈을 벌기 위한 편의적 이용의 목적이라 할 수 있다.

다음으로 주류사회와의 관계를 유지할 것인가에 관한 차원의 문제이다. 초기 한국으로 이입 된 재중동포들은 모두 친족 방문을 위한 비자를 발급 받아 입국했다. 입국한 재중동포들은 한국인 중 누군가와는 친족관계가 성립된다고 볼 수 있다. 비한국계 이주노동자와는 달리, 한국 내에 의지 할 수 있는 친족이 있다는 것은 재중동포들이 스스로를 비주류로 생각하고 있지 않았다는 뜻이기도 하다. 이는 재중동포들이 주류사회와의 관계 설정에 대해 호의적이었다는 의미로 해석할 수 있다. 종합해보면 재중동포들은 중국의 공민이라는 정체정과 한민족의 정체성 속에서 갈등하며 하나의 정체성을 고집하지 않으며 한국사회와 유연하게 대처하려한다는 점에서 정체성을 유지하려는 경향이 적었다고 보인다. 그러나 한편으로는 한민족 정체성을 근거로 친척이 살고 있는 한국사회의 주류와 관계를 유지하려는 경향이 강했다. 돈을 벌기 위해 한국행을 결정한 재중동포들에게 중국 공민이라는 정체성을 유지하며 한국사회에 적응을 시도한다는 사실이 도움이 되지 않는 다는 것은 자명하다. 이를 필자의 에스니시티 변형 유형에 대입해 보면 '귀화지향형' 개념에 속한다고 할 수 있다.

2. 비한국계

1) 입국희망자의 인적 속성

　국내에 입국해 있는 이주노동자들은 몇 가지 공통적인 속성을 가지고 있다. 출신국가에 따른 특별한 특징이 아닌 일반적 특징이 나타나고 있는 것이다. 이러한 특징을 살펴보면 다음과 같다. 첫째, 혈연을 기초로 하는 이입국으로의 이동이다. 일반적으로 알려진 바와 같이 국내에 입국하는 이주노동자들은 고학력의 고급인력이 아닌 경우가 많다. 물론 초기 이주시기에는 대학교육 이상의 학벌을 보유한 사람들이 많았다. 하지만 이주시간이 장기간 경과하면서 다니던 대학을 중퇴하거나 고등학교를 졸업한 이후에 먼저 이주해 있던 친지나 친척을 통해 곧바로 해외 취업을 선택하는 이주노동자의 수가 증가 하는데 여기에서 해외 취업에서의 중요한 네트워크가 친·인척을 통해 발현함을 알 수 있다. 작게는 가족 단위의 형제로부터 넓게는 사촌 또는 그 이상의 먼 친척까지의 친·인척들이 해외에서의 취업을 경험하거나 취업 중에 있는 가족 구성원을 따라 해외 취업을 감행한다. 둘째, 지역적 동질성을 가지고 있는 경우가 많다. 예를 들면 국내에 입국한 네팔 출신의 이주노동자는 네팔 현지에서 같은 고향인 경우가 많다. 네팔 출신의 이주노동자는 네팔의 수도인 카트만두나 다란 지역 출신의 이주노동자가 많은데 이는 해외 취업에 대한 정보 수집력이 다른 지역보다 월등하기 때문이다. 초기 국내에 취업한 네팔 출신의 이주노동자들이 네팔의 동일 지역으로부터 선행 취업을 함으로써 해외 취업을 준비하는 후발 주자들은 자연스럽게 동일한 이입국에 대한 정보 수집이 용이하게 된다. 이들은 이입국에 입국한 이후로도 동향끼리의 커뮤니티를 통해 취업을 하거나 거주지를 소개 받는다. 마지막으로 한국정부의 외국인노동자 정책에 의해 입국한 사람들로서 산업연수생 제도나 고용허가제에 의해 국내로 이입되는 이주노동자들이 있다. 가장 적극적인 해외 이주를 감행하는 부류의 사람들로서 해외 취업에 성공한 친척이나 친지의 유무를 불문하고 현지에서 실시되는 한국어 검정시험의 준비와 이 밖의 다른 과정을 경쟁을 통해서 선발되는 사람들이다. 이들은 대부분 고학력자가 많으며 가족의 생계를 위해 해외 취업에 필사적인 부류의 사람들이다.

면담자: 방글라데시에서는 뭐 했었어?
레　닌: 아! 방글라데시는 뭐 일 안하고 대학교 졸업 하자마자(한국에 왔다).
면담자: 대학교 전공이 뭐야?
레　닌: 폴리티칼 사이언스.
면담자: 폴리티칼 사이언스?
레　닌: 네.
면담자: 어…. 폴리티칼 사이언스면 정치…, 정치학.
레　닌: 정치학(남, 42세, 방글라데시, 체류 10년).

방글라데시 역시 동남아시아의 다른 나라와 마찬가지로 산업기반시설이 열악한 상황이다. 대학을 졸업해도 취업을 하기가 어려운 현실에서 노동력을 담보로 이주를 결행하는 현상은 어쩔 수 없는 선택이었다. 1999년 1월에 한국에 입국한 레닌 씨는 처음 직장을 구한 지역이 마석이었고 10년 동안 마석에서만 살고 있다. 그는 정치학도

출신답게 이주노동자 문제에 관한 한국정부의 정책에 비판적인 의
견을 가지고 있었다. 정치적 소신이 뚜렷한 레닌은 한국의 이주노동
자 운동에 직·간접적으로 참여하고 있다. 그는 현재 방글라데시 지
역공동체 연합인 BNS(Bangladesh National Society)의 회장직을 맡
고 있다.

1994년 2월 21세의 나이로 한국에 입국한 부런 씨는 현재 36살이
다. 영문학을 전공하던 대학생 신분이었던 그는 산업연수생 자격으
로 입국했는데 처음 배치 받은 공장은 구리시에 위치한 전구 제조
공장이었다. 기술도 배우고 돈도 벌 수 있다는 희망을 가지고 한국에
입국했던 부런 씨는 기술 전수 없이 반복되는 노동과 그에 따른 정당
한 보수가 지급되지 않자 전구 공장에서 도망 나와 미등록 노동자가
되었다. 이처럼 그 당시 산업연수생 제도의 폐해는 이주노동자 사회
전반에 걸친 광범위한 문제점을 내포하고 있었다. 본국에서 대학교
육을 받을 정도의 지적 수준을 가지고 한국에 입국한 이주노동자들
에게 산업연수생 제도와 같은 불합리한 제도는 받아들이기 힘든 제
도였고 이를 벗어나 불법 체류자가 되는 것을 조장한 측면이 있다.

1년 정도요. 1년. 그러다가 도망 나와서… 처음에 네팔에서 한국에 들어온 이유가 일도 배우고 기술도 배우고 돈도 벌고 그러려고 온 건데 와서 보니까 그게 아니에요. 그런 거 없고요. 그냥 계속 일만 해요(부런, 남, 37세, 네팔, 체류 15년).

한국에 이입되는 이주노동자들의 출신국은 대부분 국민소득이 연간 $1,000 내외의 국가들이 대부분이다. 미얀(Miyan)에 의하면 방글라데시의 경우 인력수출의 이득이 비용의 2.88배이고 팰러폭스(Palafox)는 "필리핀의 노동자의 해외 취업에 따른 수입은 나라 전체 외화 수입의 20%이며 경제 성장의 19%를 기여하고 있다"(박영범, 2004에서 재인용)라고 한다. 제3세계 국가라 일컬어지는 이들 국가들은 산업기반 시설이나 생활에 필요한 소비재 산업의 발전 정도가 미미하다. 실업률이 증가하고 총소득이 감소함에 따라 자국에서의 생활을 영위하기가 곤란한 경우가 많다. 이들은 가족 구성원들의 생활 위험을 회피하기 위해 해외 취업에 적극적으로 나서는데 해외로의 취업은 그들 준거집단에서의 지위 향상을 의미하기 때문이다. 그러나 누구든지 해외 취업을 결행할 수 있는 조건을 가지고 있는 것은 아니며 일정 수준의 학력과 정보력이 뒷받침 된 사람들만이 가능한 일이다. 왜냐하면 해외 자본 시장이나 다른 국가의 사회정보에 대한 접근성이 저학력자에 비해 고학력자가 월등히 높기 때문이다. 이는 민족적 정체성을 근거로 한국행을 결행하는 한국계 이주노동자의 이주과정과는 현격한 차이를 보이는 지점이다.

2) 입국 과정

2007년 고용허가제가 본격적으로 실시되었지만 제도적 틀에 맞추어 마석 공단에 유입되는 이주노동자는 거의 없다. 이곳에서 정착하여 생활세계를 경험하는 이주노동자들은 대부분 관광비자(tourist visa)나 사업비자(business visa)를 받아 입국했거나 한국정부가 산업연수생 제도를 외국인력의 기본 정책 기조로 삼았을 당시에 연수생 신분이었다가 연수생 신분을 버리고 불법체류를[60] 선택하여 스스로 제도권 밖으로 이탈한 사람들이 대부분이다. 산업연수생 제도가 외국인력 정책의 근간일 당시에는 한국에 입국하기 위해 브로커의 도움을 받아 입국하는 이주노동자가 많았다. 물론 관광비자를 받아 입국하는 이주노동자도 처음부터 불법체류를 결심하고 입국하는 것이 일반적이며 이들 부류 역시 브로커의 도움을 필요로 했다. 그런데 특이한 점은 이미 한국에 이입되었던 이주노동자가 한국을 그들의 본국에 소개하는 매개자의 역할을 하고 그 정보를 바탕으로 한국으로의 이입을 결심하게 되는 본국의 이주노동자도 브로커의 도움 없이는 한국으로의 이입이 곤란하다는 것이다.[61]

<표 Ⅲ-2>에 나타난 바와 같이 2007년 노동허가제 전면실시 이전에 입국한 이주노동자들은 대부분 브로커의 도움을 받는 데 상당한 금액을 커미션으로 지불해야 했다.[62]

---

60 시민사회단체에서는 '불법체류'라는 말 대신에 합법적인 체류기간을 초과해서 체류하고(over stay) 있다는 의미로써 '미등록'이라는 용어를 사용한다.

61 Salt and Stein(1997)에 의하면 국제노동력을 알선하는 개인이나 조직은 이윤을 목적으로 자발적으로 결성되는데, 형태가 다양하다. 그들은 암시장에서 일정한 수수료를 받고 해외취업 희망자들에게 여러 가지 서비스를 제공한다. 밀입국 알선과 동행, 여권과 사증의 위조, 위장결혼의 알선, 고리대금업과 이입국에서의 숙소 알선과 같은 일을 하는데 노동력 송출국과 이입국 모두에서 발달하고 서로 밀접한 관계를 맺고 있다고 한다.

〈표 Ⅲ-2〉 국가별 이주노동자 송출 비용

(단위: US $)

구분	베트남	몽골	인니	태국	스리랑카	필리핀	전체평균
공식송출비용 (2005년 노동부보고서 기준)	669	900	953	589	390	733	705
실제비용(응답자 평균)	3,407	1,255	876	444	1,630	787	1,396

* 이주노동자 인권연대(부산일보, 2006년 9월 11일자).

커미션으로 지불되는 금액은 국가별로 조금씩 차이를 보이고 있는데 이주노동자 인권연대가 조사한 <표 Ⅲ-2>에 따르면 공식 송출비용보다 많은 비용을 지불하고 한국에 입국하였음을 알 수 있다.

현재 고용허가제의 전면 실시로 고용주가 직접 '고용지원센터'로부터 이주노동자를 소개 받은 후 입국하는 절차를 거치는데 이러한 과정에 브로커의 개입이 없을 것이라는 개연성은 알 수 없다.

본 책에서는 현재진행형인 고용허가제를 통해 입국한 이주노동자가 아닌 오랜 기간 한국에서 생활세계를 만들어 온 이주노동자의 문화변용 문제를 중심으로 다루려 하기 때문에 고용허가제에 따라 입국한 이주노동자의 문제는 논외로 할 수밖에 없다.

3) 비한국계 이주노동자의 이입시기 에스니시티

"이주노동자는 하루 평균 10.8시간의 노동시간과 3.9시간의 여가를 가진다. 하루 24시간 중 장시간의 고된 노동에 지친 몸을 풀기

---

62 브로커에게 지불 할 수 있는 비용이 없는 사람들은 개인적으로 한국대사관에 비자를 신청하여 입국하는 경우도 있는데 이런 경우 한국대사관에서 비자를 거절하는 비율이 높기 때문에 브로커를 이용하고 있다. 그러나 개인자격으로 비자를 신청해 입국하는 사람들도 소수 있다.

위해 잠자는 시간을 제외하면, 회사에서 맡고 있는 일이 아닌 활동을 위해 보내는 시간은 평균 4시간에 미달하는 것이다."(설동훈, 1999: 283) 그러나 10여 년이 경과한 2010년 현재 이들의 생활 실태가 얼마나 개선되었는가를 알아 볼 필요가 있다. 한국사회에 적응을 위한 이들의 노력은 아직도 진행형이다. 여전히 이주노동자는 장시간 강도 높은 노동에 노출되어 있으며 이를 해소하기 위한 다양한 방법을 가지고 있지 않다. 마석지역에 거주하는 비한국계 이주노동자들은 휴일에는 작업장과 인접해 있는 이주노동자 지원단체나 종교단체를 찾아 같은 나라 출신의 이주노동자를 만나 정보를 교환한다든지 작업장에서의 애로사항을 상담하거나 지원단체에서 실시하는 한글교육에 참여하기도 한다. 이주노동자 지원단체나 종교단체는 그들만의 정보 교류의 장이자 발생한 문제를 상담하는 데 유일한 통로인 셈이다. 마석지역의 비한국계 이주민에게 그곳은 경제적 수입을 확보할 수 있는 일자리가 있으며 동향의 커뮤니티 모임을 통해 정보를 취득하는 공간이다. 즉 이들에게 마석지역은 생활세계이자 한국생활의 전부라고 할 수 있다. 이는 한국사회와 네트워크를 구성하는 일에 적극적으로 나설 필요성이 없음을 의미한다. 따라서 이들은 한국으로 이입한 초기부터 샬롬하우스와 같은 이주노동자 지원단체를 통해서만 한국사회와 제한적 접촉만을 할 수 있으며 동향의 커뮤니티 활동에는 적극적으로 참여한다. 이를 베리의 문화변용 모델, 차원1의 문화적 정체성과 특성의 유지 관점에서 본다면 본래의 정체성을 유지하려는 경향이 강하다고 볼 수 있다. 이주노동자는 문화접촉을 시도하며 출신국의 정체성을 유지하려는 경향을 보이는 경우도 있으며(김영란, 2008) 문화적응 스트레스도 높게 나타난다(이순희 외,

2009). 때문에 대부분의 이주노동자들이 언어장벽과 문화적 차이를 경험하고 자국인 공동체에 소속되거나 자국인과의 사회적 관계를 형성하려는 경향이 강하다(Lee, 2004). 이와 같은 결과는 이주노동자들이 이입국 사회와의 갈등을 회피하게 되고 본래의 정체성과 특성을 유지하려고 한다는 의미이며 이는 한국사회에서도 동일한 현상으로 나타난다.

다음으로 베리의 문화변용 모델 차원 2의 주류사회와의 관계설정에 관한 문제이다. 동남아시아를 비롯한 제3세계 출신의 비한국계 이주노동자는 한국계 이주노동자와는 달리 한국사회에 한국인과 인적 네트워크가 전무한 것이 일반적이다. 비한국계 이주노동자는 출신국이 같거나 출신국의 동향의 사람들, 혈연관계에 의지해 한국사회에 이입되어 온다(Boyd, 1989; Massey et al, 1993; 설동훈, 1999). 따라서 한국사회와의 관계설정에 대해 의지를 가지고 있지 않은 상태로 이입되고 있다. 그러나 한국사회와의 접촉과정에서 주류사회와 관계설정을 갖게 된다. 그런데 이 과정에서 발생하는 문화갈등의 정도와 질을 규정하는 것은 상대적 우위를 점하고 있는 쪽이다(유명기, 1995). 당연히 이주노동자와 한국인과의 문화접촉에서는 한국 문화가 압도적 우위를 차지하게 되고 이주노동자의 에스니시티도 변형하게 된다. 이와 같은 사례는 한국인과 인도네시아 노동자와의 문화갈등의 성격을 규정하는 연구에서도 잘 나타나 있다(김수재, 2008).

종합해보면, 한국에 이입되는 비한국계 이주노동자의 초기 에스니시티는 한국사회와 소통할 수 있는 인적·사회적 네트워크가 없고 그렇기 때문에 자신의 에스니시티를 지키려는 자발적 의지를 동향의 이주민 집단을 통해 구현하려 한다. 이는 필자의 에스니시티 변형

모델에 의하면 '귀소지향형(Homing aim type)'의 개념에 속하며 초기 이입 시 한국사회에 아무런 네트워크가 없는 상황에서 돈을 벌면 귀국하겠다는 분명한 의지를 가지고 있다.

3. 국내 정착 과정의 진행과 실태

한국은 실정법상 이주노동자가 한국 국적을 취득하는 방법이 제한적이다. 법무부 출입국 관리소에 등록을 필한 이주노동자들의 경우 국적법 시행령에 의해 국적을 취득할 수 있는 방법이 있으나 한국에 거주하는 미등록 이주노동자의 경우 출생과 함께 국적이 부여되는 속지주의 원칙이나 일정 기간이 경과하면 특별법에 의해 국적을 부여하는 미국과는 달리 미등록 상태에서는 국적을 취득할 수 있는 방법이 전무하다. 그렇기 때문에 국적의 유·무에 따라 이주노동자의 정착을 설명하기에는 무리가 있다. 따라서 실질적 정착의 기준이 무엇인가가 필요하며 여기에 관한 몇 가지 인덱스(Index)를 상정하는 것이 선행되어야 한다. 아직까지 제도권에 편입되는 방법을 제외하고는 '이주노동자의 한국 내 정착'에 대한 기준은 전무하다. 이에 본 책에서는 적응과정을 통한 정착의 척도를 제시하는 시도를 하고자 한다. 첫째, 비록 신분이 미등록 상태일지라도 이주노동자는 현실적 상황 속에서 한국인과 공존하며 살아가고 있으며 서서히 본국의 인적 네트워크 보다는 한국 내에서의 인적 네트워크에 의해 삶의 방향이 결정되어지고 있다는 점이다. 한국 내에서의 삶의 시간

을 양적으로 판단하여 정착의 의미를 설명하기는 곤란하지만 한국
인 친구나 직장동료, 또는 신변에 문제가 생겼을 때 도움을 요청할
수 있는 한국 국적을 소유한 인적 네트워크의 유무에 따라 정착의
척도를 가늠할 수 있다. 이주노동자들은 작업이 이루어지는 공간인
공장이나 이주노동자를 지원하는 시민단체 또는 교회를 찾아 타국
에서의 외로움이나 발생한 문제에 대해 조언을 구하는 과정에서 한
국인들과의 인적 네트워크를 형성하게 되는데 한국인 동성 친구들,
또는 일반화된 경우는 아니지만 이성 친구를 갖게 되는 경우도 있다.
이주노동자들은 이들과의 인적 네트워크를 공고히 하는 과정에서
전화 통화나 문자 주고받기와 같은 방법을 이용한다. 이렇게 만들어
진 관계는 한국생활을 하는 데 있어 많은 도움을 받고 있으며 법무
부의 집중단속에 의해 강제 출국을 하게 되더라도 한국에서 만들었
던 네트워크를 소멸시키려 하지 않고 이들을 통해 한국으로의 재입
국을 모색하기도 한다. 이처럼 삶의 행위가 출신국과는 별개로 영위
되고 이입국에서의 행위가 삶의 방향을 결정하게 될 때 이주노동자
가 가지고 있던 에스니시티는 변형된다. 둘째, 본국의 가족이나 친지
에게 전화를 거는 횟수이다. 이주 초기에는 본국의 가족이나 친지들
에게 전화로 본인의 안부나 가족들의 소식을 전하는 횟수가 빈번하
지만 한국 생활에 적응하게 되면 본국과의 전화 소통의 횟수가 감소
하게 된다. 이는 본국의 상황이 현실적으로 거주하고 있는 공간의
상황보다 중요도가 덜해지기 때문이다. 셋째, 가족에게 송금하는 돈
의 액수와 횟수이다. 한국에 입국한 목적이 돈을 벌기 위한 것임은
주지하고 있는 사실이거니와 이를 통해 본국에 있는 가족의 생활이
나아지게 함이 중요한 목적이었으나 한국생활이 익숙해짐에 따라

본인의 생활비와 여가를 즐기는 비용이 본국에 있을 때보다도 상대적으로 증가하게 된다. 따라서 이주초기에는 본국에 송금하는 돈이 월 임금의 80~90%를 본국으로 송금하던 이주노동자들이 일정기간이 경과하면 월 임금의 몇%가 아닌 정해진 금액만을 송금하는 행태를 보이게 되는데 30~40만 원 정도의 돈을 본국으로 송금하는 것이 일반적이다. 이는 초기 이주시기에는 한국의 상황이나 물가에 대한 개념이 없는 관계로 주로 기숙사나 회사가 정해준 숙소에서 생활하지만 점진적으로 한국의 상황을 이해하면서 외부활동의 빈도수가 증가함에 따라 소비의 행태가 한국인과 비슷한 경제규모 수준으로 증가하기 때문이다. 넷째, 출신국의 문화를 일부분 상실하게 된다. 초기 이주 시기에는 본국의 문화를 상실하지 않은 상태에서 한국에서의 적응과정을 시작하게 되지만 적응기간이 장기간 지속됨에 따라 종교와 관습, 음식 등 자국에서 체득했던 문화적 관습을 자의반 타의반으로 변용시키게 된다. 예를 들면 이슬람을 믿던 모슬렘들이[63] 돼지고기를 섭취하는 것과 같은 것을 들 수 있다. 모슬렘들은 종교적 율법에 따라 돼지고기를 금기시하지만 돼지고기와 닭고기가 외식문화 대부분을 차지하는 한국 외식 시장의 특성, 그리고 이러한 음식을 모임의 회식 메뉴로 이용하는 한국문화의 특성에 의해 이주 초기에는 터부시하던 돼지고기를 먹기 시작하는 것 같은 경우이다. 다섯째, 한국어나 문자생활(한글)의 익숙함의 정도이다. 정주기간이 장기화되고 한국사회로의 적응과정에서 반드시 필요한 조건이 한국

---

63 이슬람(al-Islām)이라는 아랍어는 원래 '순종'과 '평화'의 뜻을 담고 있다. 그런데 그것이 승화되어 인간이 유일신인 '알라'에게 절대적으로 순종함으로써 몸과 마음의 진정한 평화에 도달할 수 있다는 종교적 의미를 포함하게 되었으며, 이것이 이슬람의 종교적 신조로 굳어졌다. 이슬람을 신봉하는 사람은 알라에게 절대 복종해야 하기 때문에 복종자, 즉 '모슬렘'이라고 한다(정수일, 2002).

어 활용의 능력이다. 한국어 활용 능력은 직장에서의 의사소통, 한국
인과의 교류에서 반드시 요구하는 적응 조건이며 버스를 타는 행위,
물건을 구입하는 행위에서 한글 문자의 활용도는 필수적 조건이다.
따라서 한글을 포함한 한국어의 활용도 능력의 높고 낮음에 의해
정착의 여부를 가늠해 볼 수 있을 것이다.

한편, 한국계 이주노동자와 비한국계 이주노동자의 초기 이입 시
기의 구성원과 정착 시기의 구성원의 정착결과의 차이가 존재하며
적응과정에도 차이를 보이고 있다.

〈표 Ⅲ-3〉 이주노동자의 이주시기에 따른 적응유형 비교

구분	이입 초기	적응 과정	정착기
한국계	40대 이상의 저학력 계층의 이입	단기적 지속	한국사회와 제한된 네트워크 유지
비한국계	20~30대의 상대적 고학력계층	장기적 지속	한국사회와 접촉면의 확대

한국계 이주노동자는 40대 이상의 저학력 계층의 사람들이 대부
분이며 이입 초기 주로 건설업 현장 일에 종사하는 경우가 대부분이
다. 이들은 한·중수교가 이루어지면서 본격적으로 이입되었는데
교육수준이 낮음으로 인해 중국사회에서 주류로 성장하지 못하였으
며 주로 동북 3성을 중심으로 농업에 종사하던 사람들이었다. 중국
에서도 주류 사회에 편입되지 못했던 재중동포 1세대와 2세대들은
3세들에 대한 교육에는 매우 적극적 태도를 보였다. "조선족은 교육
면에서도 타민족에 앞섰다. 전통적으로 조선족은 지식을 숭상하고
교육을 중요시하는 전통을 지니고 있었다. 조선 시대 유교의 영향과

과거시험 제도는 교육을 벼슬하고 가문을 빛내는 중요한 통로로 여기게 하여서 가능한 한 자녀에게 교육을 시키려 하였다.”(윤인진, 2003) 이에 대한 결과로 이주 3세대 이후의 세대는 대학교육을 마치고 중국사회에 적극적으로 편입하거나 한국에서 중국에 진출한 한국기업에 입사하여 자신의 능력을 발휘함으로써 중국 현지에서 정착하고 있다. 20~30대의 재중동포들은 한국에 이입됨으로써 겪게 되는 차별에 대한 반감을 보이며 충분히 중국사회에 편입될 수 있는 실력을 갖추게 되면서 한국으로의 이입에 대한 매력을 상실하게 된 측면이 존재한다. 반면 비한국계이주노동자들의 출신성분은 대학교육을 마쳤거나 혹은 중간에 중퇴한 사람들로서 이입 초기에 제조업 분야에 종사하게 되는 것이 일반적이다. 고학력자들은 이주정보의 획득이 그렇지 않은 사람들보다 용이했으며 가정을 이루지 않은 20~30대 청년계층일 수록 이민에 대한 거부감이나 두려움이 덜하다. 이들의 출신국은 부의 균형이 극단적인 후진국형의 경제구조를 가지고 있는 경우이며 이들이 주류사회에 편입된다는 것은 어려운 일이다. 이 때문에 본국으로부터 노동력을 담보로 한 이출을 결행하게 되는데 국가로부터 민족 정체성이나 국가 정체성에 대한 이념 주입이 미미했던 이들은 이입국으로의 이입이 삶의 질 향상을 위한 자연스러운 선택이었다.

한국에 이입된 이주노동자들은 적응기간을 갖게 되는데 적응의 방법에서도 미묘한 차이를 보여주고 있다. 한국계 이주노동자들도 한국사회의 적응에 노력하지만 장기간 또는 정주를 목적으로 적응도를 높이지는 않는다는 점이다. 면담대상자들의 면담결과를 볼 때 이들은 중국국적을 포기하는 것에 대해 부정적인 입장을 견지하고

있다. 중국을 "뼈와 살을 준…"64 모국으로 상정하는 현상이 일반적
이며 중국경제의 급격한 성장에 대한 믿음은 언젠가는 한국의 경제
가 중국의 경제 상황에 기댈 것이라는 전망을 보이고 있다. 따라서
'100% 한국 국적 취득에 대한 의지가 없다'라고 단정 지을 수는 없
지만 대부분의 한국계 이주노동자는 한국 국적 취득에 회의적이며
미국이나 일본에 거주하는 동포들과 동등한 '자유왕래 수준'의 재외
동포 정책을 희망하고 있다. 결국, 이들은 한국사회에 정착을 목표로
하지 않는다고 보아도 무방하며 적응의 방법도 장기적인 목표나 희
망을 상정하지 않고 이익의 수취의 크기에 따라 변하기 때문에 단기
간 거주를 위한 적응에 주목한다 할 수 있다. 비한국계 이주노동자들
의 면담 자료는 한국계 이주노동자들과는 차이를 보이고 있었는데
본국에서 결혼을 한 후 한국에 이입되어 출신국에 있는 가족과의
재결합에 대한 의지가 강한 이주노동자를 제외하면65 대다수의 비한
국계 이주노동자는 한국정부의 정책의 변화를 기대하며 한국에서의
정주를 희망하고 있다. 따라서 이들은 한국사회로의 적응에 적극적
이며 장기 거주를 위한 에스니시티 변형에 더욱 적극적이다. 이들은
본국으로 귀환을 하더라도 중국의 경제 영향력에 따라 좌지우지되
는 출신국의 경제 상황에서 삶의 질 향상은 요원하다고 판단하고
있다.

한편, 한국계 이주노동자가 중국으로의 귀환을 선택할 수 있는 가
능성이 큰 만큼 이들의 귀환은 한국사회와의 제한적 네트워크의 연
결을 의미한다. 중국 정부로부터 임대받은 토지나 아파트와 같은 생

---

64 2009년 9월 24일 노순걸 씨 면담 자료 참조.
65 면담 과정에서 출신국으로 귀환하고 싶다고 밝힌 사람들도 만약 출신국의 가족을 초청할 수 있다면
　 한국에 정착하고 싶어 하고 있었다.

활기반이 중국에 있으며 동포 3세들의 한국 정주 여부에 대한 회의
적 반응은 40~50대 한국계 이주민들이 중국으로의 귀환, 비귀환을
결정하는 중요한 요소이다. 이들의 노동력이 상실되는 시기가 도래
하게 되면 자녀와 생활기반이 실재하는 중국으로 귀환하게 되고 한
국사회와의 네트워크는 제한적 일 수밖에 없다. 결국, 한국계 이주노
동자들은 잠정적·단기적 에스니시티 변형만 일어날 뿐 정주화 현
상은 발생되지 않고 이들의 귀환은 한국이라는 국민국가의 외부에
존치할 뿐 아니라 더는 민족적 동질감을 공유하기도 어려운 상태가
될 수 있다. 그러나 비한국계 이주노동자는 그들만의 약한 에스닉
그룹을 유지하고 있으며 한국정부의 단속에 검거되지 않는다면 미
등록 상태일지라도 한국에 거주하기를 원하고 있으며 본국으로의
귀환을 상정하지 않고 있는 사람들도 있다. 비록 이들이 제도권 밖에
위치하여 불안한 신분을 유지하고 있지만 생활세계는 한국사회에
매우 밀착되어 있어 정착의 과정에 위치하고 있다.

이는 다음의 [그림 Ⅲ-1]과 같이 나타낼 수 있다. 한국계 이주노
동자들은 비한국계이주노동자들에 비해 보다 두터운 에스닉 그룹을
유지하고 있으며 한국사회와의 네트워킹에 소극적이다. 이러한 원인
은 한국사회에서 경험하는 차별 때문에 한국사회 기피현상이 나타
나고 중국으로의 귀환을 상정하고 있는 것이 한 원인이지만 합법적
인 신분을 가진 사람들이 증가하면서 에스닉 타운을 형성할 수 있는
조건을 충족시키는 것도 이유 중 하나이다.

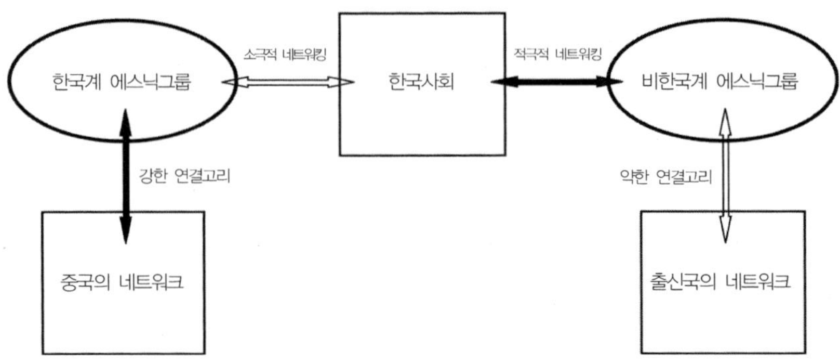

[그림 Ⅲ-1] 에스닉 그룹별 네트워킹 유형 분석

그러나 비한국계 이주노동자는 한국계 이주노동자와 마찬가지로 차별을 경험하기는 하지만 본국으로의 귀환문제를 고려 대상에서 제외시킴으로써 정착을 위한 한편의 수단으로 어쩔 수 없이 적극적 네트워크 구성작업에 참여하게 된다.

1) 한국사회에 적응한 이주노동자의 삶의 경로

미등록 이주노동자들이 법제도하에서 '한국사회의 정착에 성공했다'라는 명제는 성립되지 않는다. 한국은 아직까지 이민정책에 대한 법률적 근거를 명확히 갖추고 있지 않으며 정치적 난민을 인정하는 문제까지도 법률적 잣대가 협소하기 때문이다. 여기에서는 제도권 밖에 위치해 있지만 미등록 신분을 유지한 채 한국사회의 생활세계에 적응하고 정착한 이주노동자의 사례를 통해 어떤 사람들이 정착에 성공했는가를 밝히고자 한다.

(1) 한국계 이주노동자

한국계 이주노동자는 대부분 친족방문을 위한 비자를 발급 받아 입국하는 것이 일반적이다. 한국계 이주노동자는 남성의 경우 건설 현장, 여성의 경우 식당이나 간병인, 파출부와 같은 직업에 종사한다. 한국에 대한 정보가 거의 없었던 초기 이주노동자들은 제조업체에서 비한국계 이주노동자들과 동종의 직업군에 종사했다. 그러나 한국정부의 정책 변화에[66] 의해 건설업에 진출하게 되면서 제조업체에서 일하는 재중동포는 극소수만이 남아 있다. 초기 건설업계에 진입했던 재중동포들 중에는 한국인과의 갈등과 이익 수취의 극대화를 위해 스스로 공사를 수주하는 사람들이 생겨났다.

> 면담자: 그 한국에 오셔가지고 처음에 무슨 일 하셨어요?
> 신덕화: 저는 한국에서 첨에는 이제 몰랐고, 이제 첨에는 이제 새벽에 용역에를 좀 다니다가 그래 인제 하다 보니까 그래도 내가 좀 신경을 머리를 써야 되겠다. 한국에 와서 그래서 내장 쪽으로 목수 일, 천정하고 이런 칸막이 쪽으로 이제 일거리 내가 맞춰가지고…(공사를 수주했다는 의미).
> 면담자: 소목일 하신 거죠? 소목?
> 신덕화: 소목 예. 맞아요. 소목입니다. 내장목수.
> 면담자: 원래 그 중국에서부터 하셨어요?
> 신덕화: 안 했어요(남, 50대 초, 중국, 체류 2년).

재중동포들은 한국인의 임금 수준보다 적은 임금을 받고서도 일을 할 수 있는 잉여인력이 충분히 많았다. 여기에 착안한 일부 진취적인 재중동포 중에서 건설 시행사로부터 공사를 수주 받은 하청회

---

66 2002년 12월부터 시행된 '취업관리제'에 의하여 방문동거(F-1-4)비자를 소지하는 '외국국적 동포'에게 국내 서비스 분야에 2년간 취업이 허용되었다.

사로부터 재하청 또는 재재하청 공사를 직접 수주하게 되었다. 이렇게 공사를 직접 맡은 사람들은 구로지역의 재중동포 에스닉 타운을 중심으로 인력을 충원하여 공사하게 되었다. 이렇게 건설업에서 성공을 거둔 사람뿐 아니라 자영업에 진출한 부류도 있다. 이림빈 씨는 대림역 근처에 두 개의 중국 식당을 운영하고 있는데 필자는 세 번을 방문하여 관찰하였다. 손님은 재중동포들이 주류를 이루고 있으나 특별한 음식을 맛보고자 하는 한국인도 자주 눈에 띄었다.

흑룡강성에 있는 조선족 민족학교에서 교직 생활을 하다가 입국한 이림빈 씨는 1997년 입국하여 프레스 공장에 취직하였다가 3일 만에 오른손이 절단되는 사고를 당하여 중국으로 귀환했다가 2000년 재수술을 위해 다시 한국으로 입국했다. 수술을 마치고 중국으로 돌아가도 할 수 있는 일이 없었던 그는 미등록 상태의 신분으로 식당을 개업했다.

정상적인 직장 생활을 할 수 없었던 그는 독산동에서 처음으로 식당을 개업하게 되었고 2004년 한국정부의 '외국인투자비자' 정책에 따라 중국으로 일시 귀국했다가 재입국하여 정식으로 사업자 등록을 하게 되었다. 독산동 식당을 정리하고 현재의 대림동으로 이전한 식당은 음식 맛에 대한 소문이 좋고 지리적으로도 전철역과 인접해 있기 때문에 장사가 잘 되었다. 이러한 성공을 바탕으로 현재의 점포에서 50미터 떨어진 곳에 2호 점포를 개업하였다. 그는 재중동포들 사이에서도 성공한 사람으로 꼽힌다. 그러나 그의 성공이 한국 사회에 적응하기 위한 그의 노력 없이는 현재의 결과를 얻지 못했을 것이다.

다 알고 지내는 사람들은 다 존중하고 그래요, 항상. 열심히 사니까 또. 이 동네에서도 문을 여기가 제일 늦게 닫을 거예요. 아마(이림빈, 남, 40세, 한국, 체류 10년).

1996년 산업연수생으로 입국한 김해철 씨는 무역업으로 성공한 경우이다. 부산의 자동차 부품을 만드는 공장에 배치되었던 그는 회사의 부도로 말미암아 회사를 대구의 염색공장으로 재배치되었는데 탈수 과정에서 사망사고도 빈번한 공장이었다. 사망사고를 목격한 그는 회사를 나와 미등록 신분이 되었다.

탈수기도 굉장히 크더만. 이만한 데 탈수를 하는데 그 중국에 있는 리우이라고 지금도 내가 이름도 기억합니다. 리우이라고 스물 세 살 된 앤데, 그 탈수하다 발을 그 위에 인제 올려놓고 탈수를 해요. 그 인제 스위치가 위에 있으니까⋯ 책을 보면서 하는데 탈수기가 뭐 주저앉아가지고 그게 돌아가는데 고장이 나서 돌아가는데 그걸 정지를 못시켰다는 겁니다. 애가 거길 딸려 들어가는데 뭐 탈수기는⋯ 거의 피가 뭐 완전히 다 뽑혀나갔죠, 뭐. 탈수기가 돌아가니까⋯.
(중 략)
그래 그걸 구하려고 또 옆에 있던 애가 하나가 저저 인도네시아 애는 세 명 있었어요. 그 한 명이 쫓아 들어가가 땡겨낼라고 들어가다가 그 발 인제 다리 하나가 나와 돌아가는데 거기에 머리 맞아가 머리가 바로 날아갔거든요. 그래 즉시 그 두 명이 죽었는데 도저히 거기서 못하겠더만. 일을⋯(김해철, 53세, 중국, 체류 14년).

1998년 미등록 신분으로 서울로 상경한 그도 다른 재중동포들과 마찬가지로 건설 현장에서 일했다. 2000년 일시적인 합법화 조치 때문에 이주노동자들은 한시적 합법 신분을 유지했는데 김해철 씨도 이때 합법적 신분을 회복하고 그때부터 중국과 한국을 오가며 무역업에 종사했다. 김해철 씨가 취급했던 품목은 살아 있는 개(犬)였는데 한국에서 혈통서가 있는 개를 구매하여 중국으로 수출했다. 그러나 2008년 북경 올림픽을 앞두고 중국정부가 거리의 유기견이 증가하는 것에 대한 조치로 애완견의 사육을 불허하게 되면서 무역업을 정리했다. 그는 무역업으로 돈을 모은 후 중국의 신흥 개발 도시에 일부를 투자하고 일부는 대림동 재중동포 타운에 중국식 식당을 동업으로 개업하고 있다.

> 김해철: 그래, 여기서 한 마리에 천만 원이죠? 중국가면 비싼 게 한 마리에 1억 5천만 원이 넘었어요.
> 면담자: 그걸 어디서 팝니까?
> 김해철: 중국가면 시장이죠. 중국 가져가면 살 사람 있어요. 부두에 내리기만하면 살 사람들 있었어요.
> 면담자: 아, 그랬어요?
> 김해철: 그 정도였었어. 그래서 그때 세 마리 가져가면 아파트사고, 자가용 외제차 샀어요.
> (중 략)
> 김해철: 우리 그때 그걸 제가 뛰어들었죠. 그래서 한국에서 이걸 수입해가지고 중국에서 팔고… 물론 그때 돈 많이 벌었죠.
> 면담자: 많이 버셨어요?
> 김해철: 많이 벌어가지고 2008년도 중국에 올림픽 때문에, 올림픽 때문에 2007년도 11월 달에 중국 공무원에서 그 문건이 하나 내려왔어요. 개 때려잡으라고… 올림픽 때문에 개 멕이면 안 된다고…(키우면 안 된다고). (남, 53세, 중국, 체류 14년)

한국계 이주노동자는 비한국계 이주노동자보다 다양한 삶의 경로를 거치는 것으로 나타났다. 첫째, 정착 성공을 위한 다양한 직업의 선택이다. 단순제조업에만 취업할 수 있는 비한국계 이주노동자와는 달리 서비스업과 건설업에도 종사할 수 있으며 합법적인 신분을 취득할 수 있는 장점이 있다. 따라서 식당을 직접 운영하거나 직접 사람들을 모아 건설업에 종사하는 등 이익 수취의 양을 더 크게 만들 수 있는 여건이 조성되어 있다. 둘째, 중국과의 무역을 통해 적응에 성공한다. 한국계 이주노동자는 한국과 중국과의 시장 상황을 동시에 파악할 수 있는 정보와 방법을 인지하고 있다. 한국에서 필요한 물품을 중국에서 수입하고 중국에서 필요한 물품을 수출함으로써 이익을 극대화 시키고 이로 인한 이익의 크기만큼 한국사회에 적응하기가 수월해진다. 셋째, 한국사회와의 접변을 시도하기보다는 재중동포 내집단 속에서 자영업을 시도하여 정착하는 사람들이 있다. 비한국계 이주노동자의 한국 내 이입 인원보다 훨씬 많은 수가 이입된 한국계 이주노동자들은 이입된 사람들이 많기 때문에 상권을 형성하기가 수월하다. 이 상권을 통해 이익을 얻으면서 한국사회에 정착하는 부류의 사람들이 있다.

이러한 결과는 한국사회에서 한국계 이주노동자에 대한 차별의 강도가 비한국계 이주노동자에 보다 많이 약했으며 제도적 장치 또한 비한국계 이주노동자와 비교하여 보다 유리하게 작용했다는 점을 들 수 있다. 이러한 조건들은 이들의 적응과정에 큰 영향을 미치는 요소로 작용했으며 정착과정도 다르게 나타나는 현상을 발생시키는 요인이 되었다.

(2) 비한국계 이주노동자

비한국계 이주노동자의 경우, 사례 수집을 위한 면담 대상자는 한국에 입국한 지 5년이 지난 사람들로 선정했는데 최소한 5년의 세월이 경과해야 다른 사회에의 적응 정도를 파악하기 유리하다고 판단

해서이다. 비한국계 이주노동자가 출신국을 떠나 이입국에 입국해서
정착하는 과정은 다양한 경로를 가진다.

－사례 1
면담자: 무슨 비자를 가지고 왔어?
부　런: 산업 연수생 비자요.
면담자: 산업연수생 제도는 어떻게 알게 되었어?
부　런: 신문에 났어요. 돈도 벌고 기술도 배운다고 그래서 왔어요(남, 37
　　　　세, 네팔, 체류 15년).

－사례 2
면담자: 응 한국에는 언제 왔어?
모　노: 한국에 2001년도에.
(중 략)
면담자: 2001년? 8년 정도 됐네? 8년째네.
모　노: 네.
(중 략)
면담자: 그럼 몇 살 때 온 거지? 한국에.
모　노: 스물두 살 때인가….
면담자: 한국에 오기 전에 무슨 일 했었어. 거기서?
모　노: 일 안했어요.
면담자: 그럼 학생?
모　노: 예.
면담자: 어느 대학? 대학교 다녔어?
모　노: 음… 쪼금 무슨 대학? 칼리지라고 아시죠?
면담자: 응. 걸리지. 전공은 뭐였어? 전공! subject!
모　노: 사이언스였어요. 사이언스.
면담자: 사이언스?
모　노: 예.
면담자: 음… 한국에는 어떻게 오게 됐어? 브로커 통해서?
모　노: 예. 브로커 통해서.
면담자: 비자는 무슨 비자갖고 왔어?
모　노: 그때는 비즈니스 비자(남, 31세, 방글라데시, 체류 9년).

－사례 3

면담자: 한국에는 언제 왔어?

레 닌: (19)99년 1월 8일 날.

면담자: 그 때 비자는 무슨 비자?

레 닌: 투어리스트 비자. 관광비자.

면담자: 그때부터 지금까지 한 번도 안 갔네. 집에?

레 닌: 예. 한 번도 안가고 계속(남, 42세, 방글라데시, 체류 10년).

한국생활이 15년이 넘은 부런 씨는 산업연수생 제도를 통해 입국한 경우이다. 그 당시 네팔 본국의 상황은 매우 열악한 시기였다. 왕정 체제하의 정부와 왕에 반대하는 반군과의 내전으로 인해 생산수단은 파괴되어 젊은이들이 일할 수 있는 여건이 되지 않았던 시기였다. 그 당시 한국은 산업연수생 제도를 시행하고 있었고 한국과 양해각서 (MOU)를 체결한 네팔에서 산업연수생 신분으로 이입되었고 젊은 시절을 한국에서 고스란히 보낸 경우이다. 그러나 모노 씨는 비즈니스 비자(D－8)를, 레닌 씨는 관광비자(C－3)를 받아 한국에 입국하였다.

〈표 Ⅲ－4〉 한국에서 발급하는 비자의 종류

비자종류	C-4	E-1	E-2	E-3	E-4	E-5	E-6	E-7	E-8	E-9	E-10	F-2	F-4	F-5	H-1	H-2
내용	단기취업	교수	회화지도	연구	기술지도	취재	예술.흥행	특정활동	연수취업	비전문취업	내항선원	거주	재외동포	영주	관광취업	방문취업

외국인이 한국에 입국할 수 있는 비자의 종류는 다양하지만, 노동자가 현행 고용허가제하에서 일을 하기 위해 발급받는 비자는 E－9 이다. 그러나 과거 한국의 이주노동자 정책이 산업연수생 제도일 때

는 D-3 비자를 발급받아 입국했었다. 그러나 이주노동자들을 면담
하다 보면 의외로 관광, 통과, 요양, 친지방문, 친선경기, 각종행사,
회의참가, 참관, 문화예술이나, 종교의식 참가를 위한 C-3 비자나 기
업투자 목적의 D-8 비자를 발급받아 입국한 사람들을 볼 수 있다.
  이처럼 비한국계 이주노동자가 한국에 입국하기 위해서 발급받는
비자의 종류는 다양하다.

면담자: 전공과목이 뭐야?
부 런: 영언데요. 2학년까지 다녔어요.
면담자: 네팔에 가족은 있어?
부 런: 아버지, 엄마, 와이프, 딸도 있구요. 형도, 동생도 있구요.
면담자: 대학생 때 결혼한 거야?
부 런: 아니요. 한국에 4년 지난 다음에 와이프 한국에 와서 딸 만들었어
       요. 99년에 들어 와서 2007년에 나갔어요(부런 씨의 아내가 한국에
       입국했다 귀환한 기간).
면담자: 처음 한국에 와서 어느 지역에서 생활했어?
부 런: 처음 와서 구리시 있었어요. 산업연수생 비자 받아서 와서 1년 정
       도 일했어요. 거기는 라이트(전구) 만드는 일이였어요. 1년 정도 일
       하다 도망 나왔어요. 처음 네팔에서 올 때 한국에 와서 기술도 배
       우고 돈도 벌고 그렇게 알았는데 여기 와서 보니 그거 아니에요.
       배우는 거 하나도 없고 계속 일만 해요. 그래서 도망 나와서 아는
       네팔 사람 형 만나서 한 달 정도 살았어요. 일 안하고… 그 다음엔
       포천에 있는 내촌에서 엘보우 파이프 만드는 일 했어요. 그 다음에
       성생 공단에 들어 왔어요. 그 때 와이프 와서 성생 공단에서 같이
       살았어요(남, 37세, 네팔, 체류15년).

  실제로 하는 일은 한국인 노동자와 같은 업무를 수행하면서도 노
동자로서의 권리를 주장하지 못하고 실제 수령임금도 미등록 노동
자보다 적었던 많은 산업연수생은 배치 받았던 작업장을 이탈하였

다. 이 과정에서 산업연수생 제도를 위탁받아 시행하던 '중소기업협
동 중앙회(이하 중기협)'는 막대한 이득을 취득하였다.[67] 이러한 산
업연수생 제도의 비합리성은 비록 신분이 미등록이 될지라도 이익
수취의 극대화를 위해 작업장의 이탈을 촉진시키는 기제가 되었다.
중기협에 의해 배치된 작업장을 이탈한 이주노동자들은 그들만의
네트워크를 통해 새로운 일자리를 찾게 되는데 경기도 북부의 의정
부, 양주 지역과 경기 서부의 안산, 인천 지역 그리고 경기 남부 지역
의 남양주 지역으로 생활세계를 이동하게 되었다. 그러나 관광비자
나 비즈니스 비자를 발급받아 입국한 사람들은 중기협에 의해 작업
장을 배치받는 구조가 아니므로 곧바로 마석으로 오거나 다른 지역
을 경유해 오기도 한다.

─사례 1
면담자: 성생공단에서는 무슨 일을 했어?
부 런: 용접일 했어요. 학교, 학원에서 쓰는 의자 같은 거… 만들었어요. 지
      금은 용접일 안 하고 인테리어 일 해요. 문짝도 만들고 창문도 만들
      고….

---

67 "외국인 산업연수생 관리업무 대행한 中企協 관리비 4년간 12억 부당징수"
중소기업중앙회가 외국인 산업연수생 관리업무를 대행하면서 연수업체로부터 지난 4년여간 12억
6,000만여 원의 관리비를 부당 징수해온 것으로 드러났다. 감사원은 올 3월 5일부터 10일간 '외국인
산업연수생 관리비 집행실태'에 대한 감사를 벌여 11일 홈페이지에 이 같은 감사결과를 공개했다.
감사원은 감사결과가 이같이 나타나자 중소기업중앙회에 부당 징수한 관리비의 반환을 요구하고 중소
기업청에는 철저한 지도감독을 하라고 주의 조치했다. 감사원에 따르면 외국인 산업연수생 관리업무
를 맡고 있는 중소기업중앙회는 연수생 1인당 3년간 연수관리비로 38만 원(교육비 등 직접비용 14만
원, 제도운영 등 간접비용 24만 원)을 연수업체로부터 징수하고 있지만 연수업체의 부도나 휴·폐업,
연수생의 중도출국 등이 있을 경우 간접비용 중 남은 비용을 당초 연수업체에 반환하고 연수생이 새
업체로 근무처를 변경할 경우에는 잔여 연수기간에 해당하는 만큼의 관리비만 징수해야 한다. 그러나
중소기업중앙회는 2003년부터 올해 3월까지 5,884개 업체에 산업연수생 1만 4,859명의 근무처를
변경시키면서 연수생 인계·인수 연수업체 간 형평성을 기한다는 이유로 직접비용을 포함시켜 관리비
를 다시 징수하는 등 모두 12억 5,790만 원 가량의 연수관리비를 부당 징수했다. 중소기업중앙회는
또 외국인산업연수제 업무를 담당하지 않는 직원의 인건비, 연수제도와 무관한 중앙회장의 차량취득
비 및 유류비, 일부 사무실 임대료 등을 '외국인산업연수특별회계'에서 부당 지출하거나 직원들의 퇴
직금 중간정산을 위해 이 특별회계에서 58억 원을 무이자로 빌려갔다고 감사원은 지적했다(서울 경제
신문, 2007년 7월 11일자).

면담자: 현재 월급은 얼마 받아?

부 런: 옛날에는 100만 원 정도 받았어요. 지금은 더 받아요.

면담자: 특별히 친하게 지내는 한국 사람들이 있어?

부 런: 별로 없는데 샬롬의집 신부님들이 잘해 줘요. 이정호 신부님, 이영
    신부님 어울려서 재미있게 놀았어요.

면담자: 출입국 관리소에 구속될 뻔 한 경험이 있었어?

부 런: 있었어요. 일하던 공장 공장장님이 좋은 사람이었어요. 출입국 사
    람들이 공장 앞에 와서 방글라데시 친구 카드 보자 했어요. 방글라
    데시 친구는 비자 있어서… 그때 공장장님이 와서 뒷문으로 도망
    가라 했어요. 가운리에서 잠깐 일할 때 네팔 사람 8명이 일했는데
    그 때 4명이 잡혀갔어요. 나는 친구들과 산속으로 도망쳤어요. 마
    음이 아프더라고요. 무슨 큰 범죄자 아닌데… 그렇게 생각했어요.
    그 때…(남, 37세, 네팔, 체류 15년).

－사례 2

면담자: 그러면 오자마자 성생공단에 들어온 거야?

모 노: 예.

면담자: 계속 지금까지 있었어?

모 노: 예.

면담자: 성생공단에 꽤 오래 있었구나.

모 노: 네.

면담자: 음. 그러면 지금 무슨 공장에서 일해?

모 노: 가구공장에서요.

면담자: 가구공장? 처음에 들어왔을 때는?

모 노: 처음 들어왔을 때는 멤버링 공장이었어요.

(중 략)

면담자: 멤버링? 뭐하는 덴데?

모 노: 문짝도 만들고.

면담자: 문짝도 만들고.

모 노: 근데 가구랑 관련이 있는데 저는 그때 가구 만지거나 그런 거 아니
    고 아니고요. 비닐봉지 같은 게 있어요.

면담자: 응?

모 노: 비닐봉지…(남, 31세, 방글라데시, 체류 9년).

―사례 3

면담자: 마석에는 언제 들어왔어?
레 닌: 마석에는 99일 날, 1월 9일 날 들어 왔어요.
면담자: 99년? 그때부터 여태까지, 그럼 계속?
레 닌: 예, 계속 마석에?
면담자: 10년 동안?
레 닌: 예(남, 42세, 방글라데시, 체류 10년).

부런 씨를 비롯한 두 사람 모두 마석공단에 들어온 기간이 상당히 긴 편이다. 초기 이주 시기에는 출신국의 네트워크의 도움을 받게 되는 것이 일반적이다. 그러나 새로운 환경에 처한 이주노동자들은 한국사회로의 적응을 원활하게 하려고 이동한 지역에서 새로운 네트워크를 만들기 시작한다. 이때 이들이 가장 선호하며, 쉽게 접할 수 있는 곳이 이들을 지원하는 지원단체들이다. 이주노동자를 지원하는 단체는 등록 · 미등록을 불문하고 이들의 애로사항을 상담하여 처리해 주었으므로 미등록 신분의 이주노동자들에게 이주민 지원단체는 한국에서 형성할 수 있는 최초이자 최고의 네트워크였던 것이다. 이러한 지원단체의 자원봉사자나 실무자를 통해 한국인과의 새로운 네트워크를 생성하기도 하고 새로운 이주노동자 동료를 만나 네트워크의 확장을 꾀하기도 한다.

―사례 1

면담자: 친하게 지내는 한국 사람은 있어?
부 런: 공장에 일하는 아저씨들은 나이가 다들 많으니까… 박 과장 친하게 지내요. 그 사람은 네팔 사람들하고 같이 살아요. 35살인데 친구예요. 일도 같이 하고 방에서 TV도 같이 보고 카드 잘하니까 카드도 하고 술도 같이 먹고….
면담자: 21살부터 한국에 살았는데 네팔에는 친구가 아직 많이 있어?

부　런: 아니요. 친구들 카타르에서 일하고 영국에도 일하고 친구 많이 없어요.

면담자: 오랫동안 한국에서 살아서 그런가?

부　런: 예. 지금 친한 사람들은 동네 사람들도(한국인) 있고요. 네팔 사람도 있
　　　　어요. 집에서 2~3분 정도 걸리는 데 살아요(남, 37세, 네팔, 체류 15년).

－사례 2

면담자: 다른 사람은 다 한국 사람이고?

모　노: 예.

면담자: 몇 명이 일해?

(중 략)

모　노: 12명 되죠.

면담자: 외국 사람은 모노 하나야?

모노: 예. 며칠 전에 있었어요.

면담자: 한국 사람들하고 사이는 어때?

모　노: 지금 있는 한국 사람들 하고는 사이좋아요.

면담자: 좋아?

모　노: 예. 괜찮아요. 이해해주고 잘해주고 양보해주고 그래요. 며칠 전에
　　　　도 있었어요(남, 31세, 방글라데시, 체류 9년).

－사례 3

면담자: 그럼 공단에 있는 한국 사람들 하고 많이 친하겠네?

레　닌: 예, 공단에 있는 일반 사람들보다 사장님들이나 공장장님들이랑
　　　　잘 친해요.

면담자: 사장님이나 누구?

레　닌: 공장장.

면담자: 공장장…. 기술을 한국 사람들에게 가르쳐 주거나 그런 적도 있어?

레　닌: 예. 아! 한국 사람들한테 가르쳐 주는 거는 없고 한국 사람들한테
　　　　배운 거는 많이 있어요(남, 42세, 방글라데시, 체류 10년).

　　새로운 환경에 적응하기 시작한 이주노동자들은 작업장을 통해서
도 인적 네트워크를 재구성하게 되는데 한국 영세 제조업체의 인적
구성의 특성상 이주노동자와 한국인을 구별하며 친교를 맺을 수 없

기 때문이다. 한국의 영세 제조업체는 한국인의 인적 구성이 미약하며 게다가 젊은 층의 노동자가 많지 않다. 전반적인 한국사회에서 이주노동자는 소수자일 수 있지만 한국인이 많지 않은 작업장에서 이들과 소수의 한국인은 거의 대등한 관계를 유지하며 관계를 발전시켜 나간다.

－사례 1
면담자: 한국인에게 기술을 가르쳐 본 적도 있어?
부　　런: 있어요. 많이 있지요. 가운리(마석 근교의 마을)에서 공장에서 조립하는 거…. 마흔 여섯 살인가? 나이 먹었는데 가구일 한 번도 안 해 본 사람도 있었어요. 사장도 가르쳐 주라하고… 제가 형이라고 불렀어요.
면담자: 젊은 한국 사람도 있었어?
부　　런: 아니요. 없어요. 공장장도 (나이가)50 넘었고… 다 40 넘은 사람들 있어요(남, 37세, 네팔, 체류 15년).

－사례 2
면담자: 근데 그때는 기술이 없었잖아?
모　　노: 기술이 없었죠. 한국말도 못하고.
면담자: 지금은 좀 어때?
모　　노: 지금은 이제 좀 일도 익숙해 지구요.(남, 31세, 방글라데시, 체류 9년).

－사례 3
면담자: 공장에 있는 사람들이 젊은 사람들이 별로 없잖아?
레　　닌: 예. 젊은 사람들이 많이 없지만은 뭐 외국인이나 한국인이나, 한국인이죠. 예. 한국인이 젊은 사람이 없으니까 나이 많이 드신 분들한테 많이 배웠죠.
면담자: 그러니까 이제 공장에 젊은 한국 사람들은 전혀 없다는 얘기야?
레　　닌: 전혀 없다는 게 아니고요. 가끔씩 학생들도 일당을 하러 와요.
면담자: 일당 하러?
레　　닌: 예. 3개월, 4개월 동안 일하다가 나가고 그리고 이… 일하는 게 힘

들잖아요. 먼지도 많고 그리고 여러 가지 사람들이 있으니까 말도 함부로 말 시키니까 한국인들이 힘들잖아요.

면담자: 음.

레 닌: 그렇죠. 젊은 애들이 몇 개월 동안 하다가 **빠져** 나가…(남, 42세, 방글라데시, 체류 10년).

적응의 의미는 생활세계의 적응뿐만 아니라 작업장에서의 적응까지도 포함된다. 초기 이주시기에 미숙련노동자로 이입되었던 이주노동자들은 시간이 지나면서 반숙련공을 거쳐 숙련공화 된다. 한국인이 취업하지 않아 전수되지 못했던 3D 업종의 제조업 분야에서는 자연스럽게 이주노동자들에게 기술이 전수되었다. 10년 정도가 지나면 한국인과 비슷한 수준의 임금을 받으며 일하는 이주노동자를 흔히 볼 수 있다. 아직도 대부분의 한국인은 영세 제조업 분야에서 일하기를 꺼려하기 때문에 제조업체에 취업하는 한국인은 대부분 40대 이상의 연령대의 사람들로 사업에 실패했거나 명퇴 이후 새로운 직업을 갖기 위해 재취업하는 사람들이 대부분이다. 작업장에서는 한국인이 이주노동자에게 전수했던 기술을 역으로 이주노동자가 한국인에게 전수하는 현상이 벌어지고 있다. 이런 상황에서 이주노동자들이 한국사회나 정부에 바라는 바는 의외로 간단하다. 한국인이 찾지 않는 작업장에 그들이 일을 할 수 있게 해 달라는 것이다. 실제로 마석공단의 경우 이주노동자들이 없으면 공장을 운영하기 힘든 경우가 많다. 이와 같은 상황은 직접 제조업체를 운영하는 대표들도 공감하고 있다.

우리가 파이프 자르는 일도 있고 이렇게 밴딩하는 일도 있고, 또 프레스 누르는 것도 있고, 그니까 요거 외국, 외국 사람들한테 요거 근데 이제 제일

그나마도 아쉬운 게 그나마도 용접, 션찮게라도 할 사람이 없으니까, 그나
마도 그렇게 또 끌어 들이는 거예요. 이러면은 다섯 명 일하다가 한두 명 또
빠져버리고 그만둬버리면 공장 일이 안 된단 말이에요. 급하니까 누구라도
와서 이렇게 조금만이라도 용접을 해도 개를 데리고 일을 하게 되는 거라.
그러면 또 인자 거기 또 몇 달 있으면 거기서 조금씩 조금씩 따라가게 되고,
그래서 또 공장이 돌아가는 거고, 지금 저희 솔직히 이쪽은 영세해요. 10명
내에서 일을 한다고 생각을 해 보세요. 여서 한 뭐 두 명 잡혀가고 그러다
보면은 그 개네들이 하는 일이 당장 또 이제 누구라도 사장이 가서 하든가,
누가 이렇게 두 몫을 하든가, 야근을 하든가(박희권, 남, 50대, 고용주).

주지하듯이 비한국계 이주노동자는 본국의 가족을 위해 해외 취
업을 결행하게 되고 이입국으로 이동한 후에는 일정한 패턴을 가진
삶을 영위하게 된다. 일정 기간의 노동 시간을 보내고 난 후 본국으
로 귀환을 결정하는 사람들도 있지만 대부분은 작업장을 통해 한국
으로의 적응을 시도하고 있는 것이다.

비한국계 이주노동자들은 한국으로 이입된 순간부터 분절된 노동
시장의 최하층에서 노동에 종사하게 된다. 한국에서의 거주기간이
1년 이내인 사람이나 10년이 경과한 사람이나 구분 없이 3D 업종에
종사하게 되는 것이 일반적이다. 이들의 삶의 경로에서 공통점을 추
출해 보면 첫째, 산업연수생 비자나 관광비자 또는 기타의 비자를
발급받아 입국하여 미등록 신분을 선택하였다. 둘째, 영세제조업의
노동시장으로 유입되고 그곳을 벗어나지 못한다. 셋째, 노동과정과
생활세계에서 한국인과의 네트워크가 구성된다. 넷째, 오랜 노동과
정에서 숙련공화 된다. 다섯째, 본국으로의 귀국에 장애가 발생한다.
이와 같은 이유가 한국사회에 적응하고 있는 비한국계 이주노동자
들의 삶의 경로에 보이는 일정한 패턴이라고 할 수 있을 것이다.

2) 한국 내 사회적 네트워크의 형성과 강화

이주를 감행하여 이입된 이주노동자는 기존에 담지하고 있던 출신국의 사회적·인적 네트워크를 포기하고 새로운 네트워크 형성의 과제를 안게 된다. 새로운 네트워크 형성의 문제는 이입국에서의 적응과 비적응을 결정하는 요인으로서 중요하게 작동할 수 있기 때문이다. 이주를 감행한 이주노동자는 이주노동자를 지원하는 종교단체나 인권상담 단체를 찾아 생활세계에서 발생하는 문제들을 상담하게 되는 것이 일반적인 현상이다.

상담과정과 문제 해결 과정에서 지원단체의 실무자나 자원봉사자와의 인적네트워크가 자연스럽게 구성되며 이렇게 구성된 네트워크는 한국사회의 적응에 큰 몫을 담당하고 있다.

> 면담자: 문제가 생겼을 때 어떻게 해?
> 부　런: 샬롬의집에 와서 도와 달라 해요. 친구 중에 암에 걸린 친구 있었는데 구리 병원에서 400만 원 정도 입원비 나왔어요. 이정호 신부님이 220만 원 디스카운트 해 줬어요. 많이 도와 줬어요(남, 37세, 네팔, 체류 15년).

지원단체에서 가장 큰 비율을 차지하는 상담은 업체로부터 체납된 임금이나 퇴직금 청구를 위한 상담이지만 열악한 작업환경에 노출된 작업장의 환경으로부터 얻게 되는 질병의 문제도 큰 비중을 차지한다. 이주노동자들은 질병에 걸렸을 때 의료보험 적용이 되지 않으므로 한국인에 비해 의료비가 과하게 책정된다. 이런 문제를 해결할 수 있는 가장 좋은 방법은 한국내의 사정에 정통한 지원단체를 찾는 것이다. 상담을 접수한 지원단체에서는 병원을 직접 방문하여 환자의 상태와 의료비를 확인하고 병원과의 협의 또는 후원을 통해 문제 해결을 시도하는 것이 일반적인데 대부분의 이주노동자 지원 단체는 특수한 후원 관계를 맺은 병원을 확보해야 하는 과제를 가지고 있거나 확보하고 있다. 이렇게 만들어진 지원단체의 네트워크는 곧 이주노동자의 한국 내 네트워크로써 활용될 수 있다. 이주노동자 지원단체와의 직접적인 네트워크 형성 이외에 지원단체에서 자원 활동을 하는 자원 활동가들과 관계를 형성, 지켜나가는 간접적 네트워크 구성 과정도 빈번한 사례이다. 지원단체에서 한글을 가르쳐 주는 한국어 선생님이나 컴퓨터 교실 선생님과 지속적인 유대 관계를 맺으면서 자기만의 네트워크를 구성하는 부류의 사람들도 있다.

면담자: 한국 친구들은?
모 노: 아는 사람이죠. 친구 아니죠. 나이가 비슷하지 않으니까.
면담자: 어떻게 아는 사람?
모 노: 예를 들어서 제가 샬롬의집에서 컴퓨터 좋아할 때는 몇 명 알았는데요. 그리고 책 만들 때도….
면담자: 책 만들 때? 무슨 책?
모 노: 슈식자 만들었어요. 우리나라말로.
면담자: 무슨 자?
모 노: 슈식자.
면담자: 슈식…자? 무슨 뜻이야?(소식지를 슈식자로 발음하고 있었음)
모 노: 매거진.
면담자: 아! 신문.
(중 략)
면담자: 그 사람들하고는 연락 자주해?
모 노: 네 연락 자주해요.
면담자: 무슨 일 때문에 그냥? 잘 지내. 이런 거?
모 노: 며칠 전에도 비디오카메라 선생님은 그냥 몇 명 소개시켜주라고

그래서 그쪽에서도 연락이.

면담자: 소개시켜줘? 무엇을 소개시켜줘?

모　노: (촬영 가능한 방글라데시 사람들을)소개시켜 달라고…

면담자: 소개시켜달라고 방글라데시 사람들….

모　노: 그리고 아리랑 TV에서도 사람들 오니까….

면담자: 한국 사람들하고 술도 가끔 먹고? 뭐하는 한국 사람들? 한국 사람들 하고 만나면 주로 뭐해?

모　노: 만나면 밥 먹는 거나, 그리고 저녁때 만나면 술 드시면…(남, 31세, 방글라데시, 체류 9년).

한국어 능력이 탁월하고 이주노동자의 문제에 관해 깊이 고민하고 있는 모노 씨는 샬롬하우스에서 자원 활동가와 클라이언트의 관계로 만난 한국인들과 지속적인 유대 관계를 형성하고 있었는데 한국인들이 이주노동자에 관한 조사나 카메라 촬영을 해야 할 때 방글라데시 사람들과 연결해 주거나 하는 일에 대해 협조하면서 관계를 지속하고 있다. 이렇게 지원단체를 매개로 연결된 한국 사람들은 시간이 경과함에 따라 사적인 고민도 논의할 수 있는 관계로 발전하는 사례도 종종 발견된다.

그러나 한국계 이주노동자는 한국 내의 사회적·인적 네트워크 구축에 소극적인데 새로운 네트워크를 구성하지 않더라도 한국사회에 적응하는 데 큰 문제가 없기 때문이다. 예컨대 이주노동자에게 가장 중요한 일자리를 찾는 과정도 재중동포 에스닉 그룹 내의 네트워크를 통해 이루어지며 한국사회에 정착하기를 고집하지 않는 한 한국인과의 네트워크 구성을 중요하게 생각하지 않는다. 오히려 그들은 한국사회와 한국인에게 적대적인 감정이 있다고 보인다.

－사례 1

더러운 삼겹살, 그 삼겹살 얼마나 더러운데 그거. 그 더러운 삼겹살 회식한
다고 더러운 거. 야~ 싹 빼놓고 자기들끼리 회식하데. 와~ 그때 진짜 눈물
이 나더라. 이거 뭐 이런 새끼들이 다 있노. 개XX 보다도 못한 놈들이라.
와~(김일선, 50대 중반, 중국, 체류 16년).

－사례 2

동포(한국인을 칭하고 있음: 저자 주)들이 만 원짜리 같으면은, 교포(재중동
포)들은 8천 원이란 말이죠. 만 원이면 만 원해야 자기네들이 먹고 사는데
8천 원. 사장은 당연히 8천 원짜리 주지. 외국인들한테 만 원짜리 안 준단
말야(김해철, 53세, 중국, 체류 14년).

－사례 3

면담자: 6촌 형님… 6촌 형님은 어디 사세요?

김관준: 집은 저 용인이요.

면담자: 용인. 자주 만나세요? 6촌 형님.

김관준: 그저 올 때. 한두 번….

면담자: 그러곤 안 만나세요? 왜 안 만나세요?

김관준: 아! 내 일이 있어서….

면담자: 자주 연락하거나 그러시진 않으세요?

김관준: 예.

면담자: 왜 자주 안 만나세요?

김관준: 저 저도 여기 서울 여기 장사 서로 일이 일이 맞지 않으니까네 안
　　　　만나.

면담자: 아 일이 맞지 않다고….

김관준: 명절이나 그때는 뭐 좀 만날 수 있고….

(중 략)

면담자: 특별히 자주 만나서 뭐 술도 마시고 이러는 한국 뭐 친구나 이런
분들은 있으세요?

김관준: 여기는 없어요(남, 46세, 중국, 체류 5년).

－사례 4

면담자: 그러면 여기 오셔가지고 일만 하시고 한국 사람들은 따로 뭐 이렇
　　　　게, 친하게 지내시는 분들은 있으세요?

윤영순: 별로 없어요.
면담자: 친척들은 좀 계세요? 한국에?
윤영순: 있습니다.
면담자: 어디 계세요?
윤영순: 부산에도 있고. 부산에 있어요. 그 다음에 부산에 있는데, 친 고모
　　　　가 안동에 있고, 아들은 부산에 있고.
면담자: 자주 만나실 수는….
윤영순: 못 만나죠. 돈 벌어야 하니까 만나기도 힘들어요. 그 다음에 우리
　　　　친정에 오빠 딸이 한국에 시집왔어요. 거서 나를 초청했거든요. 부
　　　　산에 시집왔는데 거는 뭐 자주 채팅이나 하고 금년 구정에 여기 왔
　　　　댔어요. 것도 만나기 힘들죠. 부산이면 멀지 않아요?(여, 52세, 중
　　　　국, 체류 3년)

　　재중동포들은 직업을 통한 한국인과의 네트워크뿐만 아니라 친족
방문 비자를 발급받을 수 있게 도움을 주었던 친지들과의 네트워크
도 약한 정도의 연결고리만 유지하고 있다.

　　다만 참여 관찰 과정에서 발견한 특이 사항 중 하나는 이주노동자
지원단체인 ‘중국동포의 집’을 통해 재중동포 간의 네트워크를 강화
하려는 모습이 관찰되었고 단체 실무자나 ‘외국인 노동자 의원’의
자원 활동가들과는 약하게나마 네트워크를 구축하려는 의지를 엿볼
수 있었다. 이는 비한국계 이주노동자의 네트워크 형성 과정과 동일
한 모습으로 볼 수 있다.

3) 정착하는 이주노동자의 특성

(1) 한국계 이주노동자

2004년 재외동포법의 재개정에 의해 한국계 이주노동자의 미등록 비율은 높지 않은 편이다. 소위 '불법'이라는 주홍 글씨를 떼어 낸 한국계 이주노동자는 한국 국적을 취득함으로써 한국사회에 정착을 희망하는 부류와 중국 국적을 유지하면서 자유왕래를 희망하는 부류로 나눌 수 있다. 그러나 중국국적을 유지하기를 희망하는 부류는 한국사회의 정착에 대해 회의적인 반응을 보이는 그룹으로서, 이번 장의 분석 요건에 부합하지 않으므로 후자의 경우는 논의에서 제외하고 전자에 대한 속성만을 분석하였다.

한국계 이주노동자는 비한국계 이주노동자와는 달리 정착의 의미를 제도권 편입의 여부로 결정할 수 있다. 그들은 한국 국적 취득의 문이 비한국계 이주노동자에 비해 비교적 넓게 열려 있으며 현실적으로 국적 회복을 신청하는 사람들이 지속적으로 발생하고 있다.[68] 이를 고려하여 정착하고 있는 한국계 이주노동자의 특성을 살펴보면 ① 중국과의 인적·사회적 네트워크가 강하지 않은 사람들이다. 중국에 살고 있는 친족의 수가 소수이며 그 밖의 사회적 네트워크를 단절 또는 제한적으로 접촉한다 하더라도 삶에 미치는 영향력이 미

---

68 국적회복 대상자는 〈국적법 제9조 1항〉에 의해 대한민국의 국민이었던 외국인, ① 과거에 대한민국 국민이었으나 국적법이 정한 사유에 의하여 한국 국적을 상실한 자, (한국계 외국인) ② 이중국적자로서 한국 국적을 이탈 하였던 자, ③ 귀화허가를 받아 한국 국적을 취득한 자 및 1998년 6월 14일 이전(父系血統)에 한국인 남자와 혼인(신고)함으로써 한국 국적을 취득한 외국인 여성이 한국 국적 취득일로부터 6월 이내에 외국국적을 포기하지 아니하여 한국 국적이 상실되고, 그 한국 국적이 상실된 일로부터 1년 이내에 외국국적을 포기하지 아니한 자로 규정하고 있다. 2007년 귀화 및 국적회복 접수 건수는 23,535건으로 2000년의 1,268건 대비 1,856% 증가하였다.

미한 부류이다. 재중동포들도 개개인이 담지한 내적·외적 속성이 다양하다. 중국과의 네트워크 단절이 개인의 삶에 큰 영향력을 행사하지 않으며 오히려 한국의 친족이나 친지와의 인적 네트워크가 더 큰 힘을 발휘할 때 국적취득을 하게 됨으로써 한국사회에 정착하기를 희망한다. ② 가족 전체가 한국에 이입하여 집단으로 국적 취득을 하는 경우이다. 가족이 양국에 분리되어 생활하는 경우 일부만이 한국 국적을 취득하거나 국적 취득에 회의적인 반응을 가지고 있지만 가족 모두가 한국에 이입되어 있다면 한국 국적 취득을 망설이지 않는다. 이들은 국적 취득에 적극적으로 대응하며 한국사회에서 직업 선택의 영역도 다변화시키고 있다. ③ 노동보다는 사업을 통해 이익의 극대화를 희망하는 부류의 사람들이 있다. 한국계 이주노동자의 직업세계는 이들의 이입 초기와는 달리 다양하게 분화되었는데 중국과의 무역업, 여행사, 직업소개소, 환전소와 같은 직업에 종사하는 사람들이 생겨났다. 이들은 한국 국적을 취득하는 편이 중국 국적을 유지하는 것보다 사업을 원활하게 운영하는 데 유리하다고 판단하기 때문에 한국 국적 회복에 적극적으로 나선다.

이와 같이 한국사회에 정착을 희망하는 한국계 이주노동자의 특성을 분류할 수 있는데 특기할 만한 사항은 한국에 이입된 재중동포들 가운데 노동력이 상실된 노년층일수록[69] 한국 국적 취득을 희망하는 사람들이 많은데 이와 같은 원인은 정부로부터 지급받는 노령연금이나 대중교통 요금의 무료와 같은 한국의 사회복지 서비스가 중국보다 월등히 좋기 때문이며 또 다른 이유는 노년의 재중동포가

---

[69] 본 책이 이주노동자의 에스니시티 변형에 관한 주제를 다루고 있으므로 노동력이 상실된 고령의 재중동포들은 '이주노동자 정착'의 범주에 포함시킬 수 없다. 따라서 한국계 이주노동자의 정착에 관한 분석에 포함하지 않고 특이한 상황의 하나로써 제외시켰음을 밝힌다.

한국 국적을 취득함으로써 그들의 자녀들에게 선택의 기회를 폭넓게 제공하기 위함이다.

중국동포교회의 김해성 목사는 "신청자 대부분이 70세 이상의 고령이어서 국적회복을 기다리다 돌아가시는 분들도 종종 본다"며 "사회보장의 사각지대에 놓여 있는 재중동포에게 긴 심사는 견디기 힘든 시간"이라고 말했다 (한국일보, 2009년 10월 6일자).

그러나 한국 국적을 취득하는 일 또한 쉬운 편은 아님이 위의 면담에서 나타나고 있고 젊은 층의 재중동포들은 한국과 중국 사이의 자유왕래가 삶의 질적 수준 향상을 위한 기회포착의 용이함으로 인해 국적취득에 소극적이다. 결국 한국사회에서 생각하는 '재중동포들이 기회가 된다면 대규모로 한국에 이입 될 것'이라는 생각과는 달리 재중동포들 가운데 한국사회로의 정착을 희망하는 사람들은 많지 않다.

(2) 비한국계 이주노동자

난민 신청이나[70] 국제결혼을 통한 방법 이외에는 국적 취득의 방

---

70 "난민"이란 인종, 종교, 국적, 측정 사회집단의 구성원 신분 또는 정치적 견해를 이유로 박해를 받을 우려가 있다는 충분한 근거가 있는 동포 때문에 1) 국적국 밖에 있으면서 국적국의 보호를 받을 수 없거나 스스로 받지 않는 자, 2) 거주국 밖에 있는 무국적자로서 이전에 거주하였던 국가 밖에 있으면서 그 국가에 돌아갈 수 없거나 그 공포 때문에 돌아가려 하지 않는 자를 말한다. 이러한 자가 난민 신청을 접수하면 심사 후 법무부 장관이 난민의 지위를 인정받은 자에 대하여 난민인정증명서를 발급하며, 사무소장, 출장소장 또는 보호소장을 거쳐 신청인에게 교부하고, 체류자격 F-2(거주)를 부여한다. 우리나라는 1992년 12월 난민협약에 가입한 후 1994년부터 난민신청을 접수하기 시작하였으며, 2000년까지는 난민신청자 수가 총 96명에 불과하였으나, 2008년 5월 말 1,951명에 이르렀다. 동년 5월 말 난민 신청자 심사현황을 보면, 난민 인정자 76명, 인도적 체류허가자 55명, 난민 불인정자 359명, 철회 등 233명이며, 나머지 1,228명은 심사대기 중이다. 심사를 마친 490명 중 76명에게 난민의 지위를 부여, 난민 인정율은 15.5%이다. 그러나 주요국의 난민 인정률(2006년 기준)과 비교해 보면 아직 낮은 수치이다. ※주요국의 난민 인정률('06년): 미국 37.3%, 영국 17.1%, 프랑스 10.2%, 독일 6.8%, 일본 6.2% (법무부, 2008).

법이 전무한 비한국계 이주노동자는 제도권 밖에서 실질적 정착을 하게 된다. 비록 미등록 신분일지라도 삶의 방식은 정착한 이주민의 행태를 보이는데 유형을 살펴보면 다음과 같다. ① 한국사회에서 만들어 낸 인적 네트워크를 가지고 있다. 한국인들과의 친밀한 관계는 이주노동자들이 겪게 되는 다양한 문제들을 원활하게 해결하는 데 도움이 된다. 한국의 문화에 익숙하지 않은 이주노동자들은 신변에 문제가 발생했을 때나 새로운 직장을 찾고자 할 때 같은 국가 출신의 이주노동자 커뮤니티를 통해 구직활동을 하거나 발생한 문제들을 해결하는 것이 일반적인 방법이다. 그러나 출신국의 커뮤니티에 속한 사람들도 미등록 신분을 가진 경우가 대부분이기 때문에 문제 해결의 한계점이 발생할 수 있다. 미등록 상태의 신분은 임금체납이나 산업재해와 같은 노동문제나 출입국에 관련한 문제들을 해결하기 위해 관공서를 이용하거나 질병이 발생했을 때 병원을 이용하는데 한계가 있기 때문이다. 이러한 경우 한국인 인적 네트워크가 그 힘을 발휘하게 된다. 이주노동자를 대리하여 관공서에 문제 해결을 위한 도움을 제공할 수 있으며 질병에 관한 문제 발생 시에도 이주노동자들 자체의 커뮤니티를 통하는 것보다 한국인 네트워크를 이용하는 편이 보다 원활하고 효과적으로 문제 해결을 할 수 있다. 이처럼 한국인과 가지고 있는 인적 네트워크의 유무는 이주노동자의 정착에 큰 몫을 차지하고 있다. ② 타 문화에 대한 적응노력이 강하다. 본국을 떠난 이주노동자들은 새로운 사회의 적응을 위해 문화적 충돌을 경험하게 되는데 문화충돌의 과정을 발전적으로 내재시키는 정도에 따라 정착의 실패와 성공을 결정짓게 된다. 한국에 이주한 이주노동자들의 출신국가는 현재 200여개 국이 넘는다. 주로 중국으로부터 이입된 한족과 재중동포, 그리고 동남아시아 지역으로부터의 이주 빈도가 높은데 현재는 아프리카에서도 사업을 위해 이주를 결행하는 사람들도 있다. 이들은 각자의 다양한 문화를 담지한 상태로 이입되는데 한국사회와 문화적 충돌을 경험하게 된다. 예를 들면 이주노동자가 담지한 다양한 문화 중에서 종교적 율법에 관한 갈등을 경험하게 된다. 이주 노동자가 가진 종교는 힌두교, 이슬람교, 기독교 등 다양한데 그중에서 이슬람교를 믿는 모슬렘들은 엄격한 종교적 율법에 따라 생활하고 있다. 그러나 정착의 과정에서 종교적 율법을 거역하기 시작하는 시기가 도래하게 된다. 물론 종교적 율법을 충실히 지키며 살아가는 이주노동자들도 있지만 한국사회로의 적응을 위해 일정부분 율법을 포기하는 상황이 도래하게 된다. 예를 들면 작업장에서 이슬람 전통의 율법을 지키며 생활하기에는 심각한 장애가 존재한다. 하루에 다섯 번씩 메카를 향해 기도하는 의식을 사업주는 양해해 주지 않는다. 이렇듯 종교적 율법을 포기함으로써 한국사회에 점차 적응해 가는데, 외적 조건에 의해 율법을 포기하는 대가로 한국사회로의 성공적 적응이라는 반대급부를 취하게 된다. ③ 기술 습득에 적극적이다. 이제 한국인은 영세한 제조업체로의 취업을 원하지 않는다. 이는 열악한 노동 조건과 낮은 임금, 그리고 하층노동 계급으로 저평가되는 사회적 인식의 결과이다. 이 자리를 이주노동자들이 채우면서 영세 제조업의 기술이 전수되고 숙련공화 되면서 작업장에서의 위치를 확고하게 점유하는 현상이 벌어지고 있다. 숙련된 기능공으로 전이된 이주노동자는 업체에서의 지위 향상을 경험하게 되는데 임금의 상승이나 작업 지시자로서의 역할을 가지게 된다. 그렇기 때문에 이주노동자는 기능 습득에 적극적 자세를 보이며 작업장에서의 지위 향상이 곧 한국사회에 무사히 적응하여 정착하는 첩경으로 인식하고 있다.

(3) 정착 실패의 유형

그러나 모든 이주노동자가 한국사회에 잘 적응하는 것은 아니다. 적응에 성공하는 이주노동자가 있는 반면에 정착에 실패하는 사람들 역시 다수를 차지한다. 적응하지 못하는 이주노동자는 자의 또는 타의에 의해서 적응에 실패하게 되는데 몇 가지 유형을 살펴보면 다음과 같다. 첫째, 출입국관리소의 단속에 의한 강제출국의 경우이다. 미등록 상태의 이주노동자들은 항상 한국정부의 집중단속에 대한 두려움을 가지고 있는데 단속 기간에는 외출도 삼가며 주로 집과 작업장에서만 생활하게 된다. 그렇지만 언제나 단속에 의한 강제출국을 염두에 두고 생활하기 때문에 불안한 생활을 할 수밖에 없으며 실제로 단속이 되어 강제 출국을 하게 되면 정착에 실패한 셈이 된다. 둘째, 사망에 이르는 경우이다. 이주노동자가 사망하는 경우는 다양한데 질병, 산업재해, 교통사고가 주요한 원인이다. 지역의 이주노동자 지원단체의 상담내용 중 임금체납을 제외하면 질병에 관한 상담 내용이 가장 많은 수치를 차지한다. 질병에 노출될 위험이 큰 작업장은 그만큼 사망에 이르는 확률도 높게 나타난다. 산업재해에 의한 피해 문제는 한국사회에서 오랫동안 이슈가 되어 왔고 시민단체나 이주노동자 지원단체로부터 수없이 제기되었던 문제이다. 보호장구의 착용이나 안전에 대한 교육도 없이 작업에 투입되는 상황에서 산업재해의 피해는 예견된 것이었다. 이 밖에 이주노동자들이 이동을 위해 주로 사용하는 오토바이에 의한 사망 사고도 빈번한 편에 속한다. 한편 빈번한 사고는 아니지만 노숙에 의한 사망 사고도 발생하고 있다. 이주노동자들이 작업장에서 적응하지 못하면 수입이 단절되고, 출신국의 커뮤니티에서 소외되는 경우 주거권마저 박탈되는 경우도 있다. 실제로 겨울에는 서울의 지하철역에서 노숙하다가 동사하는 예도 종종 발생한다.[71] 이와 같이 사망에 이른다는 것은 근본적으로 정착에 실패했음을 의미한다. 셋째, 질병이나 사고에 의해 정착 과정을 지속하지 못하게 된다. 질병에 노출되는 빈도가 높고 이를 치료하기 위한 의료시스템의 외부에 있는 이주노동자들은 가벼운 증상의 질병은 저절로 치료되기까지 기다리거나 간단한 약만을 복용함으로써 치료의 효과를 기대한다. 그러나 작은 질병이 치료 시기를 놓침으로써 심각한 질병으로 확대되고 더는 한국에서의 삶을 영위하기 곤란한 지경에 이르면 출신국으로의 귀환을 결정하게 된다. 자연적인 질병에 의해 귀환으로 종결되는 경우 이외에 작업장에서의 산업재해로 인해 어쩔 수 없이 귀국을 결심하게 되는 상황도 발생한다. 산업재해로 인한 재해는 작업장에 재투입되기 어려운 상태를 일으키게 되는 경우가 대부분인데 한국에서의 요양기간이 끝나면 본국으로 귀국하는 것이 보통이다. 넷째, 이주노동자 본인의 의지박약에 의해 정착의 실패에 이르게 되는 경우이다. 타국에서의 생활이 본국에서의 삶만큼 편안하지 않다는 것은 이주노동자들이 한국으로의 입국을 결심했을 때 예상하고 있었던 사실이기는 하지

---

71 미등록 이주노동자가 지하철 역사나 공원에서 죽음을 맞이하는 사건은 실제로 종종 발생한다. 그러나 이에 대한 통계나 수치는 알려진 바가 전혀 없다. 2001년 필자가 서울외국인노동자 센터에서 활동할 당시에도 동대문역에서 동사(凍死)한 우즈베키스탄 남성의 신원확인을 위해 동대문 경찰서에서 협조 요청을 하여 신원을 확인해 주었던 사건이 있었다.

만 현실에서의 상황은 향수병이나 문화적 이질감을 견디지 못하는 심리적 요인에 의해 스스로 삶을 더 파괴적으로 만들어 버리는 상황이 발생하게 되는데 이를 회피하려는 방법의 하나로 음주를 선택하게 된다.[72] 이와 같이 알코올에 의존하게 됨으로써 개인의 전체적인 삶은 파괴적으로 변질되고 결국 한국사회에서의 적응은 실패를 예상할 수밖에 없다.

4. 소결

한국에 이입된 이주노동자는 한국계와 비한국계의 인구학적 속성이 상이하다. 먼저 한국계는 저학력이며 40대 이상의 비교적 고연령층이다. 둘째, 중국사회에서 자영업이나 농업, 또는 한국회사에 근무하였던 경력을 가진 사람들로서 중국사회에서도 주류사회에 편입되지 못했던 집단이다. 셋째, 한국인과 민족적 정체성을 공유하고 있어 한국 내에 친·인척이 살고 있다. 한편 비한국계는 첫째, 고학력 저연령층의 사람들이다. 둘째, 먼저 이입된 친·인척을 통해 한국을 알게 되어 이입된 사람들이다. 셋째, 한국정부의 외국인 인력 정책인 산업연수생 제도나 관광 비자 또는 비즈니스 비자를 발급받아 이입된 사람들이다.

한편 한국사회에서 적응하는 과정에서도 두 집단은 차이를 보이

---

[72] 2001년 우즈베키스탄 출신의 한 이주노동자는 한국생활에 적응하지 못하고 습관적으로 술을 마시다가 우발적으로 자신의 성기를 절단하는 사례가 있었다. 그는 결국 돌아가지도 못하고 한국에 머물 수도 없는 상태가 되었다.

고 있다. 한국계는 제조업 이외에도 서비스업이나 무역업 또는 건설업, 자영업에 종사하면서 적응해 간다. 반면에 비한국계는 영세제조업에 종사하면서 서서히 숙련공화 되고 작업장을 중심으로 한국인과 네트워크를 형성하면서 적응해 간다. 이 과정을 거치면서 출신국과의 인적 · 사회적 네트워크는 약해지며 반대로 한국에서의 네트워크는 더 공고화 된다. 결국 출신국으로의 귀환에 장애가 발생하고 있다.

이를 통해 보면 한국계는 비한국계에 비해 보다 다양한 직업 선택의 자유를 가지고 있으며 이러한 직업선택의 폭넓은 기회를 통해 비한국계보다 수월하게 한국사회에 적응하고 있다. 그러나 비한국계에 비해 처해진 신분이 자유로운 만큼 한국인과의 인적 네트워크의 구성에는 소극적이다. 한편 비한국계는 한국사회에 가지고 있는 인적 · 사회적 네트워크가 전무한 상태로 이입되었기 때문에 한국인과 새로운 인적 · 사회적 네트워크를 형성하려 적극적으로 노력하며 작업장에서 숙력공이 되는 것은 이러한 네트워크 형성에 유리한 기회가 되고 있다.

그러나 한국사회에 적응하지 못하는 사람들이 있는데 한국계와 비한국계를 막론하고 그 유형은 비슷하다. 먼저 미등록 상태에서 한국정부의 단속에 의해 강제 출국되는 경우, 둘째, 갑작스럽게 사망하거나 질병, 혹은 사고에 의해 한국사회에서 살아가기 힘든 경우, 마지막으로 문화충격을 이기지 못하면서 심리적으로 피폐해 지는 경우이다.

위에서와 같이 한국계와 비한국계는 인구학적 속성이 다르며 적응과정도 서로 다르게 나타났다.

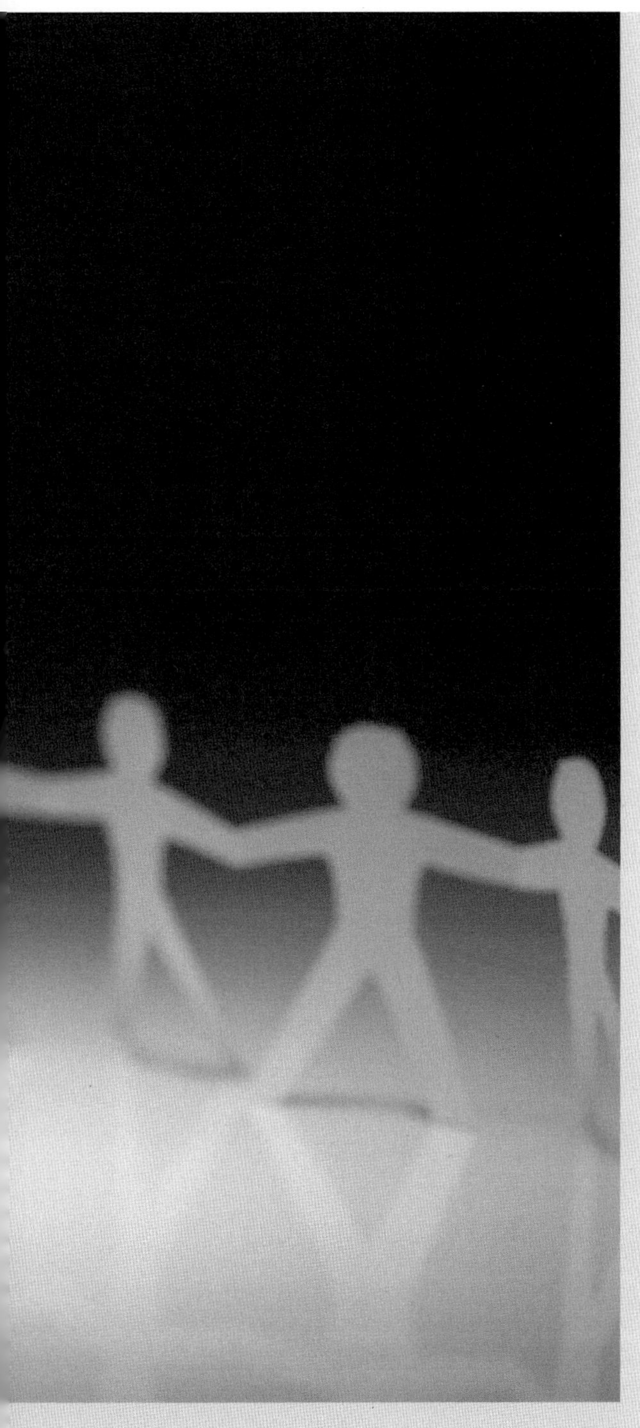

04

국내 적응과정의
문화적 변수들과
에스니시티 변형

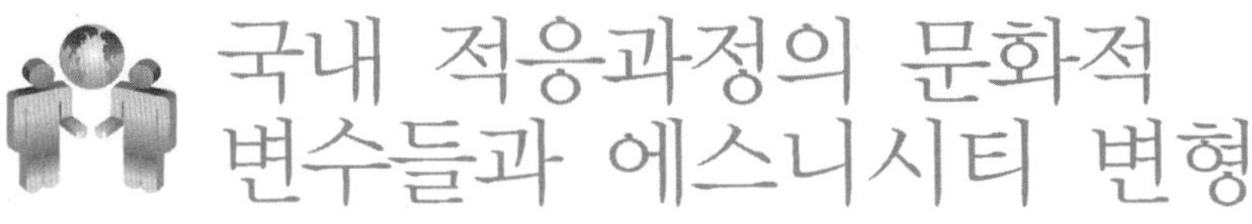
국내 적응과정의 문화적
변수들과 에스니시티 변형

1. 문화적 변수의 차원에 관한 고려

베리는 이주민의 문화변용을 분석하면서 문화적 변수의 차원을 다양성(Diversity), 평등성(Equality), 순응성(Conformity), 부(Wealth), 공간(Space), 시간(Time) 등의 6가지로 분류하여 고려하였다. 먼저 다양성에 관한 변수는 이주민이 이입국 사회에서 얼마나 많은 역할과 공인된 기관에서 자리를 가지고 있는가, 또는 이입국 사회에서 문화의 다양성이 존재하는가에 대한 고려이다. 평등성은 수평적 혹은 수직적 사회구조에서 일처리에 관한 다름이 있는가에 대한 기준이며 순응성은 개인이 사회질서 속에 얼마만큼 몰입되어 있는가, 즉 다양한 부분에서 얼마만큼 단단하게 구조화되어 있는가에 대한 고려이다. 부는 생활에 필요한 부의 평균치(1인당 GDP)는 얼마인가에 관한 변수이며 공간은 대인관계를 유지하기 위해 얼마만큼의 개별적인 공간을 사용하는가에 대한 변수이다. 마지막으로 시간에 대한 고려는 사람들이 신속하고 계획적인 것에 관심이 있는가에 관한 것인데 이는 한 번에 다양한 상호작용을 하거나 서로 1:1의 관계를 갖는가에 관한 내용이다.

본 책에서는 베리가 제시한 6가지 문화적 변수 중에서 공간에 관한 변수는 공간의 의미를 두 가지로 세밀하게 구분하여 지리적 공간으로써의 거주환경과, 사회적 공간으로서 동향의 커뮤니티 활용에 대해 살펴보았다. 순응성에 대한 변수는 한국사회와의 네트워킹에 대한 고려를, 평등성에 대한 변수는 독자적 적응으로 조작화하여 분석에 사용하였다. 그리고 시간에 대한 변수를 측정하기 위해 이주노동자들의 여가생활을 살펴보았다. 이를 통해 이주노동자의 한국사회 또는 에스닉 집단과의 상호작용을 분석할 수 있을 것이다. 그러나 본 책에서는 다양성과 부에 관한 변수는 고려하지 않았는데 이는 아직까지 이주노동자들이 한국사회에서 주류적 역할을 하지 못하고 있으며 이 사실은 학계나 시민단체에 의해서도 보고된 바 없다. 따라서 다양성에 관한 변수는 본 책에서 고려하지 않았다. 마찬가지로 부에 대한 변수도 고려하지 않았는데 한국사회의 이주노동자들은 한국보다 저개발 국가로부터 이입되었기 때문에 출신국과 한국사회와 부의 크기를 비교하는 것은 의미 없는 작업이기 때문이다. 그러나 두 가지 변수의 차원을 제외하는 대신에 언어의 습득을 문화적 차원의 한 가지 변수로 추가하였다. 한국계 이주노동자는 비교적 언어의 습득이 용이하거나 이미 습득되어 있는 반면 비한국계 이주노동자의 경우 한국사회에서 문화변용을 경험하는 데 있어 언어의 습득 유·무는 중요한 변수라고 간주할 수 있으므로 한국어 습득에 관한 변수를 추가하였다.

2. 한국계의 생활세계와 문화적 변수

1) 지리적 공간

가리봉동을 중심으로 구로동과 대림동 일대에는 재중동포들을 위한 상업 시설이 성업 중이다. 이 지역에는 식당, 중국 식료품을 판매하는 슈퍼마켓, 환전소, 노래방, 다방, 술집 등 재중동포들을 위한 업소들이 다수 존재하는데 흡사 중국의 거리를 옮겨 놓은 것과 같다. 업소의 간판도 중국어로 표기하거나 한국어와 중국어를 동시에 표기하고 의사소통도 중국어로 하는 경우가 많다. 재중동포들은 생활의 편의를 위해 이 지역에서 삶을 영위하고 있는데 과거 한국인 노동자가 떠난 후 열악한 주거환경 때문에 찾는 사람이 없어 저렴했던 주택의 임대료도 재중동포의 밀집으로 인해 현재는 상당히 인상되었다. 일반적으로 보증금 200~500만 원 정도에 월 25만 원에서 30만 원의 월세를 지불하고 있다. 이러한 벌집(또는 쪽방)은 화장실을 공용으로 사용해야 하는 불편함이 있지만 구로지역에서 얻을 수 있는 유익성 때문에 불편을 감수하고 있다.

─사례 1
아. 그게 그러니까 아마 그 구역이가 지역적으로 보여 지는 그 셋방이가 많은 거 같애요, 셋방이. 아파트 같은 데 돈이 비싸니까 비싼 동에 가서 못 살고 이 동네가 작은 자그마한 셋방들이 많으니까 아마 여기 정착하게 된 거 같애요. 그니까는 먼저 온 사람들이 여기 잡으면 후에 처음에 와서 의지할 게 없으니까. 또 그 사람에 친척집에 와 있고, 아는 사람 집에 가 있고, 이러다가 또 세 얻어 가지고 나가고 뭐…(노순걸, 남, 54세, 체류 9년).

－사례 2

면담자: 지금 사시는 집은 얼마에요? 얼마에 얼마 살아요?

이성국: 200에 25죠. 한 달에 한 30, 33만 원 35만 원 나가요. 겨울 되면 한
37만 원 나가요.

면담자: 그 안에 화장실이 있어요?

이성국: 없죠. 밖에서 같이 쓰고 그렇죠(남, 41세, 중국, 체류 7년).

방	방	공동 화장실	방	방
방	복도			방
방	출입 계단			방
방				방
방				방

[그림 Ⅳ-1] 쪽방 모형도

－사례 3

면담자: 지금은 방 따로 얻어서 계세요?

면담자: 얼마에 얼마에요?

김관준: 200에 25만 원.

면담자: 세네요? 그죠?

김관준: 방 싼 거는 또 속이(내부가) 나쁘고. 화장실 안 쓰면 안 되고(남, 46
세, 중국, 체류 5년).

일반적으로 쪽방은 2층이나 3층으로 되어있다. 1층은 상가로 쓰거
나 월세방으로 임대를 주는데 2층은 거의 작은 방으로 구성되어 있
다. 각각의 방 앞으로 복도가 있고 건물의 중간쯤에 화장실이 위치해
있다. 취사를 할 수 있는 조리 시설은 방안에 간단하게 구비되어 있

어 따로 주방을 공동 이용하지는 않는다. 각각의 방은 외벽 쪽으로 창문이 나 있어 환기에 이용된다.

보증금 4백만에 3십3만 원. 비싸지요. 그러니까 내가 며칠 전에 집세 주면서 '에고 언니요, 이제는 교포들 집에 가고 집세도 싸졌는데 집세 좀 적게 해주면 안 되겠나요?' 하니까는, 1년 계약했다고 '안 된다' 하대요(윤영순, 여, 52세, 중국, 체류 3년).

쪽방촌이 밀집해 있던 구로지역은 한국인 노동자가 빠져나가면서 낙후된 주택들의 세입자가 감소하여 임대료가 낮은 상태였다. 그러나 재중동포들이 이주해오면서 주택의 임대 가격도 상승하기 시작했다. 그러나 재중동포들이 지하철 2호선과 7호선이 통과하는 서울의 지역 중에서 이곳보다 저렴하게 방을 구할 수 있는 곳은 흔치 않다. 이 지역의 임대주택의 대부분은 세면 시설이나 화장실을 공동으로 사용하며 방안에 간단한 취사 시설만 갖추어져 있으며 비슷한 수준의 월세를 지불하는 다른 지역에 비해 열악한 조건을 가지고 있다.

〈표 Ⅳ-1〉 한국계 이주노동자의 거주 유형

구분	빈도(명)	유효 퍼센트(%)
기숙사	32	15.2
임대주택	179	84.8
합계	211	100.0

위의 표에서 재중동포들은 기숙사보다는 임대주택에서 생활하는 사람들의 빈도수가 월등히 높은 것으로 나타났다. 조사 대상자의 85%가 임대 주택에서 생활하고 있음이 나타났다. 이는 재중동포들

이 공장보다는 건설현장에서 취업하고 있다는 사실을 우회적으로 말해 주고 있다. 결국 구로지역을 중심으로 살아가는 재중동포들의 구로지역 거주 이유는 재중동포들의 느슨한 커뮤니티를 중심으로 하는 정보의 획득, 저렴한 임대료, 그리고 구로지역에서 경제적 행위를 하기 위함이라 할 수 있다. 즉, 구로지역은 주거와 생활세계를 포괄하는 거주환경을 가지고 있다고 할 수 있다.

〈표 Ⅳ-2〉 한국계의 구로지역 거주 이유

구분	빈도(명)	유효 퍼센트(%)
집값이나 임대료가 싸서	55	26.8
일터가 가까워서	81	39.5
친척이나 친구가 가까이 있어서	22	10.7
이웃관계가 좋아서	10	4.9
주변 환경이 좋아서	10	4.9
기타	27	13.2
합 계	205	100.0

위의 표에서는 재중동포들이 이 지역에 밀집해서 사는 이유에 대해 잘 보여주고 있다. 저렴한 임대료 26.8%, 직장 접근성 39.5%, 지인과의 접근성 10.7%로서 구로지역에 거주하는 이유가 고르게 분포되어 있음을 알 수 있다. 이러한 통계는 마석의 비한국계 이주노동자와는 차이를 보이고 있는데 비한국계 이주노동자의 경우 일터가 가깝기 때문에 마석에 거주한다고 대답한 비율이 68.1%로 압도적으로 높았다.[73] 그러나 한국계와 비한국계 모두에게 집단적인 거주는 오히려 한국인과의 소통을 방해하는 요소로 작용하고 있다고 볼 수 있다.

---

[73] 이에 관한 비교분석은 〈표 Ⅳ-8〉의 비한국계의 마석지역 거주 이유의 분석을 참고하라.

2) 사회적 공간

한국에 이입된 재중동포들의 출신지는 다양하게 분포되어 있지만 일반적으로 요녕성, 흑룡강성, 길림성의 동북 3성이라 일컫는 지역으로부터 이입된 사람들이 주류를 이루고 있다. 이들이 특별히 어떤 모임을 조직해서 정기적으로 만나거나 하는 것 같아 보이지는 않는다. 하지만 한국에 입국하여 삶을 영위하기 시작한 이후부터는 재중동포라는 커다란 정체성을 공유하고 있는 것으로 보인다. 예를 들면 재중동포들은 제조업이나 기타 공장에서 일을 하는 것보다 공사장의 막일을 선호하는데 공장보다 임금의 수준이 높기 때문이다.

<표 Ⅳ-3> 한국계의 구직활동 유형

구분	빈도(명)	퍼센트(%)
공개채용	4	1.8
비공식 브로커 알선	4	1.8
한 국내 사설 직업소개소 소개	56	25.5
친구, 친지 등 연고자 소개	83	37.7
외국인 노동자 상담소 소개	13	5.9
광고를 보고 스스로 찾음	23	10.5
기 타	37	16.8
합계	220	100.0

이러한 공사장의 막일(소위 노가다)은 이주 초기에 한국인 '오야지'를[74] 중심으로 일을 했지만 어느 순간 자연스럽게 재중동포 오야

---

[74] 일본어에서 유래 된 오야지의 사전적 정의는, おや-じ[親父·親仁] ≪속≫(주로 남자들이 씀) ① 아버지, ② 노인, ③ 직장의 우두머리, 음식점 등의 주인이다. 한국어로 그 의미를 표현하면 건설현장 최하층에서 인부들을 모아 일정 부분의 작업을 하고 원청이나 하청 업체로부터 공사 대금을 받아 인부들에게 배분하는 사장을 말한다. 그러나 건설현장에서는 아직도 사장이라는 표현 대신에 오야지라는

지가 생겨나게 되었고 이러한 오야지를 중심으로 한국의 재하청 업체로부터 공사를 수주하게 된다. 이들은 공사를 수주하여 작업공정을 진행하는 데 있어 중국 내 동향 출신의 사람보다는 임금과 작업 조건에 동의하는 재중동포 누구라도 포함시키고 있다. 설문에 응답한 사람들 중 37.7%인 83명이 구직 활동에 친구나 친지가 동원됨을 나타내고 있다. 정례화 된 모임은 없지만 재중동포들 간의 네트워크는 한국생활에 중요한 역할을 하고 있음을 알 수 있다. 이 밖에 한국어에 능통하고 피부색에 따른 편견을 덜 접하는 한국계 이주민은 한국인이 운영하는 직업소개소나 광고를 통해서도 구직활동에 나서고 있다는 점이 비한국계와 차이를 나타내는 지점이라고 볼 수 있다.

재중동포들은 중국 출신이라는 포괄적 정체성을 공유하고 있다. 하지만 동북 3성을 중심으로 하는 동향끼리의 친목이 완전히 무시되는 것은 아니다. 공식적인 동향 출신의 커뮤니티를 가지고 있지는 않지만 중국식 식당과 교회 또는 마작판에서 자연스럽게 동향끼리의 친목을 도모하고 있다. 이를 '느슨한 향수적 연대성'이라고 표현할 수 있을 것이다.

> 면담자: 길림성 이렇게 그쪽에서 오신 분들끼리 그쪽 고향이신 분들끼리 정기적으로 만나고 뭐 그러시는 일도 있어요? 그런 모임 같은 게 있어요?
> 이성국: 예. 모임도 있고요, 모이는 사람마다 내가 싫어하는 사람도, 모르는 사람도 오고 한국인 사람도 만나고 친구도 만날 때가 있어요.
> 면담자: 아니 그러니까 정기적으로 한 달에 한 번 모여서.
> 이성국: 없어요. 한 달 뜨문뜨문 친구도 만나가 한 잔 할 수도 있죠.

말을 사용하고 있다. 본 책에서는 한국계 이주노동자가 주로 취업한 곳이 건설현장이기 때문에 현장의 목소리를 있는 그대로 전달하기 위해 부득이 오야지란 단어를 그대로 인용하였다.

면담자: 주로 뭐 친구 분들 만나면 뭐 이렇게 술 한 잔 드시면서 놀고….
이성국: 그렇죠. 놀고 일 얘기해 가면서 그렇죠(남, 41세, 중국, 체류 7년).

재중동포들은 아직까지 정례화된 커뮤니티나 상호부조를 위한 모임 구성은 활성화되지 않았다. 비정기적으로 식사 시간을 갖거나 음주를 즐기는 수준의 모임이 주류를 이루고 있으며 이러한 종류의 모임은 다수 존재하고 있다. 하지만 조사 과정에서 정례화되고 조직화된 커뮤니티도 발견하였는데 그것은 이림빈 씨의 주도에 의해 조직된 '중국동포 한마음협회'(이하 한마음협회)이다. 이는 한국사회에서 재중동포들이 점진적으로 구성할 수도 있는 커뮤니티의 맹아(萌芽)로서 의미가 있다고 할 수 있다. 한마음협회는 '한마음 자원봉사단', '한마음 산악회', '한마음 축구단', '중국동포 자율방범대'의 4개의 모임이 통합되어 있는 단체이다. 이 단체를 주도하고 있는 이림빈 씨는 중국에서 초등학교 교사로 근무하다가 1997년 산업연수생 신분으로 한국에 이입되어 프레스 공장에 배치받았고 이틀 만에 오른쪽 팔이 팔꿈치 아래에서 절단되는 사고를 당하였다. 보상도 받지 못하고 중국으로 돌아갔던 그는 김해성 목사의 도움으로 재입국하여 산업재해 보상을 받고 치료도 받았다. 그 후 산재 보상금으로 작은 중국식 식당을 독산동에서 시작하여 현재는 대림역 근처에서 두 개의 중국식 식당을 경영하는 경영자로 자리 잡았다.

97년도에 제일 처음 입국했을 때, 3일 만에 오른쪽 손목까지 절단 사고 당했어요. 그때 당시에 한 4개월 있다가 치료하고 그냥 중국으로 돌아갔어요. 돌아간 다음 3년 후에 2000년도에 계속 아프니까 재수술할라고 들어왔어요. 재수술하는 비자가… 그때가… 몇 개월이던가? 3개월이던가? 2개월이던가? 수술 받고 그 기간이 지나니까 불법체류로, 불법체류하고 있었어요.

불법체류하면서 식당 한 3년 정도 (운영)한거죠. 그것도 할 수 없어서 그렇게 되데요. 이 상태에서 어디 가서 일을 하려고 하면 손이 없으니까 써주지 않는 거예요. (허탈한 웃음) 어디서나. (기막히다는 듯한 웃음) 할려고 해도 '아, 니는 안 된다.' 여러 개 XXXX 그랬지. '아이고, 이거는 이제 내가 갈 길이 아니라 다른 데를 생각해봐야 되겠다.' 근데 또 쉬운 일이 그렇게 살아지대요(이림빈, 남, 40세, 한국, 체류 10년).

대부분의 재중동포들이 영구 귀국을 통한 정착을 고려하지 않는 반면 그는 영구정착을 위해 한국사회의 적응에 적극적인 사람이다. 장애를 가지고 있기 때문에 중국으로 돌아가도 할 일을 구하기 어려울 뿐만 아니라 그 동안의 한국 생활로 인해 중학교에 다니는 자녀가 한국학교를 다니면서 완전한 한국인으로 적응했기 때문이다. 그가 한국사회로 적극적 적응을 하려고 한다는 징후는 여러 개의 커뮤니티를 구성하는 노력에서 알 수 있는데 각각의 커뮤니티에서 하는 일들을 살펴보면 다음과 같다. 한마음축구단은 2006년 만들어졌다. 매주 일요일 12시 이후에 구로 인근의 학교 운동장을 빌려 축구를 통한 친목을 도모하고 있다. 현재 120여 명의 회원이 가입되있는데 실질적인 참석 인원은 30명 내외이다. 2006년 이후 한마음 축구단 결성을 계기로 친목을 도모하던 회원들은 2007년부터 한마음자원봉사단을 창립해 본격적인 봉사활동을 하게 되는데 15명의 회원이 활동하고 있다. 봉사단은 구로공단을 중심으로 거리 청소를 하는 클린봉사와 양로원 위문방문 활동을 목적으로 하지만 한국의 국가적 재해였던 충남 태안 앞바다 기름 유출 사고 때에는 4번이나 기름때 제거를 위한 자원봉사를 다녀오기도 했다. 이렇듯 개별적으로 활동하던 소모임들이 2008년을 계기로 통합을 모색하게 되는데 이렇게 만들어진 단체가 바로 '중국동포 한마음협회'이다. 현재 한마음협회의 회원은 200명 정도로 추산하는데 가입이 되어 있더라도 재중동포들의 직업이 현장을 따라 이동하는 형태의 건설업에 종사하는 사람의 수가 많기 때문에 정확한 회원의 수는 계량하기 어렵다.

한마음협회의 창립과 더불어 지속되어 오던 축구단과 봉사단을 유지하며 '중국동포 자율방범대도'도 창립되었다. 자율방범대는 10명 내외의 회원이 활동하고 있는데 매주 화요일마다 대림동, 가리봉동 일대를 순찰하는 일을 하고 있다. 새로운 공간으로 이동한 모든 이주민이 그러하듯이 재중동포들도 강도 높은 노동과 차별을 경험하는 과정 속에서 약간의 감정싸움은 종종 심각한 물리적 싸움으로까지 번지게 된다. 자율방범대는 이런 심각한 상황에 이르기 전에 사고를 방지하고자 하는 목적을 가지고 있다. 필자가 방범순찰대에 참여하여 순찰활동을 경험한 결과, 사법권을 가지고 있지 않은 조직이라 할지라도 자율적인 범죄예방 활동은 재중동포 거리에서 큰 효과를 발휘하고 있었다. 특이한 점은 이러한 자율방범 활동이 영등포 경찰서와 협조체제를 이루어 진행되고 있다는 것이다. 방범활동 전후 시간에 지역 지구대를 방문해 방범활동에 대한 협조체제를 확인하는 절차를 거치는데 지역 지구대도 호의적인 반응을 보이고 있었다. 이는 한국사회에서 정착을 원하는 재중동포들이 스스로의 커뮤니티를 한국사회의 커뮤니티와 접합을 시도하는 중요한 과정이라고 볼 수 있다.

3) 한국어 습득

재중동포들의 한국어 구사 수준은 비한국계 이주노동자에 비교하면 월등하게 뛰어나다. 중국 현지에서도 집단 거주지를 중심으로 삶을 영위하던 한국계 이주노동자들은 20대 연령의 집단들을 일부 제외하면 의사소통에 전혀 문제가 없다. 민족 자치구를 중심으로 생활하던 이들은 한국어로 수업이 진행되는 교육을 받았고 가정에서도 한국어를 사용했기 때문이다.

> 학교는 어… 저게 조선족 학교 다녔습니다. 왜냐면 아때(어릴때) 내가 자라나면서 조선족 동네 우리 이제 아버지나 한국에서 와 함께 뭉쳐 와서 농사를 짓다 하니까 조선족 부락들이 생기고, 학교가 생기고, 진짜 이거는 정말 너무너무 좋아요. 왜냐면 우리 민족의 그래도 최소한대로 우리 민족의 말을 할 수 있고 글을 배울 수 있다는 게 너무 감사해요. 그래도 우리 예수 안에 들어가면 하나님께 너무 감사한데 왜냐하면 우리 민족의 언어와 문화가 있다는 거 실감하니까, 이것을 통해서 그 인제 중국 땅에 복음을 전할 수 있는 그런 하나님이 예비하는 그게 너무너무 감사한 거예요. 러시아도 가 봐도 러시아는 우리 민족의 말 못합니다.
> (중 략)
> 여쪽에(이쪽에) 우리 민족의 조상들이 우리 아버지 때부터 이제 그렇게 가르키… 우리는 아때(어릴때) 중국말 잘 못씁니다. 다 여 한 개 동네에서 조선 조선말만 하고, 예. 그때는 이제 우리가 아때는 남조선, 남조선 그 인제 방송 들으면 중국에서 못 듣게 합니다(신덕화, 남, 50대 초, 중국, 체류 2년).

설문 조사를 위해 방문했던 중국동포의 집에서 일요일마다 진행되는 교회의 예배 모임에서도 한국어로 예배를 진행하고 있었으며 예배 후 실시된 설문조사에서도 한국어로 된 설문지를 요구하는 사람들이 많이 있었다. 특히 여성이면서 고연령층의 집단일수록 중국어 보다는 한국어 설문지를 요구하는 사람들이 많았다.

한국어 의사소통에 불편을 느끼고 있는 매우 심각, 다소 심각의 빈도는 젊은 연령대 일수록 높다. 그러나 80% 이상의 재중동포들은 한국어로 의사소통을 하는 데 큰 어려움을 겪고 있지 않은 것으로 나타났다.

여성이면서 고연령층의 집단에서 중국어에 서툰 원인은 재중동포들이 동북 3성 주변이라는 중국 내의 특정 지역을 중심으로 집단적으로 거주하면서 중국어의 필요성을 체험하지 못하였으며 중국으로의 이주 1세대의 가부장적인 사고에 의해 여성이 중국학교나 민족학교를 불문하고 교육받는 상황을 원치 않았던 이유도 한몫했다.

<표 Ⅳ-4> 한국계의 의사소통의 정도

구분	빈도(명)	유효 퍼센트(%)	누적 퍼센트(%)
매우 심각하다	16	11.9	11.9
다소 심각한 편이다	10	7.4	19.3
그저 그렇다	29	21.5	40.7
별로 심각하지 않다	31	23.0	63.7
전혀 심각하지 않다	49	36.3	100.0
합계	135	100.0	

이들은 오랜 기간의 중국 생활에도 불구하고 한자나 중국어를 사용하는 데 불편을 호소하고 있으며 중국어로 번역된 설문지를 이해하지 못하는 사람들이 많았다. 그러나 젊은 층으로 갈수록 오히려 한국어를 잘 구사하지 못하는데 중국의 조선족 집단거주지를 벗어나 중국학교에서 교육을 받는 사람들이 증가하면서 빚어진 현상이다.

－사례 1
면담자: 김관준 선생님은 민족학교 다니셨나요?
김관준: 저도 민족학교 다니다가 중국학교 다니고 그렇죠.
면담자: 아 중국에서는 고등학교 다니다가 여기 보니까 고등학교 중퇴라고.

김관준: 그렇죠.
면담자: 아 그 고등학교는 민족학교였습니까? 아니면….
김관준: 그냥 한족학교였어요(남, 46세, 중국, 체류 5년).

─ 사례 2

면담자: 한국말을 잘하시네요?
민 아: 많이 배웠어요.
면담자: 오실 때는 잘 못하셨어요?
민 아: 예.
면담자: 어디서 배우셨어요?
민 아: 그냥 이렇게 다니면서….
면담자: 예. 그 민족학교를 다니신 거 아니에요?
민 아: 한족학교 다녔어요(여, 32세, 중국, 체류 2년).

─ 사례 3

면담자: 돌아간 친구들은 왜 돌아간다고 생각해요?
오학봉: 그거는 중국에서도 친구 아니 어떤 사람 말처럼 처음에 왔을 때 한
        국말 몰라요.
면담자: 한국말 모르고?
오학봉: 예. 한국말을 배우면 힘들고 한국 일을 하면서 어 중국 하면서 편
        안해요 일을 하면.
면담자: 네?
오학봉: 중국에 회사 다니면서 하면 일은 편안해요(남, 32세, 중국, 체류 7년).

중국학교에서 교육을 받은 젊은 층 사람들은 외부에서는 중국어
를, 가정에서는 한국어를 사용하는데 한국어의 사용빈도보다 중국어
의 사용빈도가 높은 편이다. 그럼에도 불구하고 비한국계이주노동자
에 비하면 한국어 구사능력은 한국생활에 불편함이 없을 정도로 월
등한 편이다.

4) 한국사회와의 네트워크

재중동포들은 한국인이 생각하는 것보다 한국인과의 인적 네트워크 구성에 적극적이지 않다. 정확한 시기는 알 수 없지만 재중동포와 한국인 사이에는 보이지 않는 장벽이 만들어졌다. 독립운동가의 후손, 한민족 혈통, 중화민국 건국에서 보여준 조선민족의 혁명적 활동과 같은 자긍심을 내재한 재중동포들은 한국사회에 이입되는 순간 가장 하층 노동시장에 편입된다. 한국과 중국의 경제 상황의 흐름을 읽어 낸 소수의 사람들은 무역업에 종사하고 그 밖에 건설현장의 오야지, 중국식 식당, 중국 식료품을 판매하는 슈퍼마켓을 운영하는 사람들이 있지만 그 수는 건설업이나 식당의 서빙과 같은 하층 노동에 종사하는 사람들에 비하면 미미한 수준이다.

〈표 Ⅳ-5〉 한국계의 한국인과의 네트워킹에 대한 체감 정도

구분	빈도(명)	유효 퍼센트(%)	누적 퍼센트(%)
매우 쉽다	30	12.8	12.8
대체로 쉬운 편이다	27	11.5	24.3
그저 그렇다	82	34.9	59.1
대체로 어려운 편이다	52	22.1	81.3
매우 어렵다	44	18.7	100.0
합계	235	100.0	

대부분의 재중동포들은 건설 현장이나 식당 같은 하층노동시장에 편입되어 있다. 하층노동자로서 경제적 신분적 차이를 극복하지 못하는 재중동포들은 대부분 차별의 경험을 가지고 있으며 한국인과의 관계설정에 어려움을 느끼고 있다.

위의 통계를 보면 한국인과의 네트워킹에 대해 쉽다고 응답한 사람은 24.3%로 나타났으며 어렵다는 대답은 40.8%로 나타났다. 중간 수준의 대답을 한 동포들은 한국인과의 네트워킹의 수위에 대해 고민해 보지 않은 부류로 볼 수 있다. 결국 위의 결과로 보면 재중동포들은 한국인과의 관계설정에 어려움을 느끼고 있는 것으로 나타났다.

면담자: 그래 한국사람 계약자는 좀 있어요?
오학봉: 조금 있어요.
면담자: 조금? 거의 다 중국 동포 동포들이고?
오학봉: 네. 저는 한국말이 그렇게 잘 안 되니까(남, 32세, 한국, 체류 7년).

보험 영업을 하는 오학봉 씨는 32세의 남성인데 한국에 체류한 기간이 7년이 되었지만 아직 한국말이 서툴다. 언어의 소통이 잘되지 않기 때문에 한국인과의 관계 설정에 어려움을 토로하고 있었다. 이처럼 소통의 어려움은 네트워크를 구축하는 데 장애 요인으로 작용한다.

면담자: 한국 사람들이 여기 그 있는 사람들이 이제 사시다 보면 같은 민족이라고 좀 친절하게 대하는 거 같애요? 아니면 그렇지 않은 거 같으세요?
김관준: 예. 그 인사는 좋아요. 겉으로 인사는 좋아요. 그게 진심인지 그거는 저도 잘 모르겠는데 그 서로 만나면 한국말로 말도 되게 좋고(남, 46세, 중국, 체류 5년).

김관준 씨는 46세로 한국에 체류한 기간이 5년이며 현재 공사현장에서 일을 하고 있다. 그는 한국인과의 관계에서 불신감을 가지고 있는 것으로 보였다. 한국인이 겉으로는 좋게 대하면서 속으로는 그렇지 않을지도 모른다는 불신감은 한국인과의 친밀도 형성에 장애가 되고 있다. 면담을 실시한 날에도 김관준 씨는 대림동의 중국식 식당에서 중국 출신의 친구들과 술을 마시고 있었다. 주로 마음을 터놓는 상대는 같은 재중동포들이었다.

결국, 한국인과의 네트워킹에 어려움을 가진 재중동포들은 다른 재중동포들과의 네트워크 속에서 구직이나 정보 교환을 하게 되는 것이 일반적이며 한국인과의 관계는 그만큼 소원해 질 수밖에 없다. 예를 들면 건설업에 종사하는 재중동포들 중에서 한국인 고용주(오야지) 아래에서 일을 하게 되는 재중동포들의 경우에 한국인과 재중동포와의 관계는 고용인과 피고용인의 관계로 자연스럽게 변화되고 위계적 질서가 구성된다. 한국인 오야지는 재중동포와의 인적 네트워크를 견고하게 구성하는 일에 소극적이며 재중동포도 역시 위계를 뛰어넘는 네트워크 구성에 부담을 가지고 있다. 재중동포들은 건설현장에서 일하는 한국인 동료들과도 네트워크 구성에도 어려움을 토로하고 있다. 이는 한국인들이 자신들의 일자리를 재중동포들이 빼앗아간다는 생각을 하고 있기 때문인 것으로 보인다. 당연히 가장 많은 재중동포들이 종사하는 건설업종에서 한국인과 네트워크를 구성하는 일은 매우 드물게 발생하는 현상이 되었다.

　－사례 1
한국인들이 불만을 가지는 이유가 뭐냐면, 현장일 하는 사람들이 외국인들 동포들이 하니까 월급이 지금 봐도 10년 전이랑(같다). 임금이 어느 정도 올라왔어야 하는데(김일선, 남, 50대 중반, 중국, 체류 16년).

　－사례 2
면담자: 한국 분들 중에 혹시 일 하시거나 사시면서 친하게 지내시는 분이

있어요?
　김관준: 전화상으로나 연락하고…(남, 46세, 중국, 체류 5년).

　재중동포 여성들의 경우도 크게 다르지 않다. 재중동포 여성들은 식당의 주방에서 허드렛일 또는 홀의 서빙 업무를 담당하거나 병원의 간병인, 재가 파출부 업종에 종사하는 사람들이 대부분이다. 이러한 직업군은 노동의 강도가 가장 센 직업군으로서 한국인과의 교류를 고민할 정도로 한가하지 않을 뿐 아니라 고용주와 피고용인이라는 위계적 서열에 편입될 수밖에 없는 구조적 상황 속에 있다.

> 한 반 년 지나서 그러면 너무 힘들어요. 발도 막 퉁퉁 붓지. 중국보다 훨씬 힘들어요. 나는 가게 혼자 해도 이렇게 안 힘들었어요. 하면은 막 손님 엄청 많아요. 여섯 시 되면 열한 시까지 그냥 손님이 많아요(민아, 여, 32세, 중국, 체류 2년).

　고용주와 하층 노동시장의 노동자의 관계는 인적 네트워크 구성에 한계를 가지고 있다. 물론 재중동포와 마찬가지로 피고용인의 입장에서 하층노동 시장에 편입된 한국인 노동자도 있지만, 재중동포에 대한 차별적 시선은 네트워크 구성에 장애로 존재한다. 결국 재중동포들은 에스닉 그룹을 중심으로 하는 자기들만의 거리를 자연스럽게 형성할 수밖에 없는 상황으로 갈 수밖에 없다.

5) 독자적 적응

　하층노동 시장에 편입되어 있던 재중동포들 중에서 더 많은 경제적 이익을 얻고자 피고용인의 신분을 탈피하여 독자적 영역에서 한국사회에 적응하는 부류가 생겨나기 시작했다. 이들은 에스닉 타운(ethnic town)을[75] 중심으로 에스닉 집단 내의 사람들을 모아 스스로 오야지가 되기 시작했다. 이제 재중동포 출신의 오야지들은 한국인 오야지들과 공사 입찰을 위한 수주경쟁에 나서고 임금경쟁에서 우위를 차지하는 재중동포 오야지들이 건설업에서의 재하청 공사수주를 독점하는 현상이 나타났다. 이러한 변화는 재중동포들과 한국인과의 괴리를 심화시키는 하나의 기제로 작용했다.

건설현장에서 돈을 번 사람들은 중국으로 귀환하기도 하고 현재까지 지속적으로 건설현장에서 일하기도 한다. 아직까지 건설현장의 임금이 10년 전과 동일하다는 말은 재중동포들과 한국인 하층노동자가 노동시장에서 충돌을 일으키고 있으며 결국 임금경쟁에서 재중동포들이 비교우위를 점하게 되고 따라서 건설업계의 재재하청[76] 부문은 재중동포들에 의해 장악되었다 해도 과언이 아닐 것이다. 이

---

75 에스닉 집단(ethnic group)의 구성원들이 지니고 있는 동일한 인종적, 민족적, 문화적 생활양식이 유효하려 한다면 에스닉 집단을 유지시키는 내적 상호작용이 필요하다. 이 때 새로운 사회에 정착한 이주민의 경우 직업이나 정보의 교환을 위해 특정지역에 집단으로 거주하면서 내적인 교류를 하며 사회 내에서 그들의 입지를 다지게 되는데 이 특정지역을 '에스닉 타운(ethnic town)'이라 한다.

76 일반적으로 건설공사는 공사를 수주하여 시행하는 시행사인 원청과 원청으로부터 각각의 공사를 하청받아 시공하는 하청업체로 구분할 수 있다. 하청업체는 위임받은 공사를 다시 하청으로 위임시키는데 이를 재하청이라 한다. 공사를 위임받은 재하청업체는 다단계처럼 다시 하청을 주는데 이를 '재재하청'이라한다. 건설 공사현장에서는 위와 같은 방식으로 공사의 시공을 아래로 위임하는 관행이 존재하고 있다. 예를 들면 A건설이 아파트를 시행할 때, B업체가 내장 공사를 A건설로부터 수주하고 다시 B업체는 C업체에게 내장 공사 중 벽면 도배를 위임한다. 그러면 C업체는 D업체에게 벽면 도배 공사 중 페인트칠이나 그 밖의 마무리 공정을 맡기게 되는 관계를 말한다.

제 한국의 하층노동자 계층과의 경쟁에서 유리한 고지를 선점한 재중동포들은 재중동포들 간의 임금 경쟁을 전제로 공사를 수주하는 갈등관계에 노출되어 있다. 이미 한국에 이입되어 건설현장에서 잔뼈가 굵은 사람들을 중심으로 재하청 조직이 우후죽순처럼 생겨나고 있다. 결국 한국 건설업의 재재하청 부문은 재중동포들끼리의 독자적인 경쟁 업종으로 자리 잡고 있다.

－사례 1
면담자: 용역을 나가시는 거예요 지금은?
신덕화: 아니요.
면담자: 그럼 공사를 이제 따는 거예요?
신덕화: 공사를 따가지고 사람들 데리고 일 합니다.
면담자: 오야지시네요?
신덕화: 오야지는 아니고…(남, 50대 초, 중국, 체류 2년).

－사례 2
면담자: 같은 동포 분들 내에서도 경쟁이 일어나는 거네요?
김해철: 그렇죠. 경쟁하죠.
김일선: 당연히 경쟁하지.
김해철: 그러니까 한국에서 XX수가 없는 거야. 경쟁 안하고 자기는 먹고
　　　　살기 힘든데, 그 가격에 못 맞춘단 말이야.
면담자: 단가가, 임금이요?
김해철: 그렇지.
김일선: 임금이 싸니까.
김해철: 택도 없이 싸버리니까 사장은 당연히 싼 사람들 줄 수밖에 없지.
김일선: 그러니까 철근 같은 경우는, 한국 사람들 2세가 없어요. 기공(기술
　　　　자)이 안 나와요. 형틀도 기공 없어요. 전부 노인네, 60대(남, 50대
　　　　중반, 중국, 16년 체류).

한편 타 직업군에 종사하면서 독자적 적응을 꾀하고 있는 사람들도 있다. 2003년에 한국에 입국한 이성국 씨의 경우 다른 면담자와는 상이한 태도를 보이고 있었다. 그는 한국사회로의 적응에 적극적인 태도를 보이고 있었으며 재중동포의 에스닉 집단 이외에 한국인과도 인적 네트워크를 형성하고 있다. 재중동포들 대부분이 구로지역의 다른 재중동포들을 통해 직업을 소개 받는 데 반해 이성국 씨는 독자적으로 직업을 구직하고 있었다. 직장에서도 한국인들과 원만한 관계를 유지하려고 애썼으며 직장을 퇴직한 이후에도 함께 근무하던 한국인 동료들과의 네트워크를 유지하고 있었다.

면담자: 아! 서비스업. 아 남자 분들이 서비스업 할 게 많지 않잖아요?
이성국: 근데 제가 이만큼 음식을 할 수 있어요.
면담자: 음식을 하실 수 있으니까? 음식 하시는 일은 어디서 주로 하셨어요?
이성국: 한식. 뭐 이대, 삼성(역) 다 해요.
면담자: 주방 일을 하신 거예요?
이성국: 그렇죠.
면담자: 그런데는 어떻게 취직하셨어요?
이성국: 노동부에서 해 줄 수도 있고, 혼자서.
면담자: 노동부에서?
이성국: 예. 어떤 데는 신문 찾아가가 벼룩시장 보고 하면서.
면담자: 벼룩시장 보고?
이성국: 그렇죠.
면담자: 그런데 벼룩시장 보고 취직하는데 재중동포 같은 경우에 중국 국적이고 비자가 있는데 취직하는 데 별 문제는 없었나요?
이성국: 없죠. 이건 솔직히 말하면 일만 잘 해주면 사장님 분명히 불법을 알면서도 하게 되는 거예요. 예를 들면요. 우리나라사람하고 외국인하고 뭐 원래부터 차이가 많잖아요. 우리나라 사람 뭐 180 준다면 뭐 해준다 그러면 우리 같은 외국인 같은 경우는 140만 원(남, 41세, 중국, 체류 7년).

한국인과의 인맥관계를 단절하지 않고 있는 그는 재중동포 집단과도 원만한 관계를 유지하고 있었다. 그동안 면담에 응했던 대부분의 재중동포가 한국 국적을 취득하기 보다는 자유왕래를 희망하고 있었던 데 비해 이성국 씨는 국적을 취득하기를 희망했으며 국적을 취득한다면 중국의 가족들도 초청하여 한국에서 살기를 원하고 있었다. 이성국 씨의 사례를 통해 몇 가지 흥미로운 사실을 발견할 수 있었는데 먼저, 한국 국적을 취득하기를 원하는 재중동포는 한국인과의 사회적 관계를 중요시하고 있다는 사실이다. 이런 행태는 한국 국적 취득 후의 삶에 대한 일종의 준비과정이며 인적 네트워크 보험을 가입하는 의미로 해석할 수 있다. 특별한 기술이나 학벌이 없는 상황에서는 한국 국적을 취득하더라도 경제적 어려움에 처할 수 있는 여지가 많기 때문에 한국인과의 인적 네트워크를 강화시킨다는 의미는 국적 취득 이후의 삶에 대한 대비책으로 이해할 수 있을 것이다. 둘째, 한국사회로의 적응에 적극적인 모습을 보이고 있다는 점이다. 한국인에 의한 차별을 경험했음에도 불구하고 자신의 에스니시티를 한국인에 맞추려는 노력을 하고 있었다. 국가 정체성과 민족 정체성이 이중적인 재중동포들은 현실적인 이해에 따라 국적의 취사선택을 결정하려 하는데 일단 한국 국적의 취득을 목표로 하고 있다면 중국 출신이라는 국가 정체성을 의식적으로 회피하려 든다. 셋째, 자녀의 연령이 높지 않아 중국에서 주류사회로의 진입이 요원한 경우이다. 중국정부에 중화정책에 의한 조선족 집단거주지의 해체는 한민족의 교육열과 맞물려 재중동포 3세들의 대학진학을 추동시켰다. 이와 같은 상황은 소수민족의 입장에서 민족적 정체성의 희석을 의미하지만 다른 한편, 중국사회로의 진입이 용이해졌다는 양면성을 가지고 있다. 이처럼 중국사회에 진출할 수 있는 연령대의 자녀를 가진 재중동포들은 자녀들의 중국사회 진출에 일면 자긍심을 가지고 있으며 본인이나 자녀의 한국 국적 취득에 회의적이다. 그러나 자녀의 연령대가 낮은 재중동포들은 한국 국적을 취득함으로서 자녀도 한국에서 교육 받기를 희망하고 있으며 중국에서의 주류사회 진입에 회의적인 반응을 보이고 있다.

한편, 한국사회의 적응에 독자적으로 나서는 또 하나의 부류는 20~30대 젊은 여성층이다. 이들은 중국에서 대학교육을 받지 못한 사람들이 많은데 중국에서 할 수 있는 일은 자영업이나 급료가 많지 않은 직업이 대부분이다. 다방 겸 주류도 판매하는 카페의 웨이트리스(waitress)로 일하는 민아 씨의 경우에도 고등학교를 졸업하고 작은 식당을 운영했지만 운영에 어려움을 겪다가 한국행을 선택했다. 식당과 횟집에서 일하던 그녀는 육체의 고단함 때문에 현재는 다른 일을 하고 있다.

> 민 아: 예. 그냥 여기 힘든 일은 못 하겠고 중국에서 이거 식당일 하면서
>   팔 다 늘어나 가지고 무거운 거 못 들어요.
> 면담자: 여기도 신문보고 오신 거예요?
> 민 아: 예.
> 면담자: 아 그 벼룩시장 같은 거….
> 민 아: 예.
> 면담자: 여기 일은 힘들지 않으세요?
> 민 아: 네. 힘들어요. 사람 상대가 제일 힘드니까.
> 면담자: 맞아요. 사실은 육체적으로 힘든 거보다 정신적으로 이렇게….
> 민 아: 예. 근데 그거는 제가 뭐 힘든 일 하는 거보다 나은 거 같아요. 이
>   거보다는(여, 32세, 중국, 체류2년).

현재 그녀는 대림동 20평 규모의 작은 카페에서 일하고 있는데 이성국 씨와 마찬가지로 주간지를 통해 취업을 하였다. 그러나 스스로 적응하려고 하는 이유에 대해서는 이성국 씨와 전혀 다르다고 볼 수 있다. 민아 씨가 하고 있는 직업의 특수성은 동향의 사람들을 만나는 일은 되도록 회피해야 하는 직업군이다. 한민족 정체성이 남아있는 재중동포 사회에서 유흥업에 종사하면서 '웃음을 파는' 직업에 대한 무시와 멸시는 겪고 싶지 않은 일이기 때문이다. 따라서 재중동포 내의 인적 커뮤니티를 통해 유흥업 직업군을 소개 받는다는 일은 어려울 수밖에 없다. 이런 경우 독자적으로 구직 활동에 나설 수밖에 없으며 동향의 사람들과의 인적 네트워크도 강제적으로 단절시킨다.

결국, 한국사회에 독자적 적응에 나서는 재중동포들은 국적 취득을 목표로 하고 있기 때문에, 재중동포 에스닉 그룹과의 인적 커뮤니티와 한국사회와의 네트워크 모두를 포기하지 않고 지속시키는 노력을 하고 있는 사람들, 그리고 현재 종사하고 있는 직업군에 대해 기존의 커뮤니티가 인지하기를 원하지 않는 사람들과 임금의 수취를 벗어나 독자적인 사업영역을 구축하고 있는 사람들이라고 할 수 있다. 이는 독자적 적응을 통해 한국사회에 적응을 시도하는 사람들이 동향의 커뮤니티나 한국인과의 네트워크를 통해 한국사회에 적응하려고 하는 부류의 사람들보다 더 적극적으로 한국사회에 적응하려는 노력을 하고 있다는 것을 보여준다.

6) 여가생활

한국에 이입된 재중동포들의 대부분은 40대 이상의 중·장년층이 주류를 이루고 있다. 이들은 젊은 층이 주류를 이루는 비한국계 이주민과는 달리 한국사회에 대한 호기심이나 취미활동에 소극적이다. 일을 나가지 않는 날은 집에서 밀린 빨래를 하거나 잠을 자거나 동향의 사람들을 만나 식사를 하고 술을 마시는 것으로 여가를 활용하고 있었다. 그러나 이는 연령대와 성별에 따라 차이를 보이고 있어 일반적인 행태라고 볼 수는 없다.

올해 나이 32살인 오학봉 씨는 재중동포 사회에서도 어린 계층에 포함된다. 그는 재중동포 사회와의 교류에도 적극적이며 개인의 취미 생활에 투자를 게을리 하지 않는다. 재중동포들의 커뮤니티인 '한마음 축구단'과 '한마음 자율방범대' 활동에도 참여하고 있으며 여행도 자주 한다고 한다.

> 면담자: 그러면은 쉬는 날은 뭐 하고 지내요?
> 오학봉: 쉬는 날 일요일 우리 한마음 축구단 있어요. 같이.
> 면담자: 축구단….
> 오학봉: 예. 같이 모여서 놀고 서로 와서 축구해요.
> 면담자: 축구만해요? 매주?
> 오학봉: 아니에요.
> 면담자: 그럼?
> 오학봉: 어떤 때는 중국사람 친구 만나서 어디 가서 놀고.
> 면담자: 놀고? 뭐 하고 놀아요?
> (중 략)
> 오학봉: 겨울 때 그 스키장.
> 면담자: 겨울에 스키장 가고.

오학봉: 예. 스키장 어떤 때는 스키장 가고, 어떤 때 여름에 뭐 부산 그 해운대. 수영장 뭐 어떤 때는 우리 그, 그 등산. 그것도 많이 하고(남, 32세, 한국, 체류 7년)

그러나 같은 젊은 층 중에서도 여성의 경우에 남성과는 또 다른 행태를 보인다. 민아 씨는 직업의 특성상 밤에 일을 하기 때문에 평일에는 퇴근 후 휴식을 취하는 일상을 되풀이한다. 휴일에도 여행을 하거나 취미 생활보다는 밀린 가사 일을 하면서 하루를 보내거나 밀린 잠을 보충하면서 소일한다. 젊은 한국계 여성의 경우 커뮤니티를 통한 여가 생활은 여의치 않다. 한국에 이입된 젊은 여성층의 비율이 높지 않기 때문에 재중동포의 커뮤니티에서도 동성의 구성원을 만나기 힘들기 때문이다. 특히 밤에 일을 하는 재중동포들은 일의 특성상 낮에 일을 하는 사람들과 시간대를 맞추어 약속을 정한다든가 하는 등의 활동을 할 수 없기 때문에 동향의 사람이나 친분이 있는 한국인 중 낮에 일하는 사람들과 같이 여가 생활을 즐긴다는 것은 어려운 일이다. 또한 일반적인 직장을 가진 사람들이 토요일 오후 또는 일요일 낮 시간에 휴식을 취하는 반면 밤에 일을 하는 직업을 가진 사람들에게는 토요일 오후가 가장 바쁘고 늦은 시간까지 일을 해야 한다. 결국 일반적인 직장을 가진 사람들과 반대로 밤에 일을 하고 있는 생활 패턴을 가진 재중동포 여성들이 여가 시간을 갖기에는 많은 시간적 어려움이 있을 수밖에 없다.

40대 이상의 재중동포들은 남성의 경우 동향의 친지들을 만나 술을 마시거나 간단한 오락을 하는 행위가 대부분이다. 몸이 피로한 날은 숙소에서 잠을 자거나 빨래를 하기도 한다. 면담에 응한 40대 이상의 모든 재중동포들은 휴일에도 특별한 여가생활 없이 중국식 식당가가 밀집한 대림동이나 가리봉동을 찾아 익숙한 음식을 먹으면서 술을 마시는 행위가 일반적이다.

아버지 쉬는 날은 친구 만나서 술을 먹고, 어머니는 쉬는 날 친구 만나서 뭐 그 가게, 슈퍼(오학봉, 남, 32세, 한국, 체류 7년).

다음번에 인자(이제), 형님 XXX 하다보면 우리한테 소주 한잔 이야기 합시다. 그러 되면 형님도 이해를 해 버려요. 우리나라 사는 사람도 힘든 사람도 많잖아요? 있고 잘 사는 사람도 분명히 많고, 착한 분들도 많잖아요? 어느 나라도 마찬가지애요. 봉사 활동해 뭐 내가 돈 많으면 해고 싶으면 해 주는 거 지원해 주는 거 없으면 내가 뭐 어떻게 나도 살기 힘든데 어떻게 지원해 줘요. 그렇잖아요?
(중 략)
면담자: 일주일에 보통 몇 번이나 친구 분들 만나서 소주 드세요?
이성국: 어떤 때 한 달에 한 번 만날 때도 있고 못 만날 때도 있죠.
면담자: 그럼 집에서 혼자 뭐 하세요?
이성국: 너무 피곤해 누워 자요. 하루는 아침에 뭐 누워 자다보면 뭐 그렇고 그렇죠. 어 XXX(누굴 부르며) 뭐 그렇고 그렇죠. 힘들고 피곤하면 먼저 누워서 자는 거예요(남, 41세, 중국, 체류 7년).

여가생활을 가지기 어려운 상황은 면담과정에서 지속적으로 이야기되었는데 아래의 설문지를 통한 조사 결과에서도 비슷하게 나타났다. 1개 이상을 선택하게 하는 질문에서 대부분의 재중동포들은 집에서 쉬거나 친구를 만나는 것으로 조사되었다.

<표 IV-6> 한국계의 여가생활

구분	빈도(명)	유효 퍼센트(%)
방에서 TV보기 등 휴식	115	26.0
집안일(빨래, 청소 등)	118	26.6
친구 만나기	84	19.0
기술 습득 및 한국어 공부	6	1.4
신앙생활	81	18.3
시대 구경 및 쇼핑	20	4.5
게임방, 노래방	5	1.1
기타	14	3.2
합계	443	100.0

정리해 보면, 남성이며 젊은 층의 일부를 제외하고 전반적으로 재중동포들은 여가생활을 누리지 못하고 있었다. 이에 대한 몇 가지 이유를 생각해 보면 첫째, 한국에 이입된 재중동포들의 연령대가 40대 이상으로 여가 생활의 필요성에 대한 개념 정립이 되어 있지 않다. 재중동포들은 경제적인 이유로 입국한 사람들로서 중국에 부양하는 가족들이 남아 있다. 경제활동으로 인해 얻게 되는 재화는 본인을 위해 소비하기 보다는 중국의 가족에게 생계비로 송금하기 때문에 여가 생활을 위해 투입할 경제적 여건이 충분하지 않다. 둘째, 경제활동에서 오는 심신의 피로함에 기인한다. 이들이 종사하는 직업군은 서비스업으로 분류되지만 남성의 경우 건설업, 여성의 경우 식당이나, 가정부로서 경제활동에 참여하는데 이런 직업군은 심신의 피로가 극한 상황에 처하는 열악한 작업환경을 가지고 있다. 정기적인 휴일을 인정하는 직장이든 아니면 부정기적인 휴일을 인정하는 직장이든 간에 휴일에는 익일의 작업을 위해 휴식을 취할 수밖에 없다. 셋째, 한국사회와의 커뮤니티 구성에 소극적인 한국계 주노동

자는 여가생활에 대한 정보를 취득할 수 있는 통로가 협소하다. 고도
로 발달한 산업사회인 한국은 경제활동을 하면서 누적된 스트레스
에 대한 해소방법이 발달되어 있다. 다양한 여가활동의 방법을 축적
하고 있는 한국사회와 재중동포의 에스닉 커뮤니티와의 소극적인
커뮤니티 재구성 작업은 이러한 정보의 차단으로 인해 어떻게 여가
를 보낼 것인가에 대한 정보가 공유되지 않는다. 넷째, 여성의 경우
에는 더 많은 원인이 존재하는데 가사노동에 의한 휴식 시간의 박탈,
남성이 주축이 된 에스닉 커뮤니티 하에서의 소외감, 여가생활에 대
한 정보의 차단 등 복합적인 요소가 결합되어 있다. 특히 젊은 여성
일수록 이러 현상은 더한데 한국에 이입된 젊은 여성의 수가 많지
않아 함께 어울릴 수 있는 동료가 부족하고 고된 노동으로 인한 육
체적 피로감을 남성보다 해소하기 어려운 물리적 원인 등에 기인해
여가 생활을 누릴 수 있는 심적 여유가 없다.

3. 비한국계의 생활세계와 문화적 변수

1) 지리적 공간

사무 업무를 취급하는 일반적 업무공간과는 달리 대부분의 제조
업 공단지역은 높은 건물보다는 효율적인 생산과 운송을 위한 저층
건물이 세워지는 것이 일반적이다. 마석 공단도 고층 건물은 없으며
저층의 공장 건물과 2층이나 3층으로 만들어진 주거 건물이 대부분

이다. 특히 주거용 건물은 많은 수의 건물이 무허가로 지어져 있으며 이곳에 이주노동자들이 거주하고 있다. 무허가 건물은 조립식으로 지어져 있거나 단열재 시공과 같은 작업 없이 시멘트 블록으로 세워져 있다. 마석공단에 유입한 초기의 이주노동자들은 공장에서 제공하는 기숙사에서 생활을 했지만 시간이 흐르면서 독립적인 공간에 대한 필요성과 욕구에 의해 별도로 방을 얻어 생활하는 사람들이 증가했다. 현재까지 마석공단에서 일을 하고 있으며 한국에 입국한 지 10년이 되었지만 타 지역에는 가지 않고 마석공단에서만 살아온 방글라데시 출신의 레닌 씨는 이주노동자의 주거환경에 대해 잘 설명해 주고 있다.

면담자: 현재 살고 있는 집의 보증금과 혹시 월세가 있다면 얼마야?
레　닌: 보증금 100만 원에 월세 23만 원입니다. 안에 화장실, 부엌 다 있어요.
면담자: 지금 살고 있는 집이 다른 이주노동자의 집에 비해 환경이 좋아?
레　닌: 다른 친구들보다 좋아요. 다른 친구들은 한 방에 두 명, 아니면 네
　　　 명 살아요.
면담자: 그런 방은 한 달에 얼마씩 줘?
레　닌: 보증금 100만 원에 한 달은 18만 원에서 25만 원까지 해요.
면담자: 그런 방도 화장실과 부엌은 안에 있어?
레　닌: 네. 다 안에 있어서 불편하지는 않아요. 그런데 옥탑방은 불편한 사
　　　 람 있어요. 많이 불편해요. 옥탑방은 20개 정도 있는데 앞방에 TV
　　　 소리 다 들려요. 피곤한데 잠도 못자고 이방에서 크게 얘기하면 다
　　　 들리고 하니까….
면담자: 옥탑방이 20개라고 했는데 마석공단에 옥탑방이 많이 있어?
레　닌: 많은 거는 30개, 작은 거는 20개 정도 있어요. 그런 거는 보증금
　　　 100만 원에 18만 원이요(남, 42세, 방글라데시, 체류 10년).

많은 수의 이주노동자가 거주하는 옥탑방은 과거 한국인 노동자

들이 거주했던 구로 지역이나 영등포 지역의 쪽방촌이나 소위 벌집
이라 일컫는 다세대 집단 거주지와 유사하다. 독립적으로 혼자 방을
사용하는 이주노동자도 있지만 대부분의 이주노동자들은 월세를 아
끼기 위해 방 한 개를 여럿이 공동으로 나누어 쓰고 월세와 공과금
을 1/N로 배분해서 부담하고 있다. 이러한 상황은 방글라데시 출신
의 이주노동자뿐만 아니라 필리핀, 네팔 출신의 타 국가 이주노동자
의 상황도 동일하다.

－사례 1
모 노: 예, 지금은 1년 넘었어요. 혼자산지.
면담자: 혼자산지. 그전엔 누구랑 살았어?
모 노: 삼촌하고요.
면담자: 삼촌하고…. 삼촌은?
모 노: 갔어요.
면담자: 갔어…. 언제 갔어?
모 노: 어… 2년인가 3년인가….
(중 략)
면담자: 누구랑? 다른 방글라데시 사람들?
모 노: 다른 방글라데시 사람.
면담자: 지금 방값은 얼마나 들어?
모 노: 15만 원이요.
면담자: 15만 원. 전기세하고 해서 20만 원 나오겠네?
모 노: 예. 한 18만 원정도 나와요(남, 31세, 방글라데시, 체류9년).

－사례 2
면담자: 지금은 혼자 살아요?
까디리몰라: 예, 혼자 살아요.
면담자: 음, 방에 한 달에 월세가 얼마씩이에요, 월세가?
까디리몰라: 한 15만 원, 전기 따로 그거 뭐 물 돈 따로, 따로따로, 다 같이
          20만 원.

면담자: 그러면은 65만 원. 한 70, 80, 70만 원에서 80만 원 쓰는 거네요(남, 55세, 방글라데시, 체류 18년).

－사례 3
로 저: 아니요. (송금을)못 해줘.
면담자: 왜요?
로 저: 계속 저 뭐야 방값.
면담자: 그러니까 방값이 얼만데요?
로 저: 방값은 우리 기숙사 25만 원(남, 46세, 필리핀, 체류18년－로저 씨는 한국어가 서투른 관계로 본인의 임대주택을 기숙사라고 표현하고 있었다).

정부에서 상수도 시설을 제대로 해 주지 않았고 주노동자들이 사는 곳의 대부분은 지하수를 식수나 그 밖의 생활용수로 사용하고 있기 때문에 수도세는 부담하지 않는 경우가 많고 전기세는 한 달에 3~5만 원정도 부담한다.

설문조사에서 기숙사에서 생활하는 이주노동자는 31명으로, 마석에 거주하는 이주노동자의 20% 정도가 기숙사를 이용하고 있었다.

〈표 Ⅳ-7〉 비한국계 이주노동자의 거주 유형

구분	빈도(명)	유효 퍼센트(%)
기숙사	31	24.4
임대주택	96	75.6
합계	127	100.0

일반적으로 기숙사는 회사로부터 제공받고 점심 식사를 제외한 아침 식사와 저녁 식사는 본인들 각자가 알아서 해결해야 하는 구조이다. 만약 점심마저도 회사에서 식사를 하지 않으면 회사에서는 식

대로 월 10만 원을 지급해 준다.

생활환경은 이주 초기의 상황과는 달리 많은 변화가 이루어졌는데 현재는 주거지에서 문화 혜택을 받는 것이 일반화되었다. 예를 들면 마석공단에서 생활하는 이주노동자의 **70%**가 인터넷을 사용하고 가정용 유선 전화를 비치한 사람도 있으며 유선방송을 이용하여 **TV**를 시청하는 사람들도 많다. 인터넷을 이용하여 출신국의 소식을 듣거나 채팅을 통해 본국의 친구들과 대화를 하기도 하는데 나이가 많은 이주노동자들은 인터넷 사용이 미숙하여 거의 이용하지 않는다. 이는 나이가 많은 이주노동자들에 비해 젊은 이주노동자들이 출신국에서 고등교육 이상의 지적 수준을 축적하였기 때문에 교육과정에서 인터넷과 컴퓨터에 더 친숙하기 때문이다.

다음으로 왜 마석에 거주하고 있는가에 대한 이유를 질문해 보았다.

<표 Ⅳ-8> 비한국계의 마석지역 거주 이유

구분	빈도(명)	유효 퍼센트(%)
집값이나 임대료가 싸서	20	17.2
일터가 가까워서	79	68.1
친척이나 친구가 가까이 있어서	10	8.6
이웃관계가 좋아서	2	1.7
주변 환경이 좋아서	2	1.7
기타	3	2.6
합계	116	100.0

이 질문에 대해서는 구로지역에 거주하고 있는 한국계 이주노동자와 약간의 차이를 보였다. 비한국계 이주노동자의 **68.1%**가 일터가 가깝기 때문이라고 대답했다. 한국계가 동일한 질문에 대답한

39.5%에 비해 두 배 가까운 수치이다. 이는 한국계 이주노동자가 구로지역을 중심으로 일자리를 자유롭게 옮겨다니는 반면 비한국계 이주노동자는 마석 지역 내에서 노동과 생활을 동시에 해결하고 있다는 의미로서, 한국계 이주노동자가 합법적 신분을 다수 취득한 반면에 비한국계 이주노동자는 아직도 미등록 신분을 유지하고 있는 사람들이 많기 때문에 출·퇴근 시 비교적 안전한 공간을 선택하려고 한 이유에 기인한 것이다.

2) 사회적 공간

국내 거주하는 이주노동자가 한국에서 겪게 되는 문제들은 다양하다. 신변에 관한 문제나 일자리를 찾는 문제, 출입국관리법에 따른 여권 재발급 문제 등이 있는데 가장 대표적인 이주노동자의 문제는 임금체불과 산업재해에 따른 피해이다. 한국 생활의 적응과정에서 나타나는 이러한 문제의 해결을 위해 이주노동자들은 국가별·출신 지역별로 공동체를 구성한다. 같은 국가 출신이라도 지역에 따른 공동체가 각각 존재하고 있다. 마석공단의 경우에도 필리핀 출신의 이주노동자들은 2~3개의 출신 지역별 공동체를 구성하고 그 속에 소속되어 있었다. 방글라데시의 경우도 공동체의 규약이나 정관을 가지고 있는 '방글라데시 내셔널 소사이어티(BNS: Bangladesh National society)'와 규약이나 정관은 없지만 연령대별로 자연스럽게 어울려 구성된 몇 개의 공동체가 있었다. 그러나 이들 공동체는 거의 와해된 상태인데 출입국관리소의 비정기적인 단속 여파로 공동체를 이끌던

리더들이 강제 출국되거나 단속을 피해 타 지역으로 이동했기 때문에 공동체를 이끌어갈 사람이 없기 때문이다. 현재 정기적으로 모임을 갖고 있는 공식적인 공동체는 필리핀 출신 이주노동자들의 예배 공동체가 유일하다고 볼 수 있다. 그러나 국가별로 비공식적인 공동체는 아직도 상존하고 있는데 이주노동자 스스로 본인들의 모임을 공동체로 인식하지 않고 단순한 친분관계로 상정하고 있는 경우이다. 이러한 공동체의 리더들은 나이가 많거나 한국생활을 오래 경험한 사람들이 맡는 것이 관례인데 이들이 생활세계에서 겪게 되는 여름 야유회, 생일 파티, 전화 결혼식 등과 같은 신변에 관한 여러 가지 일들을 기획하고 실행하며 생활세계에서 발생하는 문제 해결을 요청하는 경우에는 직접 상담하거나, 본인들이 해결할 수 없는 경우 이주노동자 지원단체에 소개하는 일을 한다.

한국에서 오랜 기간 동안의 생활 경험을 가지고 있는 이주노동자들은 출입국 관리법 위반에 의해 비자 기간이 만료되어 미등록 상태의 신분을 가지고 있다. 그러나 미등록 이주노동자의 국내 입국 목적이 돈을 벌기 위한 이유가 가장 크기 때문에 미등록 신분일지라도 돈을 벌기 위한 작업장을 찾아야 한다. 하지만 신분적 제약을 가진 이주노동자들이 합법적인 절차를 거쳐 일자리를 찾는 것은 불가능하다. 공식적으로 한국에는 미등록 신분으로 법적 지위가 상실된 이주노동자를 위해 일자리를 소개해주는 곳은 전무하다. 이주노동자들은 스스로 일자리를 찾아서 생활하고 본국의 가족들에게 돈을 송금해야 하는데 이러한 일련의 행위에 동원되는 자원이 국가별로 조직된 커뮤니티이다. 비한국계의 경우 출신국의 네트워크인 친지나 친구를 통한 구직활동이 응답자의 **60.2%**인 **80**명으로 압도적으로 다수를 차지하고 있다. 국가별로 조직되거나 같은 국가 출신이라도 지역별로 조직된 커뮤니티는 내부적으로 공고한 인적 네트워크를 구축하고 있다. 이러한 행동은 출신국을 떠나 해외에서 일하고 있다는 심리적 동질감과, 상부상조하지 않으면 이입국에서의 생활세계가 파괴될 수 있다는 위기감에서 발생한다.

〈표 Ⅳ-9〉 비한국계의 구직활동 유형

구분	빈도(명)	유효 퍼센트(%)
공개채용	13	9.8
비공식 브로커 알선	5	3.8
한국 내 사설 직업소개소 소개	19	14.3
친구, 친지 등 연고자 소개	80	60.2
외국인 노동자 상담소 소개	12	9.0
광고를 보고 스스로 찾음	1	0.8
기타	3	2.3
합계	133	100.0

국가별 커뮤니티는 한국생활을 영위하는 이주노동자의 생활세계에 깊숙이 관여하는데 일자리를 찾거나 몸이 아프거나 하는 따위의 문제들을 최초로 상담하는 창구이다. 마석공단에도 방글라데시, 네팔, 필리핀 등의 국가별 커뮤니티가 조직되어 있는데 특히 필리핀 커뮤니티의 활동이 활발하다. 샬롬하우스의 사무국장으로 재직하다가 '외국인 이주·노동운동협의회'의77 사무처장으로 자리를 옮긴 이영 신부의 말은 이를 뒷받침한다.

---

77 1995년 7월 결성된 '외국인 이주·노동운동협의회'의 구 명칭은 '외국인노동자 대책협의회'였다. 이주노동자를 지원하기 위해 결성되었던 지원단체들의 협의체 기구였던 '외노협'은 2000년 한국인 활동가와 이주노동자들이 '이주노동자 노동권 완전 쟁취와 이주·취업의 자유 실현을 위한 투쟁본부'를 결성하여 분리하였고 2004년 몇 개의 지원단체가 분리하여 '이주노동자 인권연대'를 결성하였다.

면담자: 일반적으로 얼마 정도의 시간이 지나야 이주노동자가 한국생활에
　　　　적응한다고 생각합니까?
이　　영: 보통 4년에서 5년이 지나면 한국 상황에 적응합니다. 그 정도 시간
　　　　이 지나면 커뮤니티를 통해 타 지역의 친구들을 만나거나 해서 스
　　　　스로 직장을 구하려는 시도를 합니다. 처음 한국 생활을 시작 할
　　　　때는 한 지역에서만 생활하다가 적응이 되면 밖으로 나가는데 활
　　　　동 범위가 넓어지지요(성공회 신부).

처음 한국에 입국한 이주노동자는 작업장이나 주거지를 중심으로
하는 생활세계에서 활동하지만 점차 시간이 지날수록 생활의 범위
가 넓어짐을 알 수 있다. 타 지역의 친구들은 일반적으로 커뮤니티를
통해 소개받거나 국가별 행사 때 만났던 사람이 친구가 되는 경우이
다. 이러한 인적 네트워크는 이주노동자가 새로운 일자리를 찾는 데
유용하게 이용된다. 일반적으로 동일한 지역에서의 임금체계는 큰
차이가 나지 않는 데 반해 지역에 따라, 업종에 따라 임금의 격차가
나타날 수 있다. 이주노동자는 생활의 범위가 넓어짐에 따라 이러한
정보를 획득하고 커뮤니티에서 파생된 인적 네트워크를 통해 한국
내의 타 지역으로 이동하기도 한다.

3) 한국어 습득

이주를 감행하고 난 후에 이입국에 적응을 하기 위해 가장 필요로
하는 조건이 언어의 습득을 통한 의사소통이다. 국내에 유입된 이주
노동자들이 한국어를 습득할 수 있는 기회는 이들을 지원해 주는
단체에서 실시하는 한글교실 이외에는 전무한 형편이다. 대학에서

개설된 한국어 강좌가 몇몇 대학에 있지만 유학을 목적으로 입국한 유학생들 이외에는 근접성이 떨어진다. 이주노동자가 공장에서 작업을 마치고 일부러 한국어 강좌가 개설된 대학까지 간다는 것은 현실적으로 불가능하다. 따라서 지역별로 만들어진 이주노동자 지원단체에서 한국어를 습득하는 기회를 갖는 것이 일반적인데 일주일에 한 번 개설되는 것이 보통이다. 그러나 일주일에 한번 갖는 한글 교육의 기회는 의사소통을 자유롭게 하기에는 턱없이 부족한 시간이다. 이주노동자들이 국내에 오래 살았다고 해서 한국어를 잘 구사하지 못하는 이유는 이 때문이다. 한국인 노동자와 오랜 기간 동안 함께 작업을 해 온 이주노동자도 한국어 구사를 잘하지 못하는 경우가 많은데 이는 작업장에서 사용하는 언어가 한정되어 있을 뿐 아니라 이주노동자들이 종사하고 있는 작업장은 대화가 필요 없는 단순 작업이 대부분이기 때문이다.

그러나 샬롬하우스에서 실무자로 일하고 있는 샤니 씨의 경우는 의사소통에 문제가 전혀 없는데 그는 한국사회에 적응하기 위해 스스로 노력을 많이 한 경우이다.

> 면담자: 한국어는 어떻게 배웠어?
> 샤　니: 한국에 와서 두 번째 회사에서 내가 많이 공부하던 여자 분이 있었어요. 한국말 배우는 데 많은 도움을 줬어요. 첫 번째 회사에서도 도움을 많이 줬어요. 부장님이 처음에 들어와서 한국말이 안 되니까 영어 쓰는데. 한국 사람들 영어 잘 모르잖아요. 근데 부장님이 일본어하고 영어 잘하시더라고요. 그래서 찾아가갔고 어떻게 하면 한국말을 빨리 배울 수 있을까 물어봤더니. 그 사람이 매일 아침에 일(시작하기) 한 시간 전에 와갔고 한국어 가르쳐준다고 하고 가르쳐줬어요.

면담자: 한글을 쓰고 읽을 수 있어?
샤 니: 읽을 줄은 아는데 쓰는 건 100% 못써요(남, 41세, 방글라데시, 체류 18년).

샤니 씨의 경우에 한국어를 능숙하게 구사하기 때문에 의사소통에는 전혀 문제가 없는데 이주노동자 지원단체에서 한국어를 습득한 경우가 아니었다. 본인이 한국사회에 적응하기 위해 한국어를 배우기를 원했고 적극적으로 한국어를 가르쳐 줄 사람을 찾았던 경우이다. 이주노동자가 이렇듯 적극적으로 한국어를 배우기 위해 노력하는 모습은 흔치 않은 경우인데 작업장에서의 피로와 돈을 벌기 위한 본래의 목적과는 상이하다는 판단 때문이다.

또 다른 방글라데시 출신의 레닌 씨는 1999년에 관광비자로 입국하여 10년 동안 살고 있다. 그는 적응을 위해 일부러 한국어를 배우기 시작했다.

레 닌: 미얀마, 방글라데시, 네팔 이 세 나라에서 열일곱 명 정도 삼육대학에 가서 토요일 저녁 때 가서 토요일 날 저녁쯤 공부하고 일요일 날 공부하고 일요일 날 저녁에 다시….
면담자: 삼육대학에서?
레 닌: 예. 삼육대학에서. 그래서 3개월 동안. 거 밤에는 한국 사람들이 사람들이랑 많이 만나니까 그 사람들이랑 일할 때도 같이 집안…. 아직도 내 생각에는 한국말 많이 부족해요.
면담자: 근데 한국말 얼마나 배웠어 삼육대학에서?
레 닌: 그냥 그 90,(날짜수를 이야기 하는 듯) 거(거기) 적어 논 거는 지금 가르쳐 주고, 뭐 가르쳐 주고 뭐 말하는 거는 한국에는 여러 가지 말 있잖아요? 그래서 지금 같이 3개월에 많이 못 배워요. 3개월에 토요일 날 가서 일요일 날 또 왔으니까.
면담자: 쓸 줄은 알아?
레 닌: 쪼끔.
면담자: 어.

레　닌: 뭐 그 정도 되지만 그것도 쪼금만 알고, 한국말 중에 너무 어려운
　　　말 있으면 읽을 수는 있는데 근데 뜻이 뭔지 잘 몰라서 고거는
　　　잘…(남, 42세, 방글라데시, 체류 10년).

레닌 씨 본인은 아직도 한국어를 잘하지 못한다고 하지만 의사소통에는 문제가 없어 보였다. 레닌 씨도 샤니 씨와 마찬가지로 적응에 적극적인 사람이었다. 이러한 노력을 통해서 한국어를 습득하고 나면 한국사회와의 소통에 자신감을 가지게 되는데 반면에 장기간의 한국거주 기간에도 불구하고 한국어 소통이 곤란한 경우가 있는데 나이가 많아 어학 습득 능력이 저하되어 있는 사람들의 경우이다.

면담자: 그 지금 한국에 온지, 17년 됐나요? 18년 됐나요?
까디리몰라: 18년.
면담자: 18년 됐는데 많이 못해요 그렇지요?
까디리몰라: 예, 한국말 조금 알아요. 많이 안 알아요(웃음).
면담자: 많이 안 알아요? 음…(남, 55세, 방글라데시, 체류 18년).

까디리몰라 씨는 한국에 입국한지 18년이 경과했음에도 불구하고 면담자와의 의사소통에 문제가 있어 보였다. 그 보다 한국에서의 거주기간이 짧았던 다른 사람들에 비해 한국어 실력이 낮은 수준이었다. 그는 일부러 한국어를 배우기 위한 노력을 하지 않은 경우인데 한국어를 배워 한국에 정착한다는 생각보다는 일을 열심히 해서 본국의 가족들에게 돈을 보내주는 일이 더 시급한 문제였다. 그는 방글라데시에 대가족을 부양하고 있었는데 한국에서의 이주노동을 마친 후에는 본국으로의 귀환을 상정하고 있다. 그러나 자의적으로 귀국을 결행하지는 않을 생각이며 한국정부의 단속에 의해 구속된다면

돌아갈 생각을 하고 있다.

면담자: 로저, 한국 한글, 한국말 쪼금 하긴 하는데 쓰거나 읽을 수는 있어요?
로　저: 못해요.
(중 략)
면담자: 필리핀 사람끼리 만나면 타갈로그어 말해요 아니면 영어로 해요?
로　저: 영어하고 타갈로그어 하고, 한국말도 좀 하고.
면담자: 막 같이 섞어서?
로　저: 음 근데 따른 사람과 말 많이 못 했어. 한국말도 못했어.
면담자: 누구? 다른 사람들도?
로　저: 응.
면담자: 응. 공장에 있었기 때문에.
로　저: 그냥 공장하고 집에 가고. 또 다른 공장 가. 똑같애요. 필리핀 사람
　　　　같이 있으면 한국말 많이 안 해요 그냥 필리핀 말하지. 그런데 한
　　　　국사람 같이 있으면 뭐지? '아, 사장님 어떻게 뭐 만들어요?' 이런
　　　　것만 했어(남, 46세, 필리핀, 체류 18년).

　　로저 씨도 다른 이주노동자에 비해 나이가 많은 편이다. 그 역시
나이가 많은 다른 이주노동자와 같이 한국생활이 장기간 경과했음
에도 불구하고 한국어 사용이 서툴렀다. 한국사회에서 이주노동자가
자발적으로 한국어를 습득하기 전에는 한국어를 배울 수 있는 창구
가 한정적이다. 이주노동자 지원단체에서 실행하는 한글교육 프로그
램이 있지만 참여도는 저조한 편이다. 한글교육 프로그램은 이주노
동자들이 쉬는 일요일에 진행되는데 교육 프로그램의 참여보다는
친구들과의 만남이나 휴식을 선호하기 때문이다. 한국어 습득이 어
려운 또 다른 이유는 이주노동자들이 작업장에서 한국인과 대화하
거나 소통할 수 있는 여건이 조성되어 있지 않다는 점이다. 이들이
종사하는 작업의 특성은 단순하고 반복적인 작업이다. 따라서 작업

을 진행하기 위해 상호 간의 의견조율이나 소통이 필요하지 않다. 하루 종일 단순한 작업만 반복되는 작업장의 구조는 한국어 습득을 더욱 어렵게 만든다.

응답자의 **54%**가 한국어 의사소통에 어려움을 호소하고 있었으며 심각하지 않다는 답변은 **27%**에 머물렀다. '그저 그렇다'라는 답변을 포함하면 비한국계 이주노동자들은 한국어로 의사소통을 하는 데 많은 어려움을 겪고 있다고 보아도 무방할 것이다.

〈표 Ⅳ-10〉 비한국계의 의사소통의 정도

구 분	빈도(명)	유효 퍼센트(%)	누적 퍼센트(%)
매우 심각하다	6	6.7	6.7
다소 심각한 편이다	42	47.2	53.9
그저 그렇다	17	19.1	73.0
별로 심각하지 않다	16	18.0	91.0
전혀 심각하지 않다	8	9.0	100.0
합 계	89	100.0	

아래의 기사는 이주노동자들이 한국어가 서툴기 때문에 발생한 사건으로서 의사소통의 어려움으로 인해 신체적 피해를 감수하고 있는 사례 중 하나이며 이주노동자들의 현주소를 잘 나타내 주고 있다.

"말 안 통한다"고 맞은 외국인노동자 산재 판결

근로복지공단 상대로 승소
외국인 노동자가 한국인 동료 노동자와 의사소통 문제로 갈등을 겪다 근무 중 폭행을 당해 다쳤다면 업무상 재해로 인정해야 한다는 법원의 판결이 나왔다.
(중 략)
서울행정법원 행정6단독 정총령 판사는 폐기물 수거 근무 중 한국인 동료

노동자 김 아무개 씨가 던진 철제 부품에 머리를 맞아 뇌출혈 등 부상을 입
은 이집트인 ㅁ(29) 씨가 업무상 재해를 인정하지 않은 처분을 취소하라며
근로복지공단을 상대로 낸 소송에서 원고승소 판결을 했다고 4일 밝혔다.
(중 략)
미등록 이주노동자로 폐기물 처리 업체에서 일하던 ㅁ 씨는 지난해 7월 충
남 천안에서 2인 1조로 집게 차 운전자 김 씨와 작업을 했는데, '폐기물을
한 번에 집을 수 있도록 모은 뒤 집게에 끼워 넣으라'는 지시를 제대로 따
르지 못하는 등 의사소통이 잘 이뤄지지 않아 작업에 지장을 받아왔다. 이
에 김 씨가 욕설을 하자 ㅁ 씨가 항의했고, 더욱 화가 난 김 씨는 철제 부품
을 ㅁ 씨에게 던졌다.
(후 략)
(한겨레신문, 2009년 11월 5일자).

정리해보면 비한국계 이주노동자가 한국사회에서 한국어를 습득
할 수 있는 구조적 조건이 충족되지 않았으며 이러한 외적 요인 이
외에 이주노동자 개개인의 연령, 성별, 정착의지 등과 같은 내적 요
인이 복합적으로 작용해 한국어 습득의 차이를 보이고 있다.

4) 한국사회와의 네트워크

이주노동자가 국내에 입국했던 이입 초기에는 작업장에서 이주노
동자들의 지위는 노동시장의 가장 아래쪽에 위치해 있었다. 기술의
습득 측면에서는 미숙련 노동자였고 의사소통의 측면에서는 언어의
미숙함으로 인해 이주노동자가 가진 인격이나 지식과는 관계없이
부당한 처우를 경험했다. 실제로 이주노동자 운동이 본격적으로 시
작되기 이전인 1990년대 초만 하더라도 작업장에서의 폭행이나 폭
언이 일상적이었고 이에 대한 이주노동자들의 대응도 미미했다. 그

러나 5년 정도의 체류 기간이 경과하면 한국생활에 적응하면서 작업
장에서의 지위도 상승하게 되는 것이 일반적인데 이는 이주노동자
가 처음에는 미숙련 노동자로 취업을 했지만 한국인 중에 기술을 습
득하려는 사람들이 줄어들면서 자연스럽게 작업장의 숙련된 기술이
이주노동자에게 전수됨으로써 숙련공의 지위를 획득하게 되면서 이
루어진다. 필리핀 출신의 로저 씨의 면담에 이러한 상황이 잘 나타난다.

-사례 1
면담자: 로저 씨가 한국 사람에게 일을 가르친 적이 있어요?
로 저: 이건 이렇게 해…. 저건 저렇게 해…. 있어…(남, 46세, 필리핀, 18년 체류).

-사례 2
면담자: 사장님이 몰라 씨한테 이거 만들라고 얘기해요?
몰 라: 내가 다 만들어요.
면담자: 그럼 누구를 시키는 거예요? 아니면 혼자 다 만들어요?
몰 라: 아니, 다(같이) 만들어요.
면담자: 그러면 몰라 씨가 이거 만들라고 시켜요?
몰 라: 내가 다 '가다'[78] 만들어요. 공장에서, 공장에 내가 만들어요. 그 다
       음에 한국말이, 한국사람 있어요. 이거 '이쪽에 일해. 아줌마 이쪽
       에 일해' 이렇게 얘기해요.
면담자: '아줌마 이쪽에 일해. 아줌마 이쪽에 일해' 일을 다 시켜요?
몰 라: 예(남, 55세, 방글라데시, 체류 18년).

   미숙련 노동자의 지위와 숙련공으로서의 지위는 이처럼 작업장에
서 확연히 드러나고 있는데 작업장에서 숙련공의 지위를 획득한 이
주노동자들은 한국인과의 관계 설정에서도 이주 초기와는 다른 모
습을 보이고 있다. 비대칭적인 관계가 점차 대등한 관계로 변화되고

---

78 건설 현장이나 제조업 현장에서 쓰이는 일본어의 잔재로서 제품을 만들기 전에 제작하는 틀을 의미한다.

있는 것이다. 이주노동자가 한국인 노동자에게 작업장에서 필요한 기술을 가르치는 상황은 이제 새로운 모습이 아니다. 특히 마석 공단은 가구 제조업체에서 일하는 노동자의 대부분이 이주노동자로 구성되어 있다. 이들은 상호 간에 일자리 정보와 생활 정보를 공유하고 있으며 이에 따라 악덕업주로 낙인찍힌 사업주의 회사를 기피하게 되며 사업주 역시 원활한 인력공급을 위해 이주노동자와는 갈등을 회피하게 된다. 사업주를 포함하여 한국인과의 네트워킹에 적극적인 양상을 보이고 있는 것이다.

그러나 이와는 반대로 한국인과의 관계 설정을 함에 있어 약자로서의 위치를 자각하고 그 위치에 맞는 역할을 하는 경우도 있다. 이는 이주노동자의 사회적 위치가 제도적으로 미등록이며 한국사회의 소수자라는 한계를 절감하고 있기 때문이다.

면담자: 한국 사람들하고 사이는 어때?
모 노: 지금 있는 한국 사람들 하고는 사이좋아요.
면담자: 좋아?
모 노: 예. 괜찮아요. 이해해주고 잘해주고 양보해주고 그래요. 며칠 전에도 있었어요. 며칠 전에도 한국사람 몇 명 있었어요.
면담자: 며칠 전에 한국 사람들? 그 사람들은 왜?
(중 략)
모 노: 예를 들어서 모 하고 있어요. 제가 근데 요렇게 했는데 그게 하나에 제가 모 실수를 좀 했다고 한 게 있는데 그 하나를 가지고 말을 해줘요. 너는 실수했어요. 이거 실수했네요. 제가 죄송해요. 말 할 필요 없고 완전히 무시하는 거 있죠(남, 방글라데시, 31세, 체류 9년).

모노 씨가 일하는 작업장에서는 다수의 한국인이 일하고 있다. 이들 중에는 이주노동자와의 관계를 동등한 작업자의 관계로 설정하고 있는 사람들이 있는 반면에 이주노동자에 대한 이유 없는 우월의식을 가지고 있는 사람들이 있다. 한국인이든 이주노동자든 작업장에서의 단순한 실수는 반복되는 일상이다. 그러나 모노 씨의 작업중 실수에 대한 한국인의 반응은 이주노동자이기 때문에 가해지는부당한 상황이었다. 이에 대해 모노 씨는 저항하거나 대응하지 않고혼자서 감내하고 있었다. 부당함에 대한 대응을 자제하면서 한국인과의 관계 설정을 원만하게 유지하려는 노력으로 생각할 수 있다.

체류기간이 길어지면서 이주노동자는 작업장을 벗어나 광범위하게 한국인과의 네트워크를 구성하게 되는 경우도 발생한다. 레닌 씨는 다른 경로로 한국사회에서 인적 네트워크를 형성한 경우인데 이주노동자 운동을 통해 한국인들과의 관계망을 형성시킨 경우이다.방글라데시의 수도인 다카에서 30분 쯤 걸리는 도시에서 살던 그는대학에서 정치학을 전공하고 일자리가 없어서 쉬고 있다가 한국에먼저 입국해 있던 친구의 권유로 입국하였다. 다른 이주노동자와 마찬가지로 서울과 경기도 일원의 제조업체에서 일하던 레닌 씨는 마석공단에서 일하게 되면서 노동운동을 접하게 되었는데 마석공단은출입국관리소의 집중 감시를 받는 지역이다 보니 비정기적인 단속사례가 빈번한 곳이다.[79] 그 과정에서 이주노동자들도 점차 사회운동에 참여하게 되었다.

---

[79] 사례1- 17일 오후 1시께부터 경기도 남양주시 화도읍 녹촌리 마석가구공단 제조업체 직원과 주민 등이 불법 체류 외국인 노동자를 체포해 호송 중이던 서울 출입국관리소 직원들을 가로막고 밤늦게까지 대치했다(한겨레, 2005년 10월 18일자)
사례2- 16일 오전 8시 30분경, 남양주 마석 성생공단에서 법무부 출입국관리국 직원들이 미등록 이주노동자들에 대한 단속을 시행, 10여 명을 단속했고 이 과정에서 방글라데시 국적의 미등록 이주노동자 한 명이 단속을 피해 달아나다 3층에서 추락했다(참세상, 2008년 4월 17일자).
사례3- 법무부는 지난해 11월 12일 출입국관리사무소, 경찰 등 200여 명의 단속반원을 동원해 마석가구공단 미등록 외국인에 대한 집중 단속을 벌여 100명이 넘는 외국인 노동자들을 체포했다(한겨레, 2009년 3월 11일자). 마석공단은 이와 같은 집중 단속 이외에도 남양주 경찰서의 경찰관이 수시로 출입하고 있다.

면담자: 노동운동은 왜 시작하게 됐어?

레 닌: 노동운동도 2001년에 우리 '샬롬의집'. 남양주에 있는 외국인 근로
자 센터 샬롬의집에 이정호 신부님이 "야! 니네들이 이렇게 있으면
안 된다. 야. 이제 법을 바꿔야 되니까 같이 가자." 같이 가서 신부
님 이야기 들으고 신부님 따라 갔어요. 첫 번째는 아무것도 모르고
그냥 신부님 하자니까 가서 노동 운동 시작했어요. (중 략) 지금
EBS에 나오는 거 외국인들 있잖아요? 이전에 EBS, 전에 저기… 아!
산업연수생! 산업연수생은 어떤 뜻이냐면은 뭐 자기 맘으로 공장
바꿀 수도 없고.

면담자: 고용허가제도 마찬가지잖아.

레 닌: 예. 고용허가제도 마찬가지지만 에… 이 법을 보고 많이 알아보니
까 '이거 외국인 노동자들한테 문제가 너무 많다.' 그 때 이법이 바
꿔야겠다. 그렇게 생각하고 노동자 운동 시작했어요. 원래는 시작
할 때는 아무것도 모르고서 시작하는 거예요. 보니까 '아! 여기 외
국인노동자 문제가 너무 많으니까 때 되면 운동 지금 해야 되겠
다.' 그렇게 생각하고 시작했는데 이제 2003년도에 와서 뭐 우리
외국인 노동자 샬롬의집에서 가구공장 X 선생님 거기에서 그만두
고. 거기 나갔다가 그 선생님이랑 만나서 '우리 운동하니까 어떻게
운동 한다.' 그 생각… 뭐 이념 같은 거 하나 만들고(남, 42세, 방글
라데시, 체류 10년).

레닌 씨는 노동현장에서 이주노동자 운동을 하는 한국 활동가를 하는
만나게 되면서 그의 삶도 투쟁가로 변모하게 되는데 이 과정에서
한국인들과 네트워크를 형성하게 되었다. 그의 초기 이주노동자 운
동 시기에는 샬롬하우스의 관장인 이정호 신부를 통해 이주노동자
운동에 참여했지만 노동현장의 한국인 활동가를 통해 이주노동 운
동 진영에 깊숙이 관여하게 된다. 이러한 그의 행보는 이주노동 운동
에 참여하거나 지원하던 한국인들과 자연스럽게 친숙해지는 계기로
서 작용하게 된다.

비한국계 이주노동자가 한국인과의 인적 네트워크 구성에 적극적

이라는 사실은 비교 대상인 한국계 이주노동자의 경우와 대비해 보면 더 잘 나타나는데 한국계 이주노동자는 한국인과의 네트워킹이 쉽다거나 혹은 그저 그렇다고 대답한 사람이 **59.1%**인 데 반해 비한국계 이주노동자는 **76.4%**로 높게 나타났다.

〈표 Ⅳ-11〉 비한국계의 한국인과의 네트워킹에 대한 체감 정도

구분	빈도(명)	유효 퍼센트(%)	누적 퍼센트(%)
매우 쉽다	5	3.9	3.9
대체로 쉬운 편이다	30	23.6	27.6
그저 그렇다	62	48.8	76.4
대체로 어려운 편이다	29	22.8	99.2
매우 어렵다	1	0.8	100.0
합계	127	100.0	

이와 같은 사실은 한국계보다 비한국계 이주노동자가 한국인과의 관계 구성을 두려워하지 않고 있으며 더 적극적이라고 할 수 있다.

5) 독자적 적응

이주 초기 같은 국가 출신의 커뮤니티나 동향의 친·인척을 통해 직업 선택을 하던 이주노동자들은 이주의 기간이 오래 경과되어 한국 생활에 적응하게 되면서 직업선택의 방법이 다양해지기 시작한다. 한 분야의 제조업에 장기간 종사하여 숙련공이 되거나 한국어 수준이 뛰어나거나, 또는 한국사회의 문화나 관습에 익숙해지면 스스로 조건에 맞는 일자리를 찾게 된다.

샤　니: 성남은 인테리어 도장(색칠하는 일), 주택하고 건물 칠하는 거…
면담자: 거기 기숙사는 있었어?
샤　니: 기숙사는… 도시마다 돌아다니면서 하고(기숙사는 따로 없이 공사
　　　　현장을 따라 이동하며 작업했다는 의미임) 사무실은 서울 양재동에
　　　　있었어요.
면담자: 친구를 통해서 일하게 됐어?
샤　니: 그거는… 그거는… 사장이랑 제가 직접 만나서….
면담자: 사장은 어떻게 알게 되었어?
샤　니: 지나가다가 사람 필요하다 그래서.
면담자: 길에서?
샤　니: 예.
면담자: 별일이 다 있네.
샤　니: 거기서 한 1년 반 했나? 돈 때문에 그만뒀어요. 새로운 친구를 데리
　　　　고 왔는데 이야기 하는 만큼 월급을 안 줘서 친구도 그만 두고 나
　　　　도 그만 뒀어요.
면담자: 거기는 얼마 받고 일 했었는데?
샤　니: 거기는… 80만 원을 받고 했어요(남, 41세, 방글라데시, 체류 18년).

　　특별한 경우이긴 하지만 샤니 씨의 경우는 우연한 기회에 직접 일자리를 찾게 되었다. 길을 걸어가다 우연히 알게 된 한국인 사장에게 일자리를 제의받았던 이러한 경우는 흔하지는 않지만 마석 가구 공단의 경우, 업체의 사장과 이주노동자가 직접 연락하여 월급과 숙식 문제 등 노동 조건을 합의하고 구인·구직을 하는 일은 이제 흔한 현상이 되어버렸다. 위의 면담에 응했던 샤니 씨의 경우 이와 같은 경험 이후에는 더욱 적극적으로 구직 활동에 참여하게 되는데 얼마 후에는 일주일에 두, 세 번 발행되는 무료 신문을[80] 통해 일자리를 찾게 되었다. 샤니 씨는 한국에서 특별한 경험을 많이 겪었던 사례이기 때문에 그의 적응 과정을 좀 더 상세하게 살펴보았다.

---

80 흔히 볼 수 있는 '화제'나 '교차로', '벼룩시장'과 같이 무료로 배포되는 무가지를 의미함.

　1992년에 입국했던 그는 경기도 일원을 전전하며 공장 생활을 하던 중 1995년 한국에 새로운 가족을 갖게 되었는데 특별할 것도 없는 평범한 생활 속에서 발생된 사건이었다.

면담자: 엄마는 어디서 광주 어디서 만난거야?
샤　니: 어머니를 먼저 만난 게 아니라 친구 눈, 시력이 안 좋아가지고, 어머니 딸이 안경점을 했었거든요. 거기 안경 사러 가 갖고, 거기서 친해져 갖고 집에 데리고 갔어요.
면담자: 처음에 엄마 딸이랑 친해진 거야?
샤　니: 네.
면담자: 지금 그럼 사는 동생인가 누난가?
샤　니: 동생.
면담자: 동생이지? 그때 샤니 오빠 샤니 오빠 하는 거 들었거든. 그때 걔 데리고 와가지고 그렇지? 그 때 안경점에서 친해져서, 동생이 이제….
샤　니: 동생이 어머니한테 가서 이런 사람들이 왔다. 집에 데리고 갔고 그 때 집으로 왔는데 이제 왔다 갔다 왔다 갔다 하면서….
면담자: 그 때는 집이 어디 있었어? 엄마가….
샤　니: 성남(남, 41세, 방글라데시, 체류 18년).

　성남에서 일하던 샤니 씨는 우연히 낯선 한국에서 새로운 인적 네트워크를 구성할 수 있는 기회를 갖게 되었는데 마침 집안에 아들이 없었던 지금의 샤니 씨 어머님과 가족관계를 구성하게 되었다. 그러나 샤니 씨가 한국에 새로운 가족을 만들 수 있었던 이유를 단지 우연적 기회라고 판단하기에는 무리가 있어 보인다. 샤니 씨는 한국인과 의사를 소통하는 데 전혀 지장이 없을 정도로 한국어를 유창하게 구사할 수 있는 능력이 뒷받침되었기 때문이다. 이후 샤니 씨의 어머님은 샤니 씨를 위해 그동안 살던 성남을 떠나 마석 인근으로 이주를 하게 된다.

면담자: 그럼 엄마는? 계속 지금까지 성남에 사신거야?
샤　니: 지금은 여기 사세요.
면담자: 그럼 엄마는 언제부터 따라 오신거야?
샤　니: 2003년돈가?
면담자: 그러니까, 샤니가 여기 오고 나서 엄마가 온 거야?
샤　니: 네.
면담자: 샤니 때문에 온 거야?
샤　니: 네.
면담자: 그럼 그 동생은?
샤　니: 동생은 시집가고.
면담자: 동생은 시집가면서 분가한 거야? 동생이 2003년도에 시집갔나?
샤　니: 2001년….
면담자: 2001년도에 시집을 보내고 엄마가 혼자 성남에 살았구나?
샤　니: 예(남, 41세, 방글라데시, 체류 18년).

　　샤니 씨의 어머니는 2001년 외동딸을 출가시킨 후 샤니 씨를 뒷바라지 하며 살기 위해 마석으로 이주를 하였다. 이는 전통적인 한국인들의 부모님 못지않은 친밀감의 발현이라고 볼 수 있다. 기숙사를 전전하며 살던 샤니 씨는 이때부터 어머니와 같이 생활하게 되었는데 어머니는 샤니 씨가 상담을 하거나 교회의 미사에 참여하기 위해 방문했던 샬롬하우스에 자원봉사자로 참여하면서 샬롬하우스와 함께 운영되는 성공회 남양주교회의 미사에도 참여하는 신도가 되었다. 샤니 씨의 여동생은 부정기적으로 마석을 방문하여 어머님과 샤니 오빠를 만나고 있었는데 외형적으로 보이는 모습만 다를 뿐, 여느 가족의 모습과 다름이 없다. 2009년 샤니 씨는 성공회 남양주교회의 도움을 받아 등록 신분을 유지하면서 국적 취득 준비를 하고 있었는데 불미스러운 사건에 연루되어 방글라데시로 출국을 당한 상태이다(어떠한 사건에 연루 되었는지에 관해 출입국사무소에 문의를 해

보았지만 당사자와의 관련자가 아니기에 답변을 얻을 수 없었다).

1990년에 처음 한국에 입국했던 엠구릉 씨는 1998년 1년 동안 네팔로 귀국했다가 1999년 재입국해 아직까지 거주하고 있다. 일시 귀국했던 1년을 제외하더라도 19년 동안이나 한국에서 살아가고 있다. 그는 다양한 직업을 경험했으며 더 이상 출신국 네트워크를 이용하지 않아도 되는 사람이다. 오히려 네팔에서 갓 입국한 이주노동자들에게 직업 소개와 기타 필요한 정보를 제공해 주는 입장이다. 엠구릉 씨도 입국 초기에는 제조업체에서 일을 하였지만 한국 상황에 익숙하게 된 이후에는 제조업뿐만 아니라 다양한 직업을 경험하게 되었다. 그의 다양한 직업 경험 중에는 노래방 남자도우미도 포함되어 있었는데 이러한 직업은 한국인인 필자에게도 생소한 직업세계의 일부이다.

면담자: 주로 한국에 와서 무슨 공장에서 일했어요?
엠구릉: 여러 가지.
면담자: 예?
엠구릉: 여러 가지.
면담자: 여러 가지 주로, 얘기해봐요. 일했던 거?
엠구릉: 예전에 뭐 지게차 정비 공장에서 일했고.
면담자: 지게차 정비공장.
엠구릉: 노가다.
면담자: 노가다도 해봤고.
엠구릉: 해봤고 노래방 도우미도 했었고.
면담자: (웃음)노래방 도우미, 어디 서울에서요?
엠구릉: 서울 동부시장에서(남, 45세, 네팔, 체류 19년).

공장이나 건설현장에서 일하던 엠구릉 씨는 기타 연주를 잘하며 반주에 맞추어 노래도 훌륭하게 한다. 네팔 출신인 그는 네팔의 가요 이외에도 팝송과 한국의 가요에도 일가견이 있었다. 일을 마치고 스트레스를 풀기 위해 가끔 들렸던 노래방 사장님과 친분을 쌓게 되었고 그곳에서 노래방 도우미를 제의받아 일을 하게 되었다. 엠구릉 씨의 구직활동과 한국어 습득과 같은 한국생활의 적응 노력은 본인의 의지도 중요한 요소로 작용했지만 네팔인의 외모가 한국인과 구별하기가 쉽지 않다는 부가적 장점이 있었다.[81] 엠구릉 씨는 이주노동자의 에스닉 타운에 거주하지 않고 본인의 의사와 필요에 따라 거주지를 자유롭게 선택하고 있으며 직업선택도 여타의 이주노동자들에 비해 선택의 폭이 확장되어 있다. 이런 선택에 있어 반드시 필요한 한국어 구사 능력을 가지고 있는 것은 물론이다. 그는 타인의 어떠한 도움 없이도 한국사회에서 스스로 살아갈 수 있는 조건을 구비하였다고 보아도 과언이 아니다.

6) 여가생활

국내에 입국한 지 4~5년이 지난 이주노동자는 한국생활에 대한 이질감이 감소하게 된다. 인적 네트워크를 통해 스스로 직장을 구하거나 휴일에는 여가 시간을 즐기며 한국 생활에 적응한다. 여가를 보내는 몇 가지 사례를 살펴보면, 첫째, 여가활동의 공간적 지형이 확장된다. 지리에 익숙하지 않았던 초기에는 마석과 남양주 지역에 살고 있는 친구들과 소일거리를 찾던 이주노동자는 점차로 활동 범

---

81 네팔의 민족은 아리얀족(80%), 티베트 · 몽골족(17%), 기타(3%)로 이루어져 있는데 이 중 몽골족의 외모는 한국인과 구별하기 어려울 정도로 비슷하다(주 네팔 대사관 홈페이지 자료에서 발췌).

위를 넓혀 경기도 북부 지역이나 서울 지역에 거주하는 친구나 친척을 만나러 다닌다. 체류기간이 얼마 되지 않은 이주노동자는 단속에 대한 두려움과 한국 지리에 대해 알지 못하기 때문에 공장과 거주지를 벗어나지 않으려는 습성이 강하다. 그러나 출입국 관리소의 단속이 상시적이지 않고, 단속에서 벗어나는 나름의 노하우(know-how)를[82] 습득한 이들은 자연스럽게 거주지를 벗어나 활동 범위를 넓힌다. 둘째, 한국인과의 관계 설정을 시작한다. 관계 설정의 대상은 작업을 하는 공장의 한국인 동료나 이주노동자를 지원하는 시민단체의 자원봉사자가 대부분이다. 한국어로 의사소통이 가능해지고 한국 사회에 편입하고자 하는 욕구가 발생하면 한국인 친구나 형, 누나와 같은 관계를 만들기 시작한다. 거주기간이 장기화되면 한국의 문화에 대해 일정부분 이해를 하고 있기 때문에 문화 차이를 최소화하며 관계를 설정한다. 관계 구성이 완료되면 한국인 지인과 만나서 식사를 하거나 개인적인 문제가 발생하였을 때, 또는 한국생활에 대한 문의사항이 발생했을 때는 여가 시간을 이용해 한국인 지인을 만나 상담을 하기도 한다. 셋째, 자발적 야유회를 기획하고 진행한다. 일주일에 한 번씩 쉬는 휴일에는 친구나 친지를 만나거나 집에서 쉬는 일이 일상적 모습이지만 한국의 대표적 명절인 추석이나 구정 때는 대부분의 작업장이 휴가를 갖는다. 짧게는 3일에서 길게는 5일 정도의 휴일동안 숙소에서만 시간을 보내고자 하는 이주노동자는 별로 없다.

---

[82] 마석가구 공단의 이주노동자들은 본능적으로 외부인을 경계의 눈으로 바라보고 있으며 낯선 차량이 공단에 들어서거나 공장 입구에 정차를 하는 경우 의심의 눈초리를 거두지 않는다. 낯선 차량이나 사람을 단속기관의 직원으로 생각하기 때문이다. 단속과정에서도 이입기간이 짧은 이주노동자는 출입국 관리소의 단속에 순순히 응하는 반면 장기간 거주한 이주노동자는 단속의 손길을 뿌리치고 달아나기도 한다.

면담자: 어디 놀러 가고 그런 적은 많이 있겠네? 샬롬하우스에서….
레 닌: 샬롬의집에서 일 년에 한 번씩.
면담자: 일 년에 한 번씩?
레 닌: 일 년에 한 번씩이나 일 년에 두 번씩 꼭 늘 가요.
면담자: 친구들끼리도 가본 적 있어?
레 닌: 예.
면담자: 어디?
레 닌: 우리 친구끼리는 젤 많이 가본 적이 있는 거는 저기 에버랜드.
면담자: 에버랜드?
레 닌: 에버랜드 하고 롯데월드. 우리나라에서 또 손님들이 오면은 또 에
       버랜드나 롯데월드 가서 재밌게 놀고, 그리고 또…(남, 42세, 방글
       라데시, 체류 10년).

비자가 만료된 이주노동자들은 신분이 불안정하기 때문에 생활의
근거지를 벗어나는 것을 두려워하지만 샬롬하우스와 같이 이주노동
자 지원단체들이 주최하는 야외활동에는 적극적으로 참여한다. 불상
사가 발생하더라도 지원단체에서 보호해 줄 것이라는 안도감을 가
지고 있기 때문인데 체류 기간이 오래 된 이주노동자들은 이 단계를
넘어 스스로 여가 활동을 즐기는 것이다. 이들은 일정한 회비를 갹출
하여 자체적으로 버스를 대여하고 음식을 준비하는 등 한국인과 같
은 일정을 갖는다. 이처럼 10년 이상 체류한 이주노동자는 한국의
관광명소를 섭렵한 경우가 많아 이주노동자 지원단체에서 실시하는
여행 프로그램에 참석하지 않는 경우도 있다. 넷째, 이주노동자들의
커뮤니티 대항 체육활동을 한다. 마석공단에는 18여 개국 출신의 이
주노동자가 유입되어 있는데 이들 중에서 필리핀, 방글라데시, 네팔
등의 출신 이주노동자들이 커뮤니티를 구성하고 있다. 이들은 부정
기적으로 국가 대항별 체육대회를 개최하는데 국가의 자존심을 지

키기 위해 열정적으로 행사에 참여하고 있다. 방글라데시 출신의 이주노동자들은 파키스탄 출신의 이주노동자와 크리켓을 즐기기도 하는데 이 경기는 한국인에게는 생소한 경기지만 파키스탄이나 방글라데시 출신의 이주노동자들에게는 최고의 게임으로 손꼽힌다. 다섯째, 종교활동을 한다. 방글라데시나 파키스탄은 전통적인 이슬람교 신도가 대부분인 국가이다. 이들 국가 출신의 이주노동자는 휴일에 모스크에[83] 모여 기도를 한다. 기도 후에 서로의 안부와 정보를 교환하거나 식사를 함께 한다. 이슬람은 하루에 네 번씩 메카를 향해 기도를 하게 되어있지만 이를 지키는 사람들은 많지 않다. 철저하게 이러한 종교의식을 지키는 사람은 마석공단 내에 50명이 채 되지 않는다.

면담자: 그래도 기도 방에 기도하는 사람들은 얼마나 있어? 보통 한 몇 % 나 꼬박 꼬박 기도하는 것 같아?
레 닌: 아, 꼬박 꼬박 기도하는 것 같애는… 아마 50명 정도될 거예요.
(중 략)
레 닌: 우리 방글라데시 사람은 200에서 250명 정도 있어요. 이 250명 중에서 50명은 뭐 꼬박꼬박 하루에 다섯 번씩 기도하고 기도 방에 가서 기도 하는 거 친구들 있고, 나머지는 집에서 자기 맘으로 뭐 일어나서 와서 그거… 밥 해먹고 밤에 기도하다 자고 그런 친구들이 많이 있어요.
면담자: 원래는 그게 꼬박꼬박 기도를 해야 되는 거잖아?
레 닌: 예. 원래는 하루에 꼬박 꼬박 기도해야 되는데 근데 뭐 회사에서 일 해니까 뭐 사장님들도 그런 사람들도 있어요. 사장님들이 뭐 기도 하는 거 별로 안 좋아해요. 기도 안하는 사람들도 있고 그리고 기도

---

83 이슬람교를 믿는 모슬렘이 기도를 드리는 장소. 교회와 비슷한 공간으로서 마석공단의 경우 이주노동자들이 스스로 돈을 모아 모스크를 마련하고 그곳에서 종교생활을 하고 있다. 그들은 이맘(Imām)을 직접 초청하여 종교생활을 영위하고 있다. 이맘은 이슬람 신앙공동체 움마(Umma)의 지도자이며 신과 인간 사이의 중보자(仲保者)인데, 인간은 신을 직접 알 수 없고 이맘을 통해서만 신을 알 수 있다고 한다. 또한 인간은 이맘 없이는 신의 의지를 알 수도 없고 그것을 따라 살아갈 수도 없다.

하는 거 뭐 좋아하는 사람들도 많이 있어요. 기도하는 시간이 딱 되면은 "야, 너 기도 안 해?" 그렇게 말도 해요(남, 42세, 방글라데시, 체류 10년).

그러나 휴일에는 이슬람 전통의 종교의식에 참석하는 사람들이 많이 있다. 필리핀 출신의 이주노동자들은 국교가 가톨릭이기 때문에 교회나 성당을 찾아 예배를 보거나 미사에 참여한다. 그러나 반드시 가톨릭 성당을 찾아 참여하지는 않고 종교 의식이 비슷한 장로교나 성공회 성당을 찾아 종교생활을 하고 있다. 이주노동자의 커뮤니티를 구성하는 기본 단위는 이러한 종교활동을 통해 충원되는 경우가 있다.

동일한 민족 정체성 또는 국가 정체성을 공유한 사람들이 출신국으로부터 이입국으로 공간적 지형을 이전했을 때 가장 변화하기 어려우며 변화자체에 대한 두려움을 가지고 있는 부분이 종교이다. 특히 방글라데시 출신의 이주노동자들은 자신들의 종교에 대한 믿음과 의지는 매우 크며 다른 방글라데시 이주노동자의 시선을 의식하기도 하여 종교적 신념과 요식행위에 여가생활의 일부를 할애한다. 종교생활은 이들 에스닉 그룹 내의 결속력을 강화하는 데 중요한 역할로 자리매김하고 있다.

〈표 Ⅳ-12〉 비한국계의 여가생활

구분	빈도(명)	유효 퍼센트(%)
방에서 TV보기 등 휴식	77	29.7
집안일(빨래, 청소 등)	42	16.3
친구만나기	50	19.4
기술 습득 및 한국어 공부	17	6.6

구분	빈도(명)	유효 퍼센트(%)
신앙생활	43	16.7
시내 구경 및 쇼핑	26	10.1
게임방, 노래방	2	0.8
기타	1	0.4
합계	258	100.0

비한국계 이주노동자의 여가 생활 중 한국계와의 차이점은 한국계보다 시내 구경이나 쇼핑, 기술 습득이나 한국어 공부에 할애하는 시간이 많다는 것이다. 이는 비한국계 이주노동자의 구성원이 젊은 층이기 때문에 활동성이 더 활발하기 때문이다. 그러나 두 그룹 모두 여가 시간에 휴식을 취하거나 친구를 만나는 등의 시간을 갖는 활동은 비슷하게 나타났다.

그러나 마석 공단의 이주노동자들도 이주 초기에는 특별한 여가 생활을 즐길 여유가 없었다. 휴일이 시작되는 주말에 출신국가별로 모여 음주를 하고 술에 취한 상태에서 다른 나라 사람들과 시비를 가리는 사건들이 빈번했다.

레 닌: 우리는 처음에 시작할 때는 어떤 생각하고 시작했느냐 하면은 내가 한국에 99년에 오자마자 뭐 방글라데시 친구들 하고 필리핀 친구들이나 네팔 친구들하고 매일 매일 토요일 마다 일요일 마다 싸워요. 그 때 왜 싸웠냐 하면은 우리나라 문화에 술 문화 없으니까 여기는 사람 조금 취하잖아요. 취하면은 자기 정신 아니잖아요. 계속 싸워요.
면담자: 그렇지….
레 닌: 싸우면 안 되는데 한국에 돈 벌러 오는데 왜 이렇게 술 마시다 싸우니 뭐 어떤 방법으로도 이거 지금 뭐 해야 되겠다. 그때 나는 싸움(대신)에 뭐 문화제….
면담자: 문화?

레　닌: 예, 문화제. 우리나라 노래 같은 거 있잖아요. 토요일 날 저녁에 다 같이 한 집에서 모여 우리 노래 부르자. 술 마시지 말고 다 같이 노래 부르고 재미있게 하다가 일어나자.

면담자: 그러니까 방글라데시 사람끼리만? 아니면 다른 나라 사람들이랑 같이?

레　닌: 그냥 방글라데시 사람들끼리만, 뭐 방글라데시 사람끼리 밖에 못나가게 만들었어요. 그 때 두 시 세 시까지 노래 부르다가 사람들이 피곤해서 뭐 나가잖아요? 뭐 그때 나가다가도 술 마시고 싸움을 시작해서, 아! 이것도 안 된다. 나가고 그 다음부터 '우리 축구하자' 축구하고 크리켓, 우리 방글라데시 크리켓 좋아하잖아요? 축구하고 크리켓하자. 뭐 축구하고 크리켓 하면은 뭐 토요일 밤 늦게까지 못 일어나고…. 일요일 날 아침에 축구해야 되니까.

면담자: 아!

레　닌: 그렇게 시작했어요. '아! 이거는 괜찮다' 몇 개월 동안 일 년 동안 이제 술도 안마시고 서로 싸움이 없으니까 계속 그렇게 하고 있어요. 우리 이정호 신부님이랑 만나니까 '니네들이, 니네 나라 문화행사 1년에 한 번 해봐라.' 그렇게 이야기 하니까 이다음부터 문화행사도 하고 그리고 어떤 친구 아프면은 병원에 데리고 가고. 그리고 거기 누구 없으면은 그 친구 불러서 사장님이랑 이야기하고 일거리 자주… 그렇게 하고 있어요(남, 42세, 방글라데시, 체류 10년).

　　방글라데시 노동자들 스스로의 자각과 샬롬하우스 관장인 이정호 신부의 제안으로 정기적인 체육대회가 시작되었고 그 행사는 현재까지 지속되고 있다. 신분의 불안정과 심리적 불안감, 거기에 더해진 육체적 피로감을 술로 의지하던 이주노동자들이 이정호 신부라는 인적 네트와 결합하여 새로운 방식의 억압적 상황을 회피할 해방구를 찾은 것이다. 초기 이주노동자들은 한곳에 터전을 잡게 되면 외부로의 일탈을 고민하지 않고 자족하는 특징을 보인다. 그러나 거주시간이 장기화되면 여가생활로서의 체육활동도 범위가 확대된다. 마석공단의 이주노동자들도 공단 내에서의 체육행사에 만족하고 있었다. 하지만 현재는 여가생활의 공간적 확장의[84] 의미로서 마석 공단 내 이주노동자들의 2009년 체육 행사 중 5월 24일부터 시작하여 8월 31일까지 진행됐던 필리핀 출신 이주노동자들의 배구대회와 농구대회는 이들의 여가 생활이 더 이상 방안에만 머물러 있지 않다는 좋은 사례이다. 배구대회의 경우 여성 3팀, 남성 5팀이 참가하여 비가 오지 않는 매주 일요일마다 리그전으로 진행되었고 농구경기는 남성 6개 팀이 마찬가지로 진행되어 각각의 우승팀이 가려졌다. 필리핀 이주노동자들의 이러한 적극적 여가활동은 다른 나라 출신의 이주노동자들에게도 영향을 끼쳐서 2009년 9월부터는 스리랑카 2팀, 인도네시아 2팀과 더불어 국가대항전을 펼치기도 했다. 이는 일종의 여가생활의 전이현상으로서 스포츠 게임을 즐기지 못했던 다른 국가 출신의 이주노동자들도 체육활동에 참여시키게 되고 자연스럽게 국가별 네트워크를 형성하는 계기가 된다. 이주의 기간이 길어지면 여가 활동의 공간적 범위도 확장되는 것이 일반적이다.

위에서 살펴본 바와 같이 한국계와 비한국계 이주노동자들은 한국사회에 적응하는 과정에서 문화적 변수들을 경험하게 되고 이로 인해 에스니시티가 변형된다. 그러나 두 집단의 에스니시티 변형이 반드시 차이가 있거나 또는 동일하게 이루어지는 것은 아니며 변형 유형의 공통점과 차이점이 복합적으로 나타난다.

다음의 4절에서는 이러한 에스니시티의 변형에 따른 이주노동자의 유형을 분류하였다. 이 작업은 책의 Ⅱ장 3절에서 필자가 베리의 논의를 기초로 재구조화시킨 문화변용 유형을 토대로 분석하였다.

---

84 체육대회에 참가하는 구성원은 마석공단 내의 이주노동자뿐 아니라 마석 인근의 진접, 평내, 와부, 수동 별내 지역에서 일하는 이주노동자들까지 참석하고 있다.

4. 에스니시티 변형에 따른 이주노동자의 유형 분류

1) 현지적응형

이입국 사회에 주체적으로 통합하려는 의지를 가지고 있는 이러한 유형은 출신국으로의 귀환을 상정하지 않는 그룹이다. 이들은 적응에 적극적인 현지적응형을 지향하는 부류의 사람들로 그 속성을 살펴보면 몇 가지 유형으로 분류할 수 있다. 먼저 비한국계의 경우를 살펴보면 첫째, 이혼을 경험했거나 미혼인 상태의 비한국계 이주노동자와 같은 경우에는 본국에 직접적으로 부양할 가족이 없기 때문에 한국에서 정착하기를 희망하고 있다. 이혼을 하고 한국으로 온 로저 씨는 한 달에 $300~$500를 자녀의 양육비로 송금하고 있으며 필리핀으로 귀국할 의사가 전혀 없다.

－사례 1
로　저: 돈 있으면 돈 보내 주라고. 아들 많이 컸어.
면담자: 그 필리핀 생활, 필리핀에 살 때 생각이 좀 나요, 지금? 17년이나
　　　　됐는데.
로　저: 없어.
면담자: 잘 안 나요, 그 때 생각?
로　저: 아니요, 그냥 한국 계속 생각했어(남, 46세, 필리핀, 체류 18년).

－사례 2
나라에서 부모님들 같이 불르니까 뭐 2008년 10월 달에 사실 간다 그랬어요. 10월 20일에 간다 그랬어요. 일 년 전에 부모한테 그렇게 약속했는데 거기 뭐 우리 사무국장이 잡혀 가니까 나는 지금 할 일이 조금 남아 있다 이렇게 생각하고 어머니한테 연락해서 '어머니, 이번 달에는 내가 못가고

레닌 씨는 이주노동 운동에 적극적으로 참여하면서 공장에서 일을 하고 있는데 여건만 허락한다면 한국사회에서 정착하기를 희망하고 있다. 방글라데시에 있는 부모님은 레닌 씨의 귀국을 원하고 있지만 그는 한국사회에 이미 인적 네트워크가 형성되어 있기 때문에 돌아가기가 어려운 형편이다. 이러한 결정에는 방글라데시에 레닌 씨가 직접적으로 부양할 아내와 자녀들이 없다는 이유가 큰 몫을 한다. 이러한 부류의 사람들은 한국의 언어와 문화를 습득하는 데 적극적이며 이주노동자 지원단체나 도움을 받는 종교단체의 일에도 다양하게 참여하는 경향을 보인다. 이러한 적극적 참여는 한국인과의 교류를 증진시켜 한국 내에서의 인적 네트워크를 확장시키는 효과를 충분히 발휘하고 있다. 현지적응에 적극적인 이들은 대부분 연령대가 낮은 집단이며 본국에서 고등교육을 받은 경험을 가지고 있다. 이러한 조건들은 한국사회에서 적응하기 위해 반드시 필요한 언어습득과 문화적 충격을 최소화하는 데 좋은 필요조건이 될 수 있다. 둘째, 한국에서 배우자를 만났거나 현재 이성 친구를 만나고 있는 사람들이다. 이들은 작업장이나 이주노동자를 지원하는 단체를 통해 이성을 만나는 경우가 있는데 결혼을 통해 정착을 시도하려는 경우이다. 이러한 사례는 부작용도 존재하는데 예를 들면 남성 이주노동자의 나이가 한국 여성의 나이보다 현저히 어린 경우이다. 이주노동자의 신분적 특성이 미등록인 경우 한국 여성의 나이 고하를 불문하고 한국 여성과의 교제는 한국사회의 적응에 있어 탄탄한 조력자로서의 역할을 기대할 수 있기 때문이다. 특히 아이를 출산한 경우에는 한국사회에 적응하려는 노력이 훨씬 적극적인데 아이를 생활이 불편한 본국으로 보내는 것보다 교육이나 생활 여건이 좋은 한국에서 양육하고 싶은 욕구가 강하기 때문이다.

그렇죠. 근데 이제 나는 그게 인제 어떤 측면에서 되어지는지는 잘 모르겠지만 현재적으로는 미등록 이주 노동자, 그러니까 고용허가제 실시 이후에 그 전까지 건 대부분 다 불법이었지 않아요? 그렇죠? 다 불법인데 그 중에서도 뭐 마찬가지로 불법을 탈피하기 위한 방법의 하나로서 국제결혼을 선택하는 경우도 있었고 이주노동자들이(이영, 성공회 신부).

특히 미등록 상태에서 체류하는 비한국계 이주노동자 중에는 합법적인 신분을 획득하기 위한 방편으로 결혼을 선택하는 경우가 있다. 마석공단의 경우에도 위에서 진술한 바와 같이 남성 이주노동자와 한국인 여성과의 결혼도 이루어지고 있었다. 물론 결혼을 합법적 신분을 가지려는 방편으로써 이용한다는 사실은 문제의 소지가 다분하다. 그러나 이는 정착을 위한 이주노동자들의 노력이 필사적일 수밖에 없다는 사실의 반증이기도 하다. 셋째, 한국으로 이입된 시간이 오래될수록 이러한 성향을 갖게 되는데 한국에서의 오랜 생활의 결과로 출신국의 인적 네트워크보다 한국 내의 인적 네트워크가 더 공고하기 때문에 출신국으로의 귀환을 감행하더라도 사회생활의 장벽을 갖게 될 소지가 다분하다. 이주노동자 운동을 하던 레닌 씨의 면담 자료를 보면 이와 같은 사실을 뒷받침하고 있다.

그 때 2006년도에 이 교수 형님이 불러서 '야! 맛있는 거 먹으러 가자' 그 때 맛있는 거 먹으러 갔어요. 그 때 거기는 뼈다귀 해장국이었어요. 그 때

내가 물어 봤더니 '이거 뭐야?', '이거는 뭐 쇠고기 다' 이렇게 말 하고 먹었
어요. 근데 진짜 맛있어요. 예. 진짜 맛있으니까 다음에 내가 혼자 한 번 찾
으러 갔어요. 그 집에. 그 집에 혼자 한 번 찾으러 갔는데 내가 혼자 먹고
있어요. 근데 바로 이 앞에 자리에 아는 분 할머니도 아니고 또 아줌만데
40 넘어요. 아줌마하고 아저씨 둘이 이야기하고 있어요. 서로 '검둥이는 돼
지고기 안 먹지 않냐?' 그렇게 이야기 하니까 나 깜짝 놀랐어요. '뭐야 이거
돼지고기네?' 나 주인 불렀어요. '주인 바꿨어요?' 그렇게 물어 봤더니 '아
니요, 나는 여기서 15년 동안 계속하고 있어요' 그 때 나는 거기에서 그만
먹고 뭐 계산하고 빠져 나왔어요(남, 42세, 방글라데시, 체류 10년).

비한국계 이주노동자들은 출신국으로부터 이입국으로 이입될 당
시에는 돈을 벌어 귀국을 하려는 생각들을 가지고 이입되는 현상이
일반적이다. 그러나 시간이 장기간 경과함에 따라 본국과의 네트워크
는 약화되고 이입국에서의 네트워크는 강화됨으로써 비가역적인 상
황에 처한다. 레닌 씨의 경우에도 한국을 떠나려는 의지는 있었지만
그가 관여하던 이주노동 단체의 사무국장이 강제출국 되면서 그 자
리를 대신하여 업무를 수행해야 하는 책임을 갖게 됨으로써 쉽게
귀국을 결정할 수 없는 상황이 되었다. 본국에 있는 레닌 씨의 어머
니도 장기간 이산되어 살게 되면서 강력하게 귀국을 종용할 수 없는 상
황이 연출되었던 것이다. 결국 본국 네트워크의 중요성보다 한국 내
의 네트워크에 의해 발생하는 의미의 중요성이 강하다고 볼 수 있다.
한편, 한국사회에 정착하고자 하는 한국계 이주노동자의 유형을
살펴보면 첫째, 비한국계 이주노동자와는 달리 상대적으로 연령층이
높다는 것이 특징이다. 중국으로 이주했던 이민 1세대나 2세대는 질
좋은 교육 여건에서 소외되어 있었기에 낮은 학력과 소수민족으로
서의 차별을 경험하였다. 그들은 중국으로 귀환하더라도 중국사회의

주류에 편입될 수 없기 때문에 중국으로의 귀환을 원하지 않고 있으며 한국사회에서 하층 노동시장으로의 편입을 감수하더라도 한국에서의 정착을 희망하고 있다.

둘째, 친족의 대부분이 한국에 이입된 사람들이다. 이들은 한국사회의 보이지 않는 차별에도 불구하고 친족 간의 네트워크를 견고하게 하면서 한국사회에 적응하려고 노력한다. 중국으로 귀환하더라도 가장 견고한 네트워크인 친족 네트워크가 이미 한국에 이입되어 있으므로 중국에는 그들이 이용할 수 있는 사회적 자본이 축소되어 있기 때문에 한국사회로의 적응에 적극적일 수밖에 없다.

이렇게 여기서 같이 와서 살자고. 내가 큰아들이니까. 그래서 생각하면서 한 번 와 봐요. 와 보고 괜찮으면 계속 여기서 있고(남, 32세, 한국, 체류 7년).

한국어 구사가 유창하지 않은 오학봉 씨는 가족이 모두 한국에 이입되어 한국 국적을 취득한 사람이다. 그는 중국에서 대학교육을 마치고 직장 생활을 했지만 먼저 이입된 가족들의 권유로 한국에 입국해 생활하고 있다. 그는 보험 설계사 일을 하고 있는데 중국으로의 귀환보다는 재중동포들을 상대로 영업하는 현재의 일에 만족하고 있었다. 이 밖에 사업을 위해 한국 국적을 취득하기를 희망하는 사람들이 있는데 엄밀하게 분류하면 그들은 현지적응형의 유형이지만 이 유형에 포함시키기에는 딜레마가 있다.

면담자: 장 선생님은 왜 하셨어요, 국적취득을?
장학림: 이전에 저가 심양에다 크게 이불공장을 했어요. 대구에서 기계를…(가져가야 되는데) 그거 하면서 내가 계속 매번마다 비자 받기 그렇잖아요. 그래 갖고 그랬지.
면담자: 자제분들은 학교 다녀요?
장학림: 네. 큰 건 대학교 다니고, 작은 건 유치원 이제 들어갔어요. 확실히 그 정상적인 교육을 받은 동포 중에서 대학교육을 받으면, 굳이 뭐 한국 국적(취득할 필요가 없다)…(장학림, 남, 50대 중반, 한국, 체류 20년).

이들은 한국 국적을 취득하기를 원하지만 한국사회로의 정착을 위한 것이라기보다는 중국과 한국을 자유롭게 통행하면서 경제적 이익의 극대화를 도모하고자 하는 목적이 있기 때문이다.

〈표 Ⅳ-13〉 현지적응형의 유형 비교

한국계	비한국계
고연령층	저연령층의 이혼경험, 또는 미혼인 남성
친족 대부분이 이입된 부류	한국인 배우자를 만났거나 미혼인 부류
한국에서 사업을 목적으로 하는 부류	장기간의 체류를 경험한 부류

2) 귀소지향형

귀소지향형의 사람들은 한국을 정착의 대상으로 생각하지 않고 돈을 벌어 돌아가는 경우를 목적으로 상정하는 부류이다. 따라서 주류사회와의 교류에 적극적이지 않으며 이러한 유형은 한국계와 비한국계 이주민 일부에게 공통적으로 나타나고 있다. 이 부류의 사람들은 가족 간의 유대가 너무 강하여 이산 상태로 살기 어려운 사람들이나 한국에서 사업적 아이디어를 발굴하여 귀국 후 보다 많은 재산 축적을 할 수 있다는 가능성을 전제로 가지고 있는 사람들이다. 사업적 아이디어를 가진 비한국계 이주노동자들은 한국에서 습득한 한국어 실력을 바탕으로 이와 같은 사업을 준비하기도 한다. 이를 바탕으로 귀소지향형의 사람들을 분류해 보면 다음과 같다. ① 본국에 직접적으로 부양할 가족이 있는 경우인데 이들은 일정기간의 노동을 경험 한 후 귀국을 선택하는 것이 일반적이다. 미등록 신분을 가진 이주노동자는 한국의 제도적 여건에서 일가족이 모두 입국하여 함께 생활하기는 여간 까다롭지 않다. 결국 이들은 체류기간 동안 돈을 벌어 본국으로 송금하고 이후에 귀국하여 송금한 돈을 토대로 작은 사업을 시작하는데 이주노동자들은 귀국한 후 가족이 위탁하여 운영하던 사업체를 경영하거나 새로운 사업을 시작하기도 한다. 방글라데시 출신의 까디리몰라 씨는 늦은 나이에 한국에 이입되었는데 18년 동안 한국에서 생활을 하고 있다. 그는 가족이 모두 본국에 있으며 귀국하기를 강력히 희망한다.

다섯 남매를 자녀로 두고 있는 까디리몰라 씨는 2003년 한국정부의 임시 합법화 조치 때 방글라데시를 다녀왔다. 그의 다섯 남매 중 22세인 큰딸은 결혼을 시켰는데 그가 한국에 있을 당시 결혼식을 올렸기 때문에 결혼식에 참석하지 못했다. 그러나 앞으로 네 자녀의 결혼식은 꼭 참석하기를 희망한다. 그는 이주노동자 중에서도 나이가 많은 편에 속하는데 고연령층이며 본국에 자녀가 있는 이주노동자들의 경우 귀소지향적인 성향이 강하다고 할 수 있다.

면담자: 그러니까 거기서 방글라데시에서는 여기서 몰라 씨가 돈 보내줘요? 농사도 지어요?
몰　라: 예. 예.
면담자: 그래서 많이 이렇게 잘 살겠어요, 가족들이?
몰　라: 예.
면담자: 그래도 너무 돈 버느라고 여기 와 있어서….
몰　라: 예. 맞아요.
면담자: 가족들 보고 싶은데 못 봐서요?
몰　라: 예. 예.
면담자: 그게 더 마음이 아프지 않아요?
몰　라: 예. 맞아요.
면담자: 어쨌든 같이 살아야 되잖아요?
몰　라: 일하는 것도 계속 일했고, 몰라 인제 집에 가요. 아이 보고 싶어. 나이 많아서 집에 가요. 나 방글라에….
면담자: 18년 있었으면 꽤 오래 있었네요. 그렇지요?
몰　라: 예. 나는 그래요. 가요(남, 55세, 방글라데시, 체류 18년).

　중국과 일본에 각각 자녀를 두고 있는 윤영순 씨도 까디리몰라 씨와 마찬가지로 중국으로의 귀환을 희망하고 있었다. 현재 가족이 모두 흩어져서 살고 있지만 돈이 모이면 중국으로 돌아가 아들과 같이 살고 싶어 하고 있었다. 가족과 떨어져 살고 있는 이주노동자는 한국계와 비한국계 모두 출신국으로의 귀환을 상정하고 있다.

윤영순: 아들도 대학 졸업하고 소주(중국의 도시)에서 이제… 한국분하고 같이 기업합니다.
면담자: 따님이나 아드님은 한국에서 이렇게 살면서 직장생활을 왜 안 하세요?
윤영순: 일본 가 있고, 아들도 한국분하고 일하니까 회사일로 자주 왔다 가기도 하고. 이제 요번에 아버지 보러 온지 아직 한 달 안 되지요? 왔다 갔어요. 한 일주일.
(중　략)
윤영순: 예. 예. 그러니까 한국에 재미가 없네요. 뭐 돈도 못 벌제. 돈 벌러 왔는데.
면담자: 한국에 오실 때는 이렇게 국적취득을 목적으로 하신 건가요? 아니면 돈을 벌면 다시 돌아가실 생각이신 건가요?
윤영순: 돈 벌어서 다시 돌아갈라고 했지요. 뭐 우리 국적취득 할 우리는 아무런 그게 없잖아요. 위에 뭐가 있어야 국적을 취득하고 아무 것도 없이 못하잖아요. 그렇지요?
면담자: 그렇죠.
윤영순: 예. 그러니까 우리는 돈이나 벌어가겠다 그러고 왔지요(여, 52세, 중국, 체류 3년).

　② 한국생활에서 습득한 한국어나 한국에서 축적된 정보를 바탕으로 한국과의 무역을 시도하려는 그룹이 있다. 한국사회에서 아직까지도 근절되지 않는 차별을 견디기 어려워하는 이들은 귀국을 선택하여 한국 내에서 쌓았던 인적 네트워크나 정보를 한국과의 비즈

니스에 이용한다. 한국 제품의 우수성은 이미 동남아 지역에 알려져
있기 때문에 의류나 자동차 부품 등을 수입하거나 이주노동자 본국
에서 생산되는 농산물을 수출하기도 한다.

－사례 1
면담자: 근데 모노는 그거 하고 싶다. 이렇게 비즈니스를… 한국어도 좀 하고.
모　노: 예 일단 한국 문화를 알고 언어도 조금알고. 모 사람들 원하는 게
　　　　몬지 그것도 조금 알고.
면담자: 이쪽에 아는 사람들도 있으니까.
모　노: 예 아는 사람도 있고요(남, 31세, 방글라데시, 체류 9년).

－사례 2
이림빈: 동포 분들 만나보면, 그래도 다들 열심히 살아요. 진짜 타지에 와가
　　　　지고. 타지잖아요. 솔직히 여기가. 열심히 살아요.
김해철: 합법으로 되면서 XX 돈이 있는 사람도 나타나는 거요. 열심히 사
　　　　는 사람들이 돈 많이 벌고. 중앙시장 들어가는 데 그 삼성전자 파는
　　　　데 그 어디야 그 동네 삼성전자 그 건물도 20억 주고 산 사람도 있고.
면담자: 아! 교포 분이?
이림빈: (끄덕)
면담자: 그 분은 어떻게 해서 그렇게 성공을 하셨대요? 흔치 않은 성공이잖
　　　　아요.
이림빈: 아마 무역 쪽으로. 그쪽으로 많이 했나 봐요(남, 40세, 한국, 체류
　　　　10년).

　　모노 씨는 한국에서의 차별을 견디기 힘들어했다. 그는 돈을 벌면
방글라데시로 돌아가 한국과 연계된 사업을 하기를 원하고 있었다.
재중동포인 김해철 씨와 이림빈 씨의 면담 결과에서도 재중동포의
성공이 회자되고 있었으며 한국과의 무역을 통해 부의 축적을 이룬
사람들이 생겨나고 이들을 모델로 중국으로 돌아가 한국과의 무역
을 시도함으로써 부를 축적하고자 하는 사람들이 생겨나고 있다. ③

한국으로 이입된 이후 심한 차별을 경험하여 돈을 벌면 한국을 하루 속히 떠나기를 희망하는 사람들이 있다. 한국계와 비한국계를 불문하고 한국사회에서의 차별은 일상화되어 있다. 시민사회를 비롯해 공공 기관인 국가인권위원회의 권고에도 불구하고 한국사회에 자리 잡은 차별 의식은 거의 소멸되지 않고 있다. 이러한 상황도 마찬가지로 한국계와 비한국계 이주민에게 공통적으로 해당된다. 차별적 시선과 대우를 견디기 힘들어하는 사람들은 출신국으로의 귀환을 강력히 원하고 있다.

　－사례 1
　면담자: 한국에서 어때 조건이 된다면 계속 있고 싶은 생각도 있어?
　모　노: 한국에 저는 자신 없어요.
　면담자: 왜?
　모　노: 제가 어디를 가도요. 이상하게 나보고 좋게 받아주거나 내 생각에
　　　　　는 무시하는 거 같애요. 저를.
　면담자: 무시하는 거 같아?
　모　노: 제가 아무리 생각해봐도. 그렇게 이런 데 와서 사실은 무시하는 거
　　　　　같아요.
　면담자: 무시하는 거 같아?
　모　노: 식당가는 거나 어디를 가는 거나 내 생각은 그래요. 예를 들어서 유
　　　　　럽에서나 미국에서나 오는 거하고 우리가 오는 거 하고 좀 달라요.
　면담자: 아무래도 좀 그런 게 있지.
　모　노: 예. 그런 게 있으니깐.
　면담자: 무시하는 이런 한국문화가 견디기 어렵구나?(남, 31세, 방글라데시,
　　　　　체류 9년)

　－사례 2
　면담자: 일 하시는 과정에서는 조선족이다 뭐 이렇게 해서 차별하거나 이
　　　　　런 경우가 있지 않았어요? 없었어요?
　미　라: 당연히 있죠.

면담자: 있었어요?

미　라: 근데 사람마다 다 똑같은 거 같애요. 착한사람도 있고 나쁜 사람 또 회사 다닐 때 보면 어떤 한국 사람들은 되게 잘해줘요. 근데 어떤 한국 사람들은 이 질투심이라 그래요? 어느 정도 우리가 배우는 단계가 있잖아요? 어느 정도 그게 손이 빨리 가고 빨리 할 수가 있으면 되게 얄미워하는 사람이 있어요. 그게 다 보이거든요(여, 30세, 중국, 체류 5년).

차별을 경험하면서 출신국 네트워크에 대한 향수와 한국에 대한 반한(反韓)감정이 생기고 돈을 벌면 출신국으로의 귀국을 상정하며 삶을 영위한다. 차별에 관한 이주노동자 문제는 한국사회에서의 중요한 사회적 문제였으며 이는 아직도 현재진행형이다.

<표 Ⅳ-14> 귀소지향형의 유형 비교

한국계	비한국계
본국에 부양가족이 있는 부류	
한국과의 무역업을 시도하려는 부류	
한국에서 심한 차별을 경험한 부류	

3) 귀화지향형

출신국의 정체성을 유지하지 않으며 이입국의 주류사회와 관계를 유지하려는 동화 전략은 이민 2세들과 결혼을 통해 이주한 사람들이 보여주는 전략이라고 할 수 있다. 헝가리에서 캐나다로 이주한 이민 2세들은 통합 전략 다음으로 동화 전략을 선호하는 것으로 나타났다 (Berry et al, 1991). 출신국의 전통적 문화나 정체성이 약한 이민 2세 이후의 세대는 교육 수준이 향상되면서 자연스럽게 이입국 주류사회로 진입하게 된다.

한편, 결혼을 통해 이주를 결행하는 여성 이민자는 출신국의 정체성을 유지할 수 있는 에스닉 네트워크가 단절된다. 음식으로 본 여성 이민자의 갈등과 그 전략을 분석한 연구에서 여성 이민자는 남편과 시부모로부터 일방적인 음식 문화를 강요받고 있으며 특히 시부모와 동거하는 결혼 이민자는 그렇지 않은 여성보다 스트레스를 더 경험하는 것으로 나타났다(김영주, 2009). 결국 결혼이민자의 생활세계는 이입국 사회의 주류인 남편이나 시댁과의 관계 속에서 형성되고 유지된다. 이는 여성이민자가 강제적으로 동화 전략을 선택할 수밖에 없는 상황으로 간다는 것을 의미한다. 이러한 편의에 의한 동화 전략은 출신국의 특수한 정체성을 유지하지 못하고 새로운 어떠한 사회에도 필요에 의해 적응한다는 의미에서 '귀화지향형'이라 할 수 있다. 본 책에서는 이민 2세 이후의 세대나 결혼 이민자에 대한 연구는 그 대상이 아니기 때문에 사례를 통한 분석은 생략할 것이다. 그러나 결혼이민자를 제외하고 노동을 통해 돈을 벌기 위한 목적으로 한국에 이입된 이주노동자는 귀화지향형의 유형으로 에스니시티가 변형되는 경우를 찾을 수가 없는데 이와 같은 현상에 대한 원인을 살펴보면 첫째, 한국사회에서 겪는 차별에 의해 한국사회와의 네트워크 구성과 유지에 소극적으로 대처하게 된다. 한국사회에서의 차별은 이주노동자의 주류사회 진입에 큰 장애물 중 하나의 요인으로 작동하는데 특히 한국계에 비해 합법적인 체류 비율이 떨어지는 비한국계는 이를 더욱 심각하게 체감한다.[85] 이는 한국사회

---

85 본 책 pp.218~219의 모노 씨와 미라 씨의 면담 참조.

와의 단절을 의미하며 한국사회로의 진입을 더욱 요원하게 만든다. 둘째, 한국계는 정체성이 양국에 걸쳐져 있기 때문에 반드시 하나의 정체성을 고집하지 않는다. 따라서 이입초기에 가지고 있던 귀화지 향형의 개념은 역동적으로 변화하게 된다. 이들은 한국과 중국의 경 제상황이나 정치적 상황을 고려하면서 다양한 유형으로 에스니시티 가 변형된다.

-사례 1
그니까 우리 민족에 저는 뭐 중국에 살아도 괜찮고 이런 한국에 살아도 괜 찮은 거 같은데 그렇지만도 우리 민족에 살기는 그래도 한국이 낫다. (중 략) 저는 중국 음식도 먹고 한국 음식도 잘 먹습니다. (중 략) 그거는 이제 실정에 따라서 뭐 진짜 국적을 나온다든가 혹시나 뭐 그러게 되면 한국에 살만하면 살아야죠. 경제라든가 토대에서 한국에서 몇 년을 벌어야 집을 한 채를 살 수 있고 그런 걸 이제 경제사정을 따져 봐야겠죠. 만약에 내가 한국에서 집 한 채 살 걸 중국에서 두 채 세 채 살 수 있겠나? 이거도 알아 봐야 되고(신덕화, 남, 50대 초, 중국, 체류 2년).

-사례 2
만약에 한국 사람하고 제 중국사람 진짜 중국 사람이 싸운다 할 때 한국에 서는 싸운다면은 아마 뭐 중간 입장일 순 있어요(노순걸, 남, 54세, 중국, 체 류 9년).

신덕화 씨나 노순걸 씨도 하나의 정체성을 고집하지 않으며 귀화 지향형의 개념에 집착하지 않았다. 한국사회와의 네트워크 구성이나 유지에도 큰 노력을 기울이지 않으며 다만 어느 공간에서 더 많은 돈을 벌수 있는가에 대한 관심이 이들의 거취를 결정하는 요인으로 작용한다. 셋째, 비한국계는 한국사회에 네트워크가 구성되어 있지 않은 상태에서 이입되기 때문에 출신국의 정체성 포기는 곧 출신국 네트워크와의 단절을 의미한다. 이와 같은 상황은 한국사회에서의 삶을 더욱 힘들게 만드는 요인이므로 네트워크 구성이 어려운 한국사회보다는 자연스럽게 구성되어진 출신국의 네트워크에 친밀감을 느끼게 되고 그곳에 안주하려는 경향을 보인다. 이는 한국사회로의 진입을 더욱 힘들게 만드는 원인이다.

―사례 1
면담자: 마석에서는 혼자 살아?
모　노: 예. 지금은 1년 넘었어요. 혼자산지.
면담자: 그전엔 누구랑 살았어?
모　노: 삼촌하고요.
(중 략)
면담자: (삼촌이)2∼3년 전에 갔는데 다른 사람이랑도 살았었어?
모　노: 세 명이 있었어요. 다른 방글라데시 사람(남, 31세, 방글라데시, 체
　　　　류 9년).

―사례 2
레　닌: 문화제, 우리나라 노래 같은 거 있잖아요. 토요일 날 저녁에 다 같
　　　　이 한 집에서 모여 우리 노래 부르자.
면담자: 방글라데시 사람끼리만 아니면 다른 나라 사람들이랑 같이?
레　닌: 그냥 방글라데시 사람들끼리만(남, 42세, 방글라데시, 체류 10년).

　　이들은 한국사회로의 진입이 힘든 대신에 출신국의 네트워크를 유지하면서 한국사회에 적응하고 있다. 중요한 것은 이들이 한국사회에 적응하려하지 않는다기보다는 한국사회가 이들을 포용하지 않으려 한다는 해석이 가능하다는 점이다. 결국 한국의 사회구조가 이들을 귀화지향형으로 변형될 수 있게 하는 조건을 형성하지 못하고 있다고 보아야한다. 넷째, 한국의 국적에 관한 법제도가 이주노동자

에게는 엄격하게 적용된다. 이는 이주노동자가 형식적으로나마 한국 사회로 정착하는 데 있어 장애로 작용한다.[86] 한국의 법제도는 용광로와 같이 이주노동자를 녹여낼 수 있는 통합이나 동화를 위한 제도가 정비되어 있지 않다. 이는 이주노동자들의 내면적 에스니시티가 변형되더라도 현실적으로는 귀화지향형으로 변형될 수 없음을 뜻한다.

이와 같은 원인들은 이주노동자가 한국사회에 진입을 할 수 없게 만드는 요인들로 작용한다. 종합해보면 한국계는 이입 초기의 귀화지향형 개념의 에스니시티가 다양하게 변형되지만 비한국계는 귀화지향형으로 변형되기 어려운 조건을 안고 살아가고 있기 때문에 귀화지향형의 유형을 분류하는 작업은 현실적인 어려움이 많을 수밖에 없다.

4) 상황선택형

돈을 벌기 위한 목적을 가지고 입국했던 이주노동자들은 한국의 정책 상황에 민감한 반응을 보이는데 이는 정책의 변화가 이들이 한국에 정착할 수 있는 기회를 만들 수 있을 거라는 희망을 가지고 있기 때문이다. 미등록 신분을 가진 이주노동자들은 항상 출입국관리소의 단속에 대해 불안감을 가지고 살아간다. 그러나 한국과 송출국과의 현격한 임금격차는 이들이 쉽사리 귀국을 결정하지 못하는 요인이 된다. 본국에 직접적인 부양가족의 유·무에 관계없이 대부분의 이주노동자들은 한국 정부의 이주노동자 정책에 예민한 반응

---

86 부록 2. 국적법 시행령 참조.

을 보이며, 만약 신분의 합법화가 이루어지면 한국사회에 정착을 하거나 정부의 단속에 의해 체포되면 귀국을 하겠다는 부류가 이런 유형의 그룹이다. 이러한 유형은 비한국계 이주노동자로서 한국으로의 이입된 시간의 양이 최대 5년이 넘지 않고 최소 1~2년을 갓 넘긴 사람들이[87] 이러한 성향을 보인다. 이들은 한국으로의 입국 과정에서 발생한 채무는 남아 있지만 본인의 현재 상황과는 관계없이 한국정부의 이주노동자 정책에 따라 정착을 하든 귀국을 하든, 한국정부의 정책 향방에 따라 거취를 결정하려는 사람들이다.

면담자: 무슨 공부했어요, 대학에서?
에　바: computer science(한국의 컴퓨터 공학과).
면담자: computer science. 아! 한국에 어떻게 오게 됐어요?
(중　략)
에　바: agency(브로커를 의미함).
(중　략)
면담자: 필리핀 언제 가요?
에　바: 몰라요. 지금 몰라요.
면담자: 필리핀 가고 싶지 않아요? 가고 싶어요? 그런데 언제 갈지 몰라요?
에　바: 쪼금요(여, 23세, 필리핀, 체류 2년).

한국에 온 지 2년째인 에바 씨는 한국어가 서툴다. 면담은 한국어와 영어를 섞어서 진행했는데 의사소통이 약간 불편한 정도였다. 그녀는 필리핀 사람들만 일하는 공장에서 일을 시작해서 지금까지 그곳에서 일하고 있는데 한국어를 배우거나 사용할 필요가 없었다. 아

---

87 한국에서의 체류 기간이 5년을 경과하면 입국과정에서 발생했던 채무를 거의 상환하게 되고 한국사회에도 적응한 시기라고 볼 수 있다(2009년 8월 7일. 이영 신부 면담자료). 따라서 이와 같은 상황에 처해진 이주노동자들은 귀환보다는 한국사회에 머물기를 희망한다. 그러나 체류기간이 짧은 이주노동자들은 아직 한국사회에 적응이 되지 않은 상태이며 한국의 실정에 대해서도 정보가 없기 때문에 일을 하다가 단속이 되면 귀환해야 한다고 생각하고 있다.

직까지 한국 상황에 대한 이해가 부족하고 본인의 미래에 대해서도
한국사회에 정착할 것인지, 필리핀으로 귀국할 것인지에 대해 아무
런 판단을 하지 못하는 상황이었다. 에바 씨의 경우가 비한국계 이주
노동자의 전형적인 상황선택형 유형이라고 볼 수 있다.

다른 한편으로 이와 같은 유형은 한국계 이주노동자의 대부분이
여기에 속한다고 할 수 있다. 광의의 의미에서 재중동포들이 희망하
는 '자유왕래'는 중국과 한국의 경제 상황에 따라 필요한 공간에서
이익의 수취를 취하겠다는 의미로 해석할 수 있다. 따라서 대부분의
한국계 이주노동자를 이 범주에 포함시켜도 무리가 없을 것이다.

－사례 1
면담자: 돈 많이 벌어가라고 하는 말은 선생님은 돈을 많이 벌면 중국으로
　　　　돌아가실 생각이세요?
김관준: 여기서 아니 갈 수 있으면 가고 뭐 여기는 뭐 이기는… 몇 년 후에
　　　　있다가 가야 된다면 안 되고. 있을 수 있으면 계속 있고….
면담자: 아! 잘 모르시는 거고?
김관준: 예.
면담자: 그러면 국적은 중국으로 돼 있으시죠?
김관준: 예.
면담자: 그럼 아직 지금 저 상태가 합법적인 상태로 계신 거예요? 아니면
　　　　미등록 비자로 계신….
김관준: 요번에 5년 비자로 그걸로 비자 한 4년 있어요. 그래 그때 가서 또 이
　　　　게 어떻게 되느냐 저기 있을 수 있으면 있고(남, 46세, 중국, 체류 5년).

－사례 2
우리가 요구하는거는 자유왕래란 말입니다. 동포법 개정, 동포법이라는 게
공정해야지 뭐 미국이나 일본에 잘사는 동포들은 동포구 뭐 못사는 동포들
은 아닌가요? 동포가 아닌가 말이죠. 그래서 우리가 원하는 건 자유왕래를
해달라는 거. (중 략) 지금 동포들한테 물어봐요, 개개인한테 다 국적 따는
거는 어쩔 수 없이 따는 거지. 원해서 따는 사람도 있고. 대개 보면 어쩔 수

없이 따는 거예요.

면담자: 어쩔 수 없는 경우는 어떤 경우….

김해철: 남아 있을라고(김해철, 53세, 중국, 체류 14년).

어떤 의미에서는 한국사회에 정착을 할 것인가, 출신국으로 귀환할 것인가의 유형을 구분하는 작업이 의미가 없을 수도 있다. 넓게 이해해보면 한국계와 비한국계를 불문하고 모두 상황선택형의 유형에 포함될 수 있기 때문이다. 법제도를 근간으로 하는 국민국가에서 이주노동자 개인의 의사는 반영되지 않는 것이 당연하다. 그럼에도 불구하고 이주노동자의 행태에 대한 유형을 분석하는 작업은 제도권 밖에서 발생하는 일들에 대한 실체적이고 내용적인 현상을 이해하는 데 반드시 필요한 작업이라 할 수 있다.

한국의 실정법상 국적의 취득이 곧 정착의 의미이므로, 이주노동자들이 한국사회에 정착하기를 희망하는지, 출신국으로의 귀환을 희망하는지 또는 본인과 한국 정부의 정책 상황에 따라 거취를 결정하는지에 관해 알아보고자 국적취득에 관한 욕구를 질문해 보았는데 비한국계보다 한국계가 국적취득에 더 강한 의지를 보이고 있었다. 꼭 바꾸고 싶거나 가능하면 또는 상황이 허락하면 바꾸겠다는 대답이 한국계의 경우 **67.9%**, 비한국계의 경우가 **36.6%**로 나타났다. 필자는 이와 같은 결과에 당혹하지 않을 수 없었다. 왜냐하면 면담에 응했던 재중동포의 국적취득에 관한 욕구가 생각보다 높지 않았기 때문이다. 그러나 경제적 이익의 수취만을 고려한다면 위와 같은 결과는 당연하다고 볼 수 있다.

〈표 Ⅳ-15〉 한국계와 비한국계의 국적 취득 욕구

구분	한국계			비한국계		
	빈도(명)	유효 퍼센트(%)	누적 퍼센트(%)	빈도(명)	유효 퍼센트(%)	누적 퍼센트(%)
꼭 바꾸고 싶다	60	25.3	25.3	9	6.7	6.7
가능하다면 바꾸고 싶다	60	25.3	50.6	12	9.0	15.7
상황이 되면 바꾸고 싶다	41	17.3	67.9	28	20.9	36.6
별로 바꿀 생각이 없다	29	12.2	80.2	16	11.9	48.5
바꿀 생각이 전혀 없다	27	11.4	91.6	19	14.2	62.7
생각해 본 적이 없다	20	8.4	100.0	50	37.3	100.0
합계	237	100.0		134	100.0	

현행법상 한국은 이중국적을 인정하지 않고 있으며 재중동포의 중국과 한국 간의 자유왕래 또한 쉽지 않은 현실에서 이익수취의 극대화를 위한 최고의 방법은 한국 국적취득만이 유일하기 때문이다. 중국 국적을 가진 사람은 한국에 입국하기 위해 까다로운 비자발급 절차를 밟아야 하지만 한국 국적을 가진 사람이 중국 방문을 위해서는 비자 발급의 수고를 덜 수 있기 때문이다. 정리하면 재중동포의 국적취득 욕구가 높게 나타난 이유는 그들의 에스니시티가 변형되어 한국에 정착하기를 희망하는 것이 아니라는 점이다. 만약 이중국적이나 자유왕래가 허락된다면 재중동포의 한국 국적취득 욕구는 대폭 감소할 것이 분명하다.

<표 Ⅳ-15>에서 특이한 점은 국적취득에 관해 '생각해 본적이 없다'라는 대답의 수치이다. 이 문항에서 한국계는 8.4%를, 비한국계는 37.3%의 응답률을 보이고 있다. 미등록 상태의 신분을 가지고 있으며, 더군다나 비한국계인 이주노동자는 본인의 거취 문제에 관해 사적으로나 공적으로 의견을 개진할 수 있는 신분적 취약성을

스스로 절감하고 있기 때문에 감히(?) 국적 문제를 고민할 수 없는 것이 현실이다. 만약 비한국계 이주노동자에게 노동허가제와 같은 법률적 보호 장치 내지 영주권이나 국적에 관한 논의가 공론화된다면 <표 Ⅳ - 15>의 수치는 확연히 달라질 수 있을 것이다.

결국 한국계와 비한국계를 불문하고 이주노동자는 이익 수취의 크기, 본인의 현재 신분, 한국정부의 정책방향 등을 살펴본 뒤 이를 토대로 본인에게 유리한 방향으로 거취를 결정하려고 하는 상황선택형의 사람들이 대다수라고 보아도 무방할 것이다.

5. 소결

이주노동자들이 한국사회에서 경험하는 문화적 변수에 의해 이들이 가지고 있던 에스니시티는 변형을 하게 된다. 변형되는 에스니시티의 유형은 한국계와 비한국계가 다르게 나타나고 있는데 이것 역시 등록된 신분과 미등록 신분과 같이 처해진 상황이 다르기 때문이다.

한국계의 에스니시티는 이주 초기 귀화지향형의 상태였으나 체류기간이 경과하면서 현지적응형, 귀소지향형, 상황선택형으로 변형된다. 그러나 비한국계는 귀소지향형에서 체류기간이 경과하더라도 동일한 유형의 에스니시티를 유지하는 그룹과 상황선택형, 현지적응형으로 변형되는 그룹으로 나뉜다.

두 그룹 간의 에스니시티 변형 방식을 비교해 보면 한국계는 초기에 가지고 있던 귀화지향형의 유형에서 세 가지의 유형으로 변형되는데 비한국계와 달리 초기의 귀화지향형 에스니시티를 유지하는 사람들이 보이지 않는다. 이는 비한국계보다 역동적인 에스니시티의 변형을 보여주는 사례로서 이들이 한국사회에 적응하는 과정에서 비한국계보다 비교적 적응하기 쉬운 제도적 조건을 가지고 있다는 증거이다. 이에 반해 비한국계는 초기의 에스니시티를 유지하는 사람들 이외에 두 가지로 변형되는데 특이한 점은 귀화지향형으로 변형되는 사람들이 보이지 않는다는 점이다. 이러한 이유는 비한국계 이주노동자가 자신들의 문화정체성을 고집하지 않고 한국사회와 적극적인 관계 유지를 원하고 있더라도 한국사회가 이를 받아들일 준비가 되어있지 않기 때문이며 한국정부도 마찬가지로 이들을 받아들일 제도적 장치를 아직 마련해놓고 있지 않기 때문이다. 따라서 이들은 한국계에 비해 문화변용의 스펙트럼이 협소할 수 밖에 없다.

05

이주노동자의 문화변용 유형화와 전략

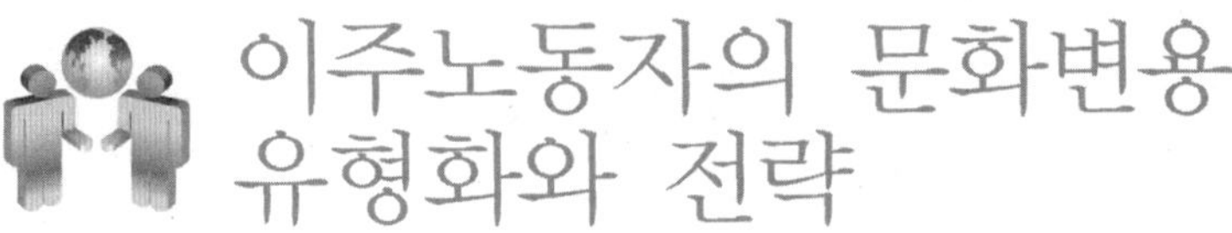

이주노동자의 문화변용
유형화와 전략

1. 한국계 이주노동자의 문화변용

국내에는 다양한 국가로부터 이주노동자가 이입이 되어 있고 그보다 많은 수의 민족 출신들이 살아가고 있다. 초기 이주 시 이주노동자는 각자의 고유한 에스니시티를 지닌 개체로서 존재하지만 한국에서의 거주기간이 오랜 기간 경과하면서 에스니시티의 변형이 발생하고 상황에 맞는 문화변용 전략을 구사하게 된다. 이를 몇 가지로 정리해 보면 첫째, '가난한 나라 중국에서 돈 벌기 위해 입국한 불쌍한 존재'였지만 주변부 노동시장의 토대를 이루는 계층으로 자리 잡았다. 자본주의의 이식을 수용한 한국사회는 개인이 가지고 있는 정신적 성찰과 같은 내적 성숙도의 고려 없이 소유한 자본의 크기에 따라 타자를 평가하는 일이 빈번하다. 마찬가지로 이주노동자가 과거에 본국에서 무슨 일을 하였는지는 중요하지 않다. 돈을 벌기 위해 한국에 이입된 가난한 이주노동자는 '자신(한국인)'보다 가난한 하층의 사람으로 인식한다. 이는 한국계 이주노동자와 비한국계 이주노동자의 상황이 동일하다. 이런 상황에 대해 특히 재중동포들은 반감을 가지고 있는데, 이들은 이주 초기에 '피를 나눈 동포로서 한국인에게 비교적 호의적 대우를 받았고 재중동포 역시 항일운동의 후손으로서 그들의 조상이 독립운동에 헌신한 만큼 합당한 보상이나 지원을 받아야 한다는 보상심리를 가지고 있었다.'(문형진, 2008: 138) 그러나 재중동포의 범죄나 불법체류 현상으로 인해 부정적 인식으로 바뀌었고 1997년 외환위기를 기점으로 재중동포는 가난한 사회주의 국가에서 돈을 벌기 위해 입국하여 하층 노동시장에서 한국인과 일자리를 두고 대립하는 경쟁자로서 위치하게 된다. 다시 말해 이입 초기에는 한국인과 조선족들은 혈연에 따라 상호 친척관계로 만났지만, 곧 국가 간의 경제력과 국내 경제변화에 따라 그들은 혈연적 유대감에 기인한 '친척'이 아니라 '외국인 노동자'라는 위치로 변화하게 된다(여수경, 2002). 둘째, 과계민족의 특징인 이중적 에스니시티를 담지하고 있다. '조선민족을 모태로 한 민족이며 지금은 중화인민공화국의 공민이자 중화민국 대가정의 일원으로서 중국과 남북조선 사이의 경계상황에서 실존하는'(임진철, 2005: 31) 민족이다. 이들은 중국 국적을 가지고 있으며 혈연적으로는 한민족이라는 이중정체성을 가지고 있다. 민족·종족을 초월하는 정치적 정체성의 기초개념이 에스니시티의 개념이라고 볼 때 이들의 정치적 지형은 중국에 그 기반을 두고 있지만 역설적이게도 동질적 민족 정체성을 따라, 정치적·경제적 필요성에 의해 한국에 이입되었고 스스로의 정체성을 규정하지 못하는 혼란한 상태에 위치해 있다. 한국계 이주노동자들의 이러한 성향은 한국으로의 이입 시간과 관계없이 변하지 않는다. 셋째, 한국 국적의 취득보다는 '재외동포법'의 범주에 포함되기를 희망하는 존재이다. 한국계의 경우 초기 이주 시에는 미등록의 비율이 높아 한국정부를 향해 요구사항을 전달할 수 있는 신분적 제약을 가지고 있었으며 이들을 지원하는 단체와의 연대도 원활하지 않았다. 그러나 시민단체와 종교단체를 중심으로 법 개정 요구가 시작되었고 2004년 1월 8일 재외동포법 개정안이 국회법안 심사 1차를 통과하여 2월 9일 본회의에서 가결되었다. 동년 3월 5일 시행된 재외동포법은 한국정부 수립 전에 국외로 이주한 사람과 그 아들, 손자까지 법률상의 '외국국적동포'로 인정하였지만 이주 4세는 재외동포에서 제외되었다는 비판을 받게 되었다.[88] 그렇지만 2004년의 법 개정 운동 전 상황은 재중동포들에게 훨씬 비관적이었다. 지구촌 사랑나눔의 대표인 김해성 목사의 회고는 2003년 당시 재중동포들의 한국 내 위치를 잘 나타내고 있다.

> 해방이 1945년이에요. 광복절은 해방을 가리키는 거고, 대한민국 건국은 1948년 정부가 수립되면서 비로소 이제 대한민국 이제 여권이 나오고 그랬다는 거죠. 그 이후에 대한민국 여권을 가지고 나간 사람들과 그들의 직계 존비속 후손은 우리 재외 동포다. 라는 거고 그들의 출입국가 법적지위를 한국인에게처럼 보장해 주겠다는 특혜에요. 그렇다면 반대에 경우 48년 이전에 나간 사람들은 출입국가 법적 지위는커녕 아무런 국물도 없다는 법률이죠. 그러면 48년 이전에 출국한 사람들은 누구냐는 거죠. 일제 식민 통치 하에서 굶어 죽지 않기 위해서 농사 지러 갔던 사람들 강제 징용 징병 정신대 학도병 나갔던 사람들 또는 빼앗긴 나라를 찾겠다고 목숨을 걸고 독립

---

88 한국정부가 실제이주 한 사람을 1세로 하여 직계비속 3세까지만 '외국국적 동포'로 한정한 이유는 첫째, 외교통상부의 입장에서 보면 재외동포법 개정을 반대하는 중국과의 외교마찰을 피할 수 있고, 둘째, 노동부의 입장에서 보면 재중동포의 급격한 유입에 따라 노동시장 교란을 피할 수 있고, 셋째, 국가정보원에서 안보상의 문제를 피할 수 있다는 이유에서였다(오타 타카코, 2004).

운동 하다가 싸우다 죽어갔던 사람들과 순국선혈들의 후손이 우리의 재외
동포가 아니라는 법률이에요. 그렇다면 단적인 예로 뭐 안중근 의사나 뭐
그 뭐 윤동주 시인이나 그런 사람들 우리 재외동포 아니라는 거죠. 그래 후
손도 재외동포 아니에요. 어떻게 이런 법률을 만들 수 있느냐? 하고 농성을
시작했다는 거죠.

(중 략)

중국동포들 가운데 이게 만들어졌는지 개정되어야 되는지 헌법 불합치를 받
았는지, 말았는지 아는 사람이 없잖아요. 설령 안다고 한들 불법체류자 신
분들이 가서 어떻게 법률 개정운동을 하겠어요. 저희 같은 사람들 같이 나
서서 이제 불법 체류자를 데리고 다니면서 개정운동을 시작한거죠. 싸우고
싸워서 어쨌든 이제 국회에서 만장일치 개정을 했습니다(김해성 목사).

결국 2004년 재개정된 재외동포법의 범주에 포함되면서 미등록
신분을 가진 사람들이 감소하였고 국적회복 신청도 급증했다. 그러
나 실질적으로 재중동포 3세나 4세는 한국으로의 입국이나 국적 회
복에 대한 선호도는 아주 낮은 편이다. 재중동포들은 3세나 4세들의
한국 국적 취득에 대해 관심을 가지고 있지 않으며 2세들도 한국
국적 취득보다는 자유왕래를 선호하고 있다. 이와 같은 원인은 아직
도 현재진행형인 재중동포들에 대한 한국사회의 차별 의식에 기인
함을 부인할 수 없으며 한국인에 대한 적대감을 표시하는 재중동포
들도 다수 존재하고 있다. 위와 같이 한국계 이주노동자의 이입 초기
에 나타나는 귀화지향형 유형의 에스니시티는 한국사회에 적응하기
위한 전략을 구사하면서 변화하게 되는데 이를 그림으로 나타내면
다음과 같다.

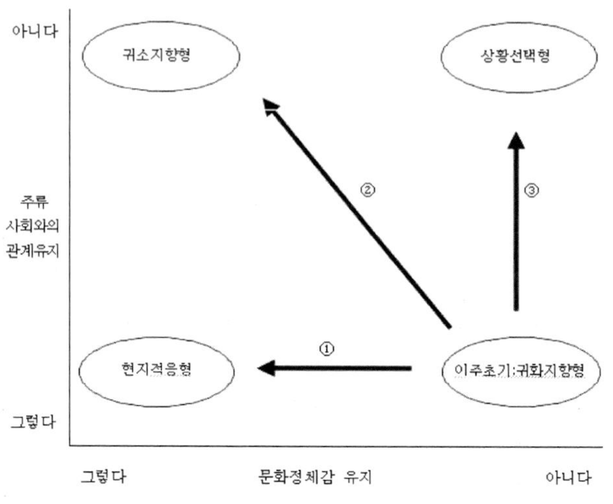

[**그림** Ⅴ-1] 한국계 이주노동자의 에스니시티 변형

화살표 ①의 과정을 경험하는 그룹은 고연령층의 부류나 중국으로부터 세대가 전부 한국으로 이주한 경우의 사람들로서 현지적응형으로 변형된다. 고연령층의 사람들은 중국으로 돌아가더라도 중국의 주류 사회에 편입되기 어려우며 젊은 연령대의 사람들에 비해 한민족의 정체성이 많이 남아있기 때문에 한국사회에 대해 젊은 연령대의 사람들보다 문화적 이질감이 낮아 적극적으로 한국사회에 적응함으로써 남은 삶을 정리하기를 바라고 있다. 마찬가지로 세대 전부가 한국으로 이주한 사람들은 친족이라는 친밀한 네트워크가 더 이상 중국에 존재하지 않기 때문에 중국으로 귀환하기보다는 한국사회에 남기를 희망한다. 그 밖에 가족을 포함한 친족 네트워크는 중국에 있지만 한국에서 사업을 목적으로 하는 사람들이 있다.

이미 한국사회에 사업장을 가진 사람들로서 한국 국적을 취득하게 되면 중국과 한국으로의 출입국이 자유롭기 때문에 국적을 취득하고자 한다. 그러나 이들은 한국사회에 적응을 하면서 한국 국적 취득을 희망하지만 다른 한편으로는 중국과의 인적·사회적 네트워크의 견고성은 감소하지 않는다. 만약 중국 국적을 가지고 있는 상태에서 한국과의 자유왕래가 허용된다면 이들은 다시 중국 국적을 취득할 용의를 가지고 있다. 이런 의미에서 이런 부류의 사람들에게는 현지적응형과 상황선택형 에스니시티가 혼재되어 있는 것을 알 수 있다. 그러나 이와 같은 유형의 사람을 제외한 전자의 두 부류는 한국사회라는 구조에, 전폭적으로 적응하려는 개인적 동기가 결합되어 나타나는 에스니시티 변형의 유형이다. 화살표 ②의 과정은 중국으로부터 단독으로 한국에 이입되어 있는 재중동포들이 이러한 유형에 속하는데 중국에 가족들이 남아 있기 때문에 돈을 벌고 난 이후에는 중국으로 귀환하는 것을 상정한다. 비한국계 이주노동자는 물론이려니와 재중동포 역시 한국사회의 이입을 결행하게 된 중요한 이유는 가족의 생계유지가 중요한 목적이었다. 따라서 가장 중요한 가족이라는 네트워크가 아직까지 중국에 남아있는 경우 돈을 벌면 곧바로 귀국하기를 희망한다고 볼 수 있다. 이 밖에 한국사회에서의 경험을 기반으로 무역을 시도하려는 부류나 한국사회에서 심한 차별을 경험한 사람들이 있다. 이들은 개인적 동기에 의해 한국사회에 적응하려는 의지가 강하지 않고 스스로를 한국사회라는 구조와 분리시키는 귀소지향형 개념으로 변형되는 그룹이다. 마지막으로 화살표 ③번의 유형으로서 한국 정부의 정책 상황에 따라 중국으로의 귀국과 한국사회의 정착을 결정하려는 그룹이다. 이러한 유형에는 젊은 층의 재중동포를 비롯하여 가장 많은 이들이 이 부류에 속하는데 이들 모두는 한국정부의 정책 상황과 본인들의 개인적 상황 등을 고려하면서 미래의 거취를 결정하려고 한다. 대부분의 재중동포들은 돈을 벌기 위한 목적으로 한국에 입국하였기 때문에 한국과 중국을 비교하여 어느 곳이 수입의 크기가 증가할 것인가에 대해 고려하게 되고, 수입이 더 증대될 수 있는 가능성이 있는 공간으로 이동하게 된다. 여기에는 한국정부의 재중동포에 대한 체류 문제가 중요한 기제로 작용하게 된다. 비자의 종류나 체류 기간, 그리고 취업 직종에 관한 제도적 장치는 이들이 한국에 체류할 것인가, 귀환할 것인가에 관한 결정에 가장 중요한 조건이다. 따라서 재중동포들은 이러한 제도적인 강제적 주변화 상황과 이에 조응하는 자발적 주변화를 경험하면서 한국사회의 주변부에 위치하게 된다. 이를 한국사회의 구조와 개인 각각의 상황 속에서 향후 본인의 거취를 결정하게 되는 상황선택형 개념이라고 할 수 있다.

이와 같이 에스니시티가 변형되면서 발생하는 문화변용은 단기간에 발생하지 않으며 장기간에 걸쳐 서서히 진행된다. 이를 확인하기 위해 한국에서의 체류 희망 기간을 묻는 재중동포들의 설문조사는 이 같은 사실을 뒷받침하고 있다.

<표 Ⅴ-1> 한국계의 체류 희망기간

구분	빈도(명)	유효 퍼센트(%)
즉시 떠나고 싶다	16	6.7
1년 까지	8	3.3
3년 까지	32	13.3
5년 까지	63	26.3
영주	121	50.4
합계	240	100.0

즉시 한국을 떠나고 싶다는 대답은 **6.7%** 밖에 되지 않았고 **97%**
이상은 최하 1년에서 한국에서의 영주까지, 다양한 응답 유형을 보
여주었다. 이들 대부분은 귀국보다는 한국에 체류하면서 돈을 더 많
이 벌기를 희망하고 있으며 체류기간 역시 본인의 의지와는 관계없
이 장기화되는 것이 일반적이다. 이 과정에서 에스니시티의 변형은
다양하고 자연스럽게 발생한다.

결론적으로 초기 이입시기에 보여주었던 귀화지향형의 유형은 귀
소지향형이나 현지적응형 등 다양하게 변화되지만 대부분의 사람들
은 한국사회의 구조와 개인의 심리적·현실적 상황과 연동되어 이
주노동자의 주변화와 한국사회의 배제 전략이 혼재된 상황선택형
집단으로 그 성격이 변화됨을 알 수 있다. 이처럼 한국계 이주노동자
의 변형 유형은 다양한 스펙트럼을 보이고 있는데 이를 비한국계
이주노동자와 비교하면 많은 차이를 보이고 있다.

2. 비한국계 이주노동자의 문화변용

비한국계 이주노동자가 담지하고 있는 에스니시티는 '가난한 나
라에서 돈 벌기 위해 입국한 불쌍한 존재'라는 한국계 이주노동자와
의 공통점을 제외하면 민족적 정체성이 전제되는 한국계 이주노동
자와 차이점을 보이고 있으며 에스니시티 변형 결과도 차이가 있다.
첫째, 경제적 필요성에 의해 한국에 이입된 글로벌 시대의 세계인일
뿐이다. 한국사회와의 인적 네트워크가 전무한 상태로 이입된 이들

은 출신국과 비교해 한국에서 더 많은 돈을 벌 수 있다. 따라서 이들의 출신국이 한국보다 월등한 경제성장을 이루지 못하는 한 한국사회를 떠나지 않으려 한다. '돈을 벌어 고국에 돌아가겠다'는 한국으로의 초기 이입 당시에 가지고 있던 생각은 체류기간이 장기간 경과해도 이루어지지 않는 경우가 많다. 따라서 이들은 한국사회에 적응하고 생활세계를 지속하고 있다. 둘째, 다민족·다인종 사회에 대한 거부감 없는 정치 체제를 경험한 존재이다. 민족주의 이데올로기에 의해 이념적 장악을 경험했던 한국이나 일본과는 달리 단일민족 이데올로기에서 자유로웠던 이주노동자들은 출신국을 불문하고 이민족과의 공존이 자연스러운 현실이었다. 필리핀의 경우 스페인과 미국의 오랜 식민지 경험이 오히려 혼혈인에 대한 차별 없는 사회 분위기를 만드는 데 일조를 했으며 네팔의 경우 다양한 민족이 국가를 이루고 있는 전형적인 다민족 국가이다. 2007년 절대왕정이 종식되고 2008년 공화정이 도입된 네팔의 경우 정치적으로도 단일민족의 신화를 통해 국민의 결집을 이끌어내야 하는 절박함이 절실하지 않았던 체제였다. 동남아시아 출신의 비한국계 이주노동자들은 민족주의 의식이 한국사회 만큼 강하지 않다. 단일민족의 오용된 신화가 이들에겐 적용되지 않았던 것이다. 이와 같은 출신 배경은 한국사회로의 적응과 정착에 거부감이 없으며 한국사회의 배타적 감정만 없다면 이웃으로 살아갈 준비가 되어있다고 볼 수 있다. 셋째, 피부색에 따른 인종적 차별을 경험하는 존재이다. 한국사회는 과학적 근거가 없는 인종적 우열의 줄 세우기에 따라 차이를 인정하지 않고 차별의 대상으로서 이주노동자를 바라본다. 한국인이 바라보는 백인은 '발전된', '세련된' 혹은 '진보된' 이미지로 흑인은 '미개한', '게으른'과 같은 이미지로 대조를 이룬다. 같은 일을 하는 이주노동자라 할지라도 러시아와 같은 동유럽 출신 - 러시아, 우즈베키스탄, 우크라이나 등 - 의 백인 이주노동자들은 동남아시아 출신의 이주노동자에 비해 차별을 겪지 않는 것이 그 이유이다. 넷째, 한국인에게 익숙하지 않은 종교를 가진 거친 사람들로 인식한다. 한국에 이입된 이주노동자는 출신국이 다양한 만큼 다양한 종교를 가지고 있다. 필리핀 사람들은 대부분 가톨릭 신도이며 러시아 사람들은 러시아 정교를 믿고 있다. 흔히 이슬람교를 믿을 것처럼 생각되어지는 인도나 방글라데시 사람 중에는 힌두교를 믿는 사람들도 많이 있고 스리랑카 출신의 이민자와 네팔의 이민자 중에는 불교도들이 많으며 네팔 사람 중에도 힌두교와 이슬람교를 믿는 사람도 있다. 하지만 대부분의 한국인들은 검은 피부의 외국인은 이슬람을 신봉하는 모슬렘일 것이라고 생각한다. 그러나 한국에서 삶을 영위하는 동안에 종교적 정체성이 변화를 겪게 되거나 드물기는 하지만 믿고 있던 종교 자체를 개종하는 일도 가끔 발생한다.

한편 비한국계 이주노동자들은 한국계 이주노동자와 같이 한국인과의 인맥이나 동일한 민족적 정체성이 처음부터 존재하지 않았기 때문에 재중동포들처럼 단독의 에스닉 타운을 형성하기 어려운 조건을 가지고 있다.[89] 이들은 출신국별로 타운을 형성할 수 있는 사회적 조건이나 내적 역량이 충족되지 않는다. 이들은 영세 제조업이 활성화된 마석공단과 같은 지역에서 다른 국가 출신의 비한국계 이주노동자와 생활 세계를 동시에 영위하게 되는 것이 일반적이다. 다

---

89 안산의 '국경 없는 거리'도 이주노동자의 거리지만 엄밀하게 보면 '가리봉동 재중동포 거리'나 '대림동 재중동포거리'와 같이 1개국 출신의 사람들에 의해 형성된 집단 상권 지역이 아니다.

양한 국가 출신의 이주노동자가 같은 공간적 지형에서 생활하지만 상호 간의 문화적·사회적 교류는 최소한으로 한정짓고 있다. 오히려 한국의 사회문화에 대해 빠르게 체득하는데 특히 의·식·주의 요건 중에서 먹는 것을 제외하고 의복과 주거의 형태는 한국인과 동일하게 변화한다.

> 돈에 대한 씀씀이도 인제 좀 달라지죠. 그러니까 한 4년 정도 되면 뭐 일단 뭐 예를 들면 뭐 핸드폰이라든가 뭐 운동화라든가 뭐 옷에 대한 복장에 대한 문제라든가 이런 데에 대해서 씀씀이가 좀 헤퍼지는 건 당연한 거고. 또 그런데다가 인제 이 사람들이 인제 20대 초반, 대부분 한 20대 초반 내지 중반 정도 되는 젊은 층이다 보니까 상당 부분 이 4년 이상이 되고 나서는 인제 그 한국 경제에 대한 어떤 것들은 대해서도 이해도 하게 되고, 자기도 그 사회 속에서 어느 정도의 좀 이렇게 참여하고자 하는 그런 것도 생기다 보니까 뭐 생활필수품이랄까 뭐 어떤 이런 것들에 대해서 좀 내가 보기에는 미안하지만은 좀 이제 사치성이 나타나기 시작을 하죠.
> (중 략)
> 그리고 인제 내가 볼 때는 4년 정도, 4년에서 한 7년 정도 되니까 거반 열심히 모은 사람들은 그래도 뭐 본국에 집이나 땅 뭐 이런 것들을 좀 그 만들어 놓은 것 같드라구요. 그러고 나서 인제 그 이후부터는 내가 보기엔 좀 더 어떤 체류에 대한 욕심, 또 부에 대한 욕심 뭐 이런 것들이 개인적으로 좀 증가되어지면서 장기 체류하려고 하는 그런 의향도 있고, 또 마땅히 본국에 가서 자기나라 돌아가서 뭐 뭘 해야 겠다라는 어떤 의지도 좀 그렇게 많지 않은 거 같고, 뭐 미래에 대한 어떤 계획성이라든가 이런 게 뚜렷하게 설정되어져 있지 못 하다 보니까 인제 그런 측면이 있고. 또 인제 자국 내 상황도 그렇겠죠. 본국에 상황이 뭐 현재적으로 인제 뭐 일자리라든가 산업기반이 이렇게 마련되어져 있지 못 하다 보니까 본국에 돌아가도 특별하게 뭐 할 게 없다 하는 어떤 그런 두 가지 측면이 다 맞물려져서 장기체류를 가는 어떤 그런 바탕이 되는 것 같드라구요(이영 신부).

결국, 비한국계 이주노동자들은 종교적 신념과 같은 최소한의 민족적·국가적 정체성을 남겨두고 한국사회로의 진입을 시도하고 있다는 것을 알 수 있다. 20~30대의 젊은 층이 한국사회에 이입된 이유로 인해 이들은 한국여성과의 결혼도 충분히 고려하고 있으며 실제로 소수의 이주노동자는 한국인 여성과 결혼하여 정착을 위한 실질적 행동에 나서고 있다. 이와 관련하여 본 책의 서두에 언급되었던[90] 이주의 4단계 모형에 비추어볼 때 가족재결합의 단계는 생략되는 대신에, 20여 년이 넘는 이주의 역사를 감안한다면 앞으로 10년 후에는 세대가 재생산되는 과정에 진입할 것이고 실제적인 국제결혼의 증가는 이에 대한 충분한 가능성을 보여준다고 할 수 있다. 이와 같이 일단 한국사회에 이입되어 적응을 마친 비한국계 이주노동자의 한국사회 정착 욕구에 의한 에스니시티의 변형은 일시적 현상이 아니라 지속적 현상이라 할 수 있다. 실제로 한국사회를 경험하고, 한국사회의 문화를 몸으로 체득함으로써 변형된 에스니시티를 담지한 채 출신국으로 귀환한 비한국계 이주노동자는 출신국 사회에 적응하는 과정에서 어려움을 겪고 있으며 한국으로 재입국하기 위해 노력하고 있다.[91]

정리하면 비한국계 이주노동자들이 한국사회에서 구성하고 강화시킨 사회적 연결망(social network)을 포함하는 사회적 자본(social capital)은[92] 한국이라는 지역적 공간에서 축적되었으며 이는 출신국

---

[90] 자세한 내용은 본 책 54쪽의 〈표 Ⅱ-1〉을 참고하라.

[91] 미국에서 생활하던 한국인이 한국에 왔을 때 미국적 사고와 행동 양식을 고수한다는 사실은 이미 잘 알려져 있다. 마찬가지로 한국사회에 있던 이주노동자가 출신국으로 공간적 지형을 이전하면 본래의 생활양식으로 회귀되지 않고 일정부분 한국적 생활양식을 고수하며 한국과의 사회적 네트워크를 유지하려고 노력한다. 필자 역시 이주노동자 운동의 현장을 떠난지 7년이나 되었지만 아직도 파키스탄이나 방글라데시로 귀환한 이주노동자 친구들의 전화를 받고 있는데 이들은 지속적으로 한국으로의 입국을 모색하며 도움을 요청하고 있다.

[92] 퍼트넘(Robert David Putnam)의 '사회적 자본'(social capital)에 대한 정의는 사회 구성원의 상호이익을 증진시키기 위한 조정과 협력을 촉진하는 네트워크와 규범 그리고 사회적 신뢰 등을 원천으로 파악하고 있다. 또 같은 인종처럼 동일한 사회화 과정에서 생기는 사회적 자본과 이질적 집단 사이에 생기는 사회적 자본을 구분하고, 이 두 가지가 상호 보완되어야 한다고 주장하였다.

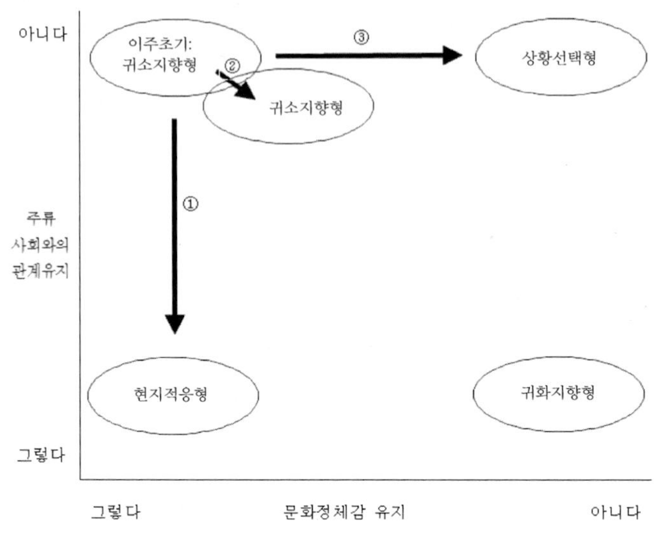

[그림 Ⅴ-2] 비한국계 이주노동자의 에스니시티 변형

으로 공간 이전이 불가능하게 된다는 것을 보여준다.

이처럼 비한국계 이주노동자도 한국계 이주노동자와 마찬가지로 다양한 적응과정의 전략을 보여주는데 적응 과정의 결과는 차이가 있다. 비한국계 이주노동자의 에스니시티 변형을 통한 문화변용 전략의 결과를 그림으로 나타내면 아래와 같다.

[그림 Ⅴ-2]에서 나타난 바와 같이 비한국계 이주노동자의 문화변용은 한국계 이주노동자와 다른 유형을 보여준다. 화살표 ①의 유형은 젊고 교육 수준이 높은 사람들이 이러한 경향을 보이는데 이들은 한국어 습득이 고연령층 이주노동자에 비해 수월하고 생활의 향상을 위해서는 굳이 출신국에서의 삶을 고집하지 않으며 고연령층 이주노동자에 비해 출신국의 문화 정체성이 약하기 때문에 이입국에서의 적응이 용이하다. 이러한 개인적 동기와 심리적 상태는 한국

사회에 주체적으로 적응하려 한다. 이 밖에 한국에서 배우자를 만난 사람들과 10년 이상 장기 체류를 하고 있어 출신국으로 돌아가더라도 더 이상 인적·사회적 네트가 존재하지 않아 사회생활에 곤란을 느낄 수 있는 사람들이 이러한 개념의 유형으로 변형된다. 화살표 ②는 고연령층으로서 출신국의 문화 정체성이 강하여 한국사회의 문화에 이질감을 강하게 느끼고 있는 경우로 출신국에 대한 향수가 짙은 사람들이다. 둘째, 출신국으로 귀환 후 사업을 준비하는 부류로서 한국에서의 문화나 언어 등의 경험 축적을 이용해 출신국에서 사업을 하거나 한국과의 무역을 시도하려는 사람들이다. 셋째, 가족이 모두 출신국에 있어 이주노동자 본인만 한국사회에 이입되어 있는 경우인데 친족 네트워크가 출신국에 건재하고 있고 그 친족 네트워크의 한국 내 이전이 불가능한 경우 귀환을 상정한다. 마지막으로 한국사회에서 강한 차별을 경험한 사람들이다. 이들에게 차별 경험은 인간적인 모욕감을 느끼게 하고 한국사회를 부정적인 시각으로 바라보게 된다. 이들은 돈을 벌고 난 이후에는 출신국으로 귀환하려는 욕구가 강하다. 이러한 유형에 속한 사람들은 한국사회의 구조에 진입하려는 의지가 약하고 주체적으로 스스로를 한국사회와 분리시키고 있다. 이들은 체류 기간이 장시간 경과하더라도 한국으로의 이입 초기에 나타났던 문화변용 태도와 차이를 보이지 않으며 출신국으로의 귀환을 상정하고 있다. 화살표 ③은 한국으로의 이입된 기간이 단기인 사람들과 젊은 여성층에서 변형되는 개념이다. 이입된 기간이 짧아 한국 문화에 대한 적응의 정도가 낮은 사람들과 한국사회와 접촉할 수 있는 소통의 방법이 적은 젊은 여성층은 귀환을 할 것인가, 아니면 한국사회에 정착할 것인가에 대해 의사 결정을 할 수 있는 정보가 부족할 수밖에 없다. 따라서 이들은 한국사회 구조의 주변부에 위치하면서 한국정부의 정책 상황을 주시하게 되고 스스로를 주변화시킨다. 즉, 상황선택형의 개념으로 에스니시티가 변형되고 있다. 그러나 현지적응형의 사람은 물론이려니와 귀소지향형의 유형에 속하는 사람들도 한국사회의 이주노동자를 대하는 태도나 한국정부의 제도적 변화에 따라 상황선택형의 유형으로 전이 될 가능성은 충분하다.

[그림 V-2]에서 비한국계는 귀화지향형으로 변형되지 않았는데 이에 대한 원인 분석은 본 책 219~223쪽에 이미 서술하였기에 이 장에서는 생략하도록 한다.

위의 결과처럼 한국계 이주노동자와 마찬가지로 비한국계 이주노동자의 문화변용 전략도 장기간 체류함으로써 진행되는데 이 같은 사실을 뒷받침하기 위해 체류 희망 기간을 질문해 보았다.

<표 V-2> 비한국계의 체류 희망기간

구분	빈도(명)	유효 퍼센트(%)
즉시 떠나고 싶다	4	3.3
1년 까지	27	22.5
3년 까지	30	25.0
5년 까지	31	25.8
영주	28	23.3
합계	240	100.0

<표 V-2>에서 비한국계 이주노동자는 즉시 한국을 떠나기를 희망하는 사람은 3.3% 밖에 되지 않으며 1년을 체류하겠다는 사람부터 영주를 희망하는 사람까지 고르게 분포하고 있다. 한국계와 비교

하여 특이한 사항은 영주에 관한 대답이다. 한국계는 한국에서 영주를 하기 위한 제도적 조건이 비한국계보다 좋기 때문에 영주에 대한 희망도가 높은 반면, 비한국계는 제도적 조건이 그들에게 우호적이지 않다는 사실을 인지하고 있기 때문에 영주를 희망하는 응답이 한국계에 비해 적었다. 그러나 면담 대상자나 설문에 응했던 사람들이 출신국으로의 귀환을 희망해서 실제로 돌아가는 사람들은 소수일 것이다. 실질적으로 면담대상자들 대부분이 장기간 체류했음에도 불구하고 아직까지 출신국으로 귀환을 하지 않고 있다. 결국 이와 같은 통계 수치는 비한국계 이주노동자가 본인의 의지와는 무관하게 한국사회에 체류할 수밖에 없으며 한국사회에 적응하면서 에스니시티 변형 유형이 다양하게 분화하고 있는 것을 보여준다. 이와 같이 다양한 에스니시티 변형을 통해 발생하는 이주노동자의 문화변용은 독자적으로 변용되지 않으며 이입국의 지배 집단과 이주민이 상호작용하며 전략을 구사하게 되는데 베리는 이를 3가지 수준에서 지배적 집단과 피지배 집단이 취할 수 있는 전략을 제시하였다.

3. 에스니시티 변형수준에 따른 문화변용 전략과 궤적

베리는 지배 집단과 비지배 집단이 취할 수 있는 전략을 국가적, 개별적, 제도적 차원의 수준에서 문화변용의 궤적을 6가지로 분류하였다. 이는 문화변용 전략에서 이입국 사회와 이민자 집단이 조응하며 발현하는 것으로써 다음과 같다.

〈표 Ⅴ-3〉 문화변용 전략의 궤적

수준	지배적	비지배적
	주류	소수자 집단
	광역사회	문화 집단
국가적	국가 정책	집단 목표
개별적	다문화주의 이념	문화변용 전략
제도적	획일적이거나 다원적	다양성과 공정함

* Berry, 2006

　먼저 국가적 수준의 전략은 지배적 집단에서는 국가정책에 대한 검토를 전략으로, 비지배 집단은 집단의 목표를 전략으로 가진다. 비지배 집단에서는 집단의 목표를 정중한 방식으로 의사를 표현하여 전달한다. 다시 말해 우월적 지위를 가지고 있는 지배적 집단은 제도적 장치를 통해 피지배 집단에게 문화변용을 강제할 수 있지만 피지배 집단에서는 문화변용과정에서의 집단목표를 강력하게 요구할 수는 없다. 개별적 수준의 전략에서 지배집단은 다문화주의 이념의 논의를, 비지배 집단에서는 문화변용 전략을 구사한다. 지배집단의 개인은 다문화주의를 통한 포용전략을 구사하고 이에 조응하는 피지배 집단의 개인은 다양한 문화변용 전략을 택함으로써 상호작용하게 된다. 마지막으로 제도적 수준의 전략에서 지배집단은 정의와 방어, 건강, 교육의 제도 속에서 획일적 프로그램과 표준화를 더 선호는 반면 비지배 인종문화적 집단은 다양성과 공정성의 공통적인 목표를 추구한다. 이 수준에서는 두 집단 간의 경쟁적 상황에서 수시로 대립되는 갈등과 대립에 있어 대안전략을 찾는 것을 원칙으로 한다.

　이상 베리의 논의를 한국사회의 한국계 이주노동자와 비한국계 이주노동자에게 적용하면 다음과 같이 정리 할 수 있다. 한국사회에서 국가적 수준의 문화변용 전략은 한국계와 비한국계에게 차별적 정책을 전략으로 구사하고 있다. 이는 한국계 이주노동자는 한민족이라는 공통의 정체성을 공유하고 있지만 비한국계 이주노동자는 그렇지 않기 때문이다. 실질적으로 한민족 정체성을 공유한 한국계는 비한국계에 비해 압도적으로 합법 신분을 유지하는 사람들이 많다. 따라서 신분적 프리미엄을 가지고 있는 한국계 이주노동자 집단은 중국과 한국과의 자유왕래를 강력하게 희망하고 있으며, 그렇지 않은 비한국계 이주노동자는 뚜렷한 집단 목표를 상실한 채 정주하거나 혹은 귀환을 고려하고 있다.

〈표 Ⅴ-4〉 한국사회의 문화변용 전략의 궤적

수준	한국사회	한국계	비한국계
	주류	소수자 집단	
	광역사회	문화 집단	
국가적	국가정책→ 한국계와 비한국계의 차별성	집단 목표	
		자유왕래	정주 또는 귀환
개별적	다문화주의 이념→ 최소한의 다문화주의 이념	문화변용 전략	
		1. 세대 간 차별성 존재 2. 정체성의 혼란	종교와 같은 핵심적 가치를 제외한 생활세계 가치의 적극적인 변용 전략
제도적	획일적이거나 다원적→ 한국계와 비한국계의 차별성	다양성과 공정함	
		비교적 다수 적용	일부 적용

* 위 표는 베리의 문화변용 전략의 궤적에 관한 이론을 한국 상황에 맞게 필자가 재구성한 것임.

개별적인 수준에서는 아직까지 한국인이 다문화주의에 대해 깊이 인식하지 않고 있으며 이방인을 포용할 수 있는 마음의 자세가 정립되어 있지 않다. 이는 근거 없는 단일민족 신화에 한국인이 수용되어 있기 때문이다. 최근 결혼 이주여성이 증가하면서 다문화주의 이념에 대한 공론화가 시작되었지만 한국사회가 다문화 이념을 완전히 수용하기에는 아직 이르다. 이에 따라 한국계 이주노동자는 돈을 벌기 위한 방편으로 한국과 중국에서의 거취를 고민하고 있을 뿐 한국사회에서 적극적인 문화변용 전략을 구사하지 않으며 이는 세대 간에도 차이를 보이고 있다. 젊은 층의 사람들은 자신들의 문화변용에 대해 깊이 고민하지 않고 있으며 중·장년층의 사람들은 한국에서 정주할 것인가 중국으로 귀환할 것인가의 향방에 따라 문화변용 전략을 고민하고 있다. 이런 혼란은 스스로의 정체성을 규정하지 못하는 원인이기도 하다. 반면에 비한국계 이주노동자는 출신국으로의 귀환을 염두에 둔 사람들을 제외하면 종교와 같은 최소한의 신념만을 남긴 채 문화변용에 적극적이다. 이들은 한국사회가 자신들을 포용하는 다문화주의의 실현을 강력히 희망하고 있으며 만약 한국사회가 이들을 받아들일 준비가 된다면 적극적인 문화변용 전략을 구사하면서 적응하려고 한다.

마지막으로 제도적 수준에서의 전략을 보면 한국정부는 이주노동자를 포괄하는 이주민을 위해 다양한 제도를 실행하고 있지만 제도의 수혜는 차이가 있다. 한국계 이주노동자에게는 재외동포법과 같이 비교적 적용될 수 있는 제도적 장치가 있는 반면 비한국계 이주노동자에게 적용될 수 있는 제도적 장치는 외국인 인력정책에 의해 이입된 사람들의 건강이나 산업현장에서의 재해를 위한 최소한의 장치만이 가동될 뿐 근본적인 문제인 체류나 영주에 관한 제도적 장치는 전무하다. 특히 미등록 신분을 가진 비한국계 이주노동자는 현행법에 의하면 범죄자로서 한국정부의 외국인력 정책 하에서는 논외의 대상에 불과할 뿐이다. 이렇게 보면 한국계와 비한국계가 차이가 있는 듯 보이지만 사실은 한국계와 비한국계를 불문하고, 이들이 제도적 수준에서 요구하는 문화변용 전략의 공정성과 다양성은 보편적으로 인정받지 못하고 있는 것이 한국사회에서의 실상이다.

4. 이주노동자의 문화변용과 한국사회

1) 한국 산업구조에서의 이주노동자의 역할

한국사회와 이질적인 문화적 차이를 가지고 있던 이주노동자들은 험난한 정착 과정을 극복하고 한국사회에 적응하게 되었는데 3D업종을 기피하는 한국의 젊은 구직자들의 빈자리를 이들이 대체하게 되었으며 숙련공들의 노령화는 이를 더 부추기는 기제가 되었다. 선발 공업국의 사례를 보아도 제조 업종의 기업은 숙련공이 필요하게 되면 미숙련 종업원을 훈련시키기 보다는 지역노동 시장에서 이미 양성되어 있는 인력을 채용하려는 경향을 보인다(Charles, F. Sabel. 1982: 49). 하지만 지역 노동시장에 더 이상 구직을 원하는 한국인 노동자는 없었다. 중소기업은 전체 임금 근로자의 절대 다수를 고용하고 있지만 중소제조업의 기능·기술직 종사자의 부족률은 2005년 5.58%, 2006년 6.19%로 여전히 심각한 것으로 나타나고 있다. 중소기업은 인력난으로 심각한 상황이지만 청년 실업률은 2005년 8.0%, 2006년 7.9%, 2007년 7.2%로 매우 높게 나타나고 있으며 2006년의 경우 실업자 수는 월평균 36.4만 명인 것으로 추정되고 있다(중소기업청, 2006, 2007; 중소기업청 · (주)메트릭스, 2006; 중소기업청 · 중소기업중앙회, 2007).[93] 안정적 미래를 준비하기 위해 취업을 준비하는 청년층은 중소기업을 외면하고 대기업에 취업을 희망하거나 공무원이 되기 위해 고시를 준비하는 것이 국내 노동시장의 일반적인 현상이라 할 수 있다. 국내 교육환경은 질적 · 양적으로 성장되어 왔고 고등학교를 졸업하는 대부분의 학생들은 대학 진학에 성공하고 있으며 대학 진학을 하지 않고 곧바로 취업을 원하는 구직 청년층도 3D 산업이라 일컬어지는 중소기업으로 취업하기를 희망하지는 않는다. 이러한 학력과잉의 실태에 대한 분석결과를 살펴보면 첫째, 여성보다는 남성의 학력과잉 비율이 높은 것으로 나타났으며 둘째, 전문대 및 대졸자의 다수(75%~80% 수준)가 본인이 수행하고 있는 직무에 비해 본인의 학력을 '적정'하다고 평가하고 있다. 셋째, 전공별로는 예체능 계열, 이공계열, 인문계열의 순으로 학력과잉의 비중이 높았으며 사범 계열과 의학계열의 경우 학력과잉 비중이 전체 평균보다 낮은 수준이다. 넷째, 정규직에 비해 비정규직에서의 학력과잉 비중은 거의 두 배에 이르는 것으로 조사되었으며, 기업별로는 1~4명의 소기업에서 가장 많은 비중의 학력 과잉자를 고용하고 있으며, 1,000인 이상 사업장에서 학력과잉자의 비중이 가장 적은 것으로 나타났다. 다섯째, 산업별로는 3차 산업에서의 학력과잉 비율이 가장 낮은 것으로 나타났다(김주섭, 2005: 9~11). 이러한 결과는 취업을 원하는 구직자가 중소기업 보다는 대기업에, 1차 · 2차 산업 부문보다는 3차 산업으로 취업을 희망한다는 것을 알 수 있다. 산업구조의 미스매칭(miss matching)으로 인해 산업현장에서 나타나는

---

93 이병욱, 류병구, 이창훈, 2008에서 재인용.

인력공백은 이주노동자가 미숙련 노동자로서 영세 중소기업에 취직하게 되고 국내의 청년층이 익혀야 할 2차 산업 현장에서의 기능은 자연스럽게 이주노동자에게 기능의 전수가 이루어졌다.

－사례 1
면담자: 그럼 한국 사람이 뭐 지시나 감독을 한다거나 그리고 그런 것들을 주로 하고 그다음에 외국인들은 다른 업을….
신봉환: 한국사람 외국 사람을 관리하고 외국사람 따로 그냥 그건 아니고, 어떤 회사 체제가요. 기술자 위주로 가니까 그 기술자가 이렇게 모든 지시를 하잖아요? 근데 이제 외국 사람이 한국 사람보다 더 기술이 좋아서 그 요직 요직자리 있으면 한국 사람이 그 사람 말 따라야 되요. 구조가 그래요.
(중 략)
신봉환: 우리 큰애가 군대를 갔다 와서 지금 스물다섯(25)살인데, 아빠 와서 아빠 일을 배워라. 그랬드니 '안 할랍니다'. '뭐 할 건데?' 그랬드니, 하고 싶은 게 있대요. 그럼 한 번 얘기를 해 봐라 그랬드니, 그 식당 홀 서빙봅디다. 식당 홀 서빙. 그러니까 한참 먼지 나고 힘든 일은 안 하겠다는 그 이 머리. 그래서 내가 우리 아들이 인제 그걸 가르칠려고 했던 이유가, 아무리 기계화 되도요. 수작업이란 게 있거든요. 옛날에 수작업을 이만큼 하고 기계화를 요만큼 했다고 했을 때 그게 만약에 역으로 간다고 쳤을 때, 지금은 이제 많이 사업화가 돼가지고 기계화 이만큼 돼서 수작업할 수 있어요. 돈이. 요만큼이라도 있다 보면은. 근데 지금 한국 사람들이, 사람이 없어요. 정말 없어요. 아마 우리 때가 마지막일 거예요(남, 50대 중반, 고용주).

－사례 2
여기다 나온다고 해도 어차피 내가 한국사람 쓴다고 해도 지금 새로운 들어온 사람들은 150이나 한 160 줘야 되겠죠? 네? 외국 사람들도 지금 백 한 이삼십 주고 있으니까, 급여차이는 그렇게 뭐 나지 근데 뭐 지금 새로 들어온 다면은 아니 뭐 꽹장히 또 가르치는 것도 힘들어요. 한국 사람들은. 일도 이게 뭐 거칠고 그런 것도 있고, 그러다 보니까 많이 투덜대겠죠. 그러면 이제 서로 짜증나서 일 못하는 거예요. 정말로 내가 뭐 마음먹고 배울려고 나중이라도 이 일을 해야 되겠다고 배우면 모르지만 당분 잠깐 내가 여기서 그냥 머물고 가야 되겠다. 솔직히 말해서 내가 노는 기간 동안 예를 들어서 뭐 일은 하겠습니다 하고 들어오지만은 그 그건 내가 말씀 드리는 게 지금 저희 공장에 다 지금 최하가 40(나이를 말하고 있음)이에요(박희권, 50대 중반, 고용주).

2010년 현재 이주노동자들은 한국인 노동자와 '노동시장의 분절'을 자연스럽게 경험하고 있다. 마석가구 공단의 사례도 위의 논의에 예외가 될 수 없다. 현재 마석가구 공단은 재개발을 앞두고 있어 공단 전체의 분위기가 어수선하다. 공단 지역의 일부는 건물이 헐리고 본격적인 재개발을 준비하고 있는데 현재 마석공단은 재개발을 앞두고 쇠퇴기에 접어들었다. 마석공단이 가장 활성화되었을 때는 1997년 전후로 보인다. 당시 마석공단에서 일하는 이주노동자의 평균 인원이 2,000명 정도이고 쇠퇴기에 접어들긴 했지만 현재 마석공단에서 일하는 노동자의 수가 가구를 판매하는 매장에서 일하는 노동자를 합쳐 2,000명이 안 되는 노동인구 구성비에서 1,000명의 이주노동자가 일한다는 것은 이들이 없으면 가구 공단은 당장이라도 문을 닫아야 하는 형편인 것이다. 더 이상 한국인 구직자는 이곳을 찾진 않는다고 한다. 17년 동안 한국에서 생활하고 있는 로저 씨는 한국어에 능숙하지 못한 편이었지만 로저 씨의 면담 내용은 공장에 한국인 노동자가 많지 않다는 것과 작업 기술의 숙련도 면에서 이주노동자가 한국인 노동자보다 우월적 지위를 가지고 있으므로 오히려 한국인 노동자에게 이주노동자가 기술을 전수하고 있는 상황을 증언하고 있었다. 이러한 중소기업의 수는 한국 산업 구조에서 큰 부분을 차지하고 있는데 한국인은 더 이상 중소기업에 취업하지 않

으려 하고 있으며 이 자리를 이주노동자들이 대체하고 있다.[94]

> 한국인이(고용주) 외국인을 선호하는 이유는 딴 게 없어요. 기술도 기술이고 우선 성실하고 지긋하게 붙어 있다는 것에 점수를 주는 거야. 예를 들면 한국인이 무슨 공장에 취직하면 토요일 날 결혼식 있다고 나가고, 돌잔치 있다고 나가고, 근데 이 사람들은 부모가 돌아가셔도 못 가니까. 가면 끝이니까(현실적으로 이주노동자가 일단 귀국하면 한국에 돌아 올 수 있는 방법이 없다) 그런 정도의 지극함, 성실함, 충성을 보이니까. 지금 있는 사람들은 대체로 그런 인력이지. (고용주가)공장 단속 위험의 부담과 패널티를 알면서도 그러는 걸 보면 애들이(이주노동자) 성실한 거예요(이정호 신부).

이주노동자는 이입국의 국부를 유출하는 존재도, 무조건적으로 선진국에 정착하기만을 바라는 존재가 아니다. 이주노동자는 이입국의 산업경제 구조에 기여하는 바가 분명히 있으며 이에 대한 공과를 분명히 해야 한다. 한국의 상황도 이와 다르지 않다. '단기적으로 사용하고 폐기하는' 이주노동자 정책은 장기적으로 한국의 산업구조

---

94 "이주노동자 활용이 불황 탈출 열쇠" · 유엔개발계획 "진입장벽 완화 등 필요"
　　전 세계가 경기침체에서 벗어나려면 이주노동자를 적극 활용하는 방향으로 이민 정책을 바꿀 필요가 있다고 유엔개발계획(UNDP)이 5일 밝혔다. UNDP는 이날 태국 방콕에서 발표한 2009 인간개발보고서 '장벽을 넘어: 인간 이동과 개발'을 통해 고령 인구가 많은 선진국은 경기침체에서 벗어나기 위해 국제이주노동자를 많이 필요로 할 것이라면서 이같이 밝혔다고 AFP통신이 전했다. 보고서 대표 집필자인 제니 클루그먼은 "경기침체는 이주노동자에게 '뉴딜'을 시행함으로써 잡을 수 있다"면서 "지금은 반 이민 보호주의가 아니라 장기적으로 이득을 얻는 개선이 필요하다"라고 말했다. 보고서에 따르면 세계 인구 7명 가운데 1명꼴인 약 10억 명이 일자리를 위해 자신의 주거지를 옮긴 이주자다. 그러나 글로벌 경기침체로 인한 실직으로 국제이주노동자들은 본국 송금이 줄어드는 역풍을 맞고 있다. UNDP에 따르면 올해 이주자의 본국 송금 액수는 지난해(3,080억 달러)보다 줄어든 2,930억 달러로 추정된다. UNDP는 이민 활성화를 위해 미숙련 노동인력 진입장벽 완화, 이민자 기본권 보장, 이민 비용 절감, 이민 대상국과 이민자의 상호 협력적 해법 모색, 국내 이민 활성화, 이민을 사회개발 전략의 일부로 수용하는 것 등 6가지 조치가 필요하다고 주장했다. UNDP는 또 이주에 대한 오해가 있음을 지적했다고 dopa통신이 전했다. 많은 사람들은 이주가 나라 간 이뤄질 것으로 생각하지만 UNDP에 따르면 전체 이주자 가운데 국제 이주는 2억 1,400만 명에 불과하다. 70%가 넘는 7억 4,000만 명은 자국 내 이주자다. 클루그먼은 "아프리카 출신으로 유럽에 거주하는 비율이 1%에 불과하듯 국제 이동은 소수"라고 말했다. 국제 이주도 개발도상국에서 선진국으로 가는 것이 전형적인 이주 형태지만, UNDP에 따르면 이 숫자는 국제 이주자 3명 가운데 1명꼴인 7,000만 명에 불과하다. 이민자들이 이주 대상국에 부담이 될 것이라는 편견과 달리 경제적 산출을 높이고 이민 간 나라로부터 받는 혜택보다 기여하는 것이 많다고 UNDP는 밝혔다. 향후 급격한 인구 감소가 예상되는 나라의 경우 이민자는 인구증가율과 출생률을 높여 생산성을 향상시키는 주요인이 될 수 있다는 지적이다(경향신문, 10월 5일자).

를 약화시킬 수 있는 개연성이 크다.[95]

한국의 이주노동자 문제는 이제 국내의 문제를 넘어 국제적인 관심을 받고 있는 상황에 이르렀다. 이주노동자들의 일터인 영세 제조업이 대기업의 하부를 지지해 주는 토대임을 상기할 때 영세 제조업에서 일하고 있는 이주노동자의 역할과 위상에 대한 재조명이 필요한 시점이다. 따라서 한국정부는 인권을 포괄하는, 경제적 논리에 입각한 장기적 이주노동자 정책에 대한 고민이 필요한 시점이다.

2) 저 출산 · 고령 사회로의 이행 시기에서의 이주노동자

'고령화 사회'의 정의는 65세 이상의 고령인구 비율이 전체 인구의 7%에 다다르는 사회를 말하며 '고령사회'는 전체 65세 이상의 고령인구 비율이 14%에 이르는 사회를 의미한다. 2000년을 기점으로 한국사회는 고령화 사회로 진입했고 2018년에는 전체인구의 14%가 65세 이상의 인구비가 예상되어 고령화 사회에서 고령사회로의 진입을 앞두고 있다.

---

95 "외국인노동자 한국서 일회용 취급" 엠네스티 인권상황 보고서 발표 – 인권단체인 국제 엠네스티는 한국의 이주 노동자들이 고용주의 구타에 시달리고 임금을 받지 못하는 등 심각한 인권 침해를 겪는 것으로 나타났다고 21일 밝혔다. 엠네스티는 이날 공개한 '일회용 노동자: 한국의 이주노동자 인권상황' 보고서에서 이직이 어렵고 사용자의 의사가 체류 연장 여부를 결정하는 법제도 때문에 외국인 노동자들이 야근을 강요받고 위험한 작업 환경에서도 안전장비를 받지 못하는 등의 문제에 노출돼 있다고 지적했다. (중 략) 엠네스티는 보고서에서 적지 않은 이주 노동자들이 나쁜 근무여건을 못 견뎌 사업장에서 도망쳐 불법 체류자 신세로 전락하고, 가혹한 체포 및 강제출국 조처로 또다시 기본권을 침해당하고 있다고 지적했다. (중 략) 엠네스티는 보고서에서 정부가 고용허가법을 고쳐 이직 횟수 제한을 폐지하고 사용자의 재고용 의사가 있어야 근로 기한을 연장해 주는 규정도 없애라고 권고했다. 또 정부가 근로감독을 강화해 노동착취 문제를 해결하고, 직장을 이탈한 노동자들이 인권침해에 대한 배상을 받는 법적 절차를 밟으면 이 기간에 이들의 국내 체류를 허용해야 한다고 밝혔다(연합뉴스, 2009년 10월 21일자).

'초고령화 암운' 2050년 국민 1.4명꼴 노인 1명 부양, 올해 65세 이상 고령 인구 10명 중 1명, 2018년 고령사회, 2026년 초고령사회 진입.

65세 이상 노인을 먹여 살려야 하는 우리나라의 생산가능인구가 올해 7명에서 2050년 1.4명으로 급감하는 등 초고령사회로 인한 사회적 비용부담이 급증하는 것으로 나타났다.
이에 따라 우리나라 잠재성장률의 급속한 저하와 재정부담 급증은 불가피하며 이에 대한 근본적인 대비책 마련이 갈수록 절박해질 것으로 전망된다.
통계청이 30일 발표한 '2009 고령자통계'에 따르면 지난 7월 1일 현재 전체 인구 4,874만 7,000명 중 65세 이상 인구는 519만 3,000명으로 고령인구비율이 10.7%인 것으로 조사됐다. 총인구 10명 중 1명이 노인이라는 얘기다. 이는 10년 전인 1999년의 6.9%에 비해 3.8%포인트 높아진 것이다.
지난 2000년 이미 전체 인구 중 고령자의 비중이 7~14%인 '고령화사회'에 진입한 우리나라는 2018년 '고령사회(14% 이상)'에 이어 2026년에는 '초고령사회(20% 이상)'에 도달, 세계에서 가장 빠른 속도로 늙어가는 나라가 될 전망이다.
또 유소년인구(0~14세) 100명당 노인 인구인 노령화 지수는 올해 63.5를 기록한 데 이어 2016년이 되면 100.7로 급증, 노인인구가 유소년인구를 추월할 것으로 추정됐다. 심각한 사회문제로 대두중인 '출산·고령화'의 적나라한 현실을 읽을 수 있는 대목이다.
생산가능인구(15~64세) 100명에 대한 65세 이상 인구 비율인 노년부양비는 올해 14.7을 기록, 10년 전 9.6에 비해 5.1 증가했다. 또 2010년 15.0, 2016년 18.2, 2020년 21.7, 2030년 37.7 등으로 빠른 속도로 높아질 것으로 예상됐다(이데일리, 2009년 9월 30일자).

고령 인구의 증가는 노동생산성 저하와 생산가능인구수의 감소, 출산율 감소를 동반하여 저성장 기조가 발생할 수 있음을 예고하고 있다. 노동생산성 저하는 국가 경제 발전에 심각한 문제를 발생시킬 수 있으며 대체 노동력의 확보와 정책적 대안이 요구된다.

출산력 저하의 원인에 대한 몇 가지 원인을 살펴보면 먼저, 미혼 여성의 결혼 연기로 인한 평균 결혼 연령의 증가의 문제이다. 불과

10여 년 전만 해도 20대에 결혼을 하는 것이 일반적인 관습처럼 인식되었지만 IMF 외환위기를 거치면서 가정 경제력이 저하되었고 이는 여성의 활발한 경제·사회 활동과 맞물리면서 평균 결혼 연령이 증가하게 되었다. 둘째, 기혼 여성의 출산력 저하이다. 한국 경제 발전에 따른 물가 상승과 사교육 시장의 교육비 부담에 힘입어 한 가정에서 한 자녀 또는 두 자녀 이상의 출산을 하지 않게 되었다.[96] 1960년대 이후 장기간 변동에서는 이 두 가지 요인이 출산력 저하의 중요한 원인이었다. 그러나 1997년 경제위기 이후에는 청년층에서 결혼 연기로 인한 평균 결혼 연령의 증가가 출산력 저하에 더 큰 영향을 미치고 있다(은기수, 2008). 출산율과 사망률의 감소와 평균 수명의 연장으로 산업현장에 투입될 인력은 감소하고 그렇게 한국 사회는 고령화사회로 진입하였다. 고령화란 개인적인 수준에서는 오래 사는 것이지만 사회적으로는 전체 인구 가운데 고령인구가 차지하는 비율로 정의되는 것이 일반적이다. 여기에서 고령화의 1차적 원인은 출산력의 변동이며 2차적 원인은 평균수명의 연장이다. 따라서 출산력 저하가 사회에 미치는 영양의 하나는 고령화의 심화이다. 이러한 고령화 시대에는 고령 인구의 사회 전면의 부각으로 어떤 사회가 될지 예측 가능하지 않으며 빈곤, 범죄, 성, 의료문제 등 사회적 비용을 요구하는 새로운 문제들이 급증할 것이다(은기수, 2008). 새로운 사회적 문제들과 더불어 인구 감소와 생산연령의 노동력 부족 현상은 이주노동자가 메우게 될 것이라는 것은 자명하다.

---

96 인구보건협회가 2009년 11월 18일 유엔인구기금(UNFPA)과 공동 발간한 "2009 세계인구현황보고서"에 의하면 한국의 출산율은 1.22명으로 전 세계 평균 2.54의 절반에도 미치지 못하는 것으로 나타났다. 이 수치는 최하위 그룹을 이루는 국가들에 속하는 수치로써 일본과 싱가포르 1.26명, 독일 1.30명, 북한 1.85명에도 뒤떨어지는 수치이다.

한국의 취업인구 역시 고령화 되는 추세이다. <표 Ⅴ-5>는 경제
활동 인구조사에 나타난 연령계층별 취업자 비율의 추이를 설명하
고 있다. 한국의 취업자 연령분포는 항아리형으로 이행하는데 출산
율 감소라는 이유 이외에도 교육 수준의 향상에 따른 노동시장 진입
연령의 지연과 고령자의 취업 증가로 인한 것이다. 특히 20~24세
연령대가 차지하는 취업자의 비중이 감소하고 있으며 60세 이상의
비중은 증가하고 있다. 동시에 취업자 중 가장 높은 비중을 차지하는
연령대도 상승하고 있다(이인재, 2005: 5).

〈표 Ⅴ-5〉 연령대별 취업자 수 변화 추이

(단위: %)

구분	1970년	1980년	1990년	2000년	2004년
15~19세	13.4	7.6	3.2	1.8	1.1
20~24세	10.2	12.9	10.4	7.8	7.6
25~29세	11.2	12.7	14.1	13.4	11.5
30~34세	14.3	12.7	15.5	13.9	13.5
35~39세	13.2	12.6	12.5	15.1	13.9
40~44세	11.4	12.5	11.5	14.5	14.8
45~49세	10.1	10.8	10.1	10.5	12.7
50~54세	6.8	7.3	9.1	7.8	8.6
55~59세	5	5.6	6.5	5.9	6.2
60세 이상	4.6	5.2	7.1	9.3	10.1

* 통계청. 「경제활동 인구조사」

2010년 현재 정부와 지자체는 출산율 증가를 위한 여러 가지 시책
을 발표하고 시행하고 있다. 그러나 높은 물가와 자녀에게 투여되어
야 하는 사교육비에 대한 부담은 출산을 망설이게 하는 중요한 장애

요인이다. 과연 정부의 정책이 제대로 시행될 수 있을지에 대해서는 의구심이 남아있다.

취업 인력의 고령화는 기업 내부의 인력구성을 변화시킨다. <표 Ⅴ-6>에서는 기업 내부노동력의 고령화가 진행됨을 나타내주고 있다. 기업 인력의 평균연령은 2003년 37.1세로 1982년에 비해 7.5세나 증가하였음을 알 수 있다. 같은 기간 동안 30대는 8.6%, 40대는 10.5%, 50대 이상은 9.8%의 인력비중이 증가한 반면 20대 인력의 비중은 17.6%로 감소한 것으로 나타난다(이인재, 2005: 5).

〈표 Ⅴ-6〉 기업 내부 인력구성의 변화

(단위: %)

구분	1982년	1987년	1992년	1997년	2002년	2003년
평균연령(세)	29.6	31.2	33.8	35.8	36.7	37.1
10대	12.3	9.2	4.6	2.1	1.2	0.9
20대	45.6	41.7	36.0	32.4	28.4	28.0
30대	24.3	28.4	32.0	32.7	33.6	32.9
40대	13.5	15.2	17.0	19.7	23.7	24.0
50대 이상	4.4	5.6	10.4	13.1	13.1	14.2
전체	100.0	100.0	100.0	100.0	100.0	100.0

* 노동부. 「임금구조 기본통계조사」

이와 같이 산업현장에서 젊은 노동력은 인구 고령화에 의해 점차 감소하고 있다. 국내에서도 노동력 공급의 새로운 원천으로 이민정책에 대한 논의가 조심스럽게 진행되고 있다. 실제로 많은 선진국들이 노동력 부족 문제 해결을 위해 이민정책을 활용하고 있으며 UN은 저출산 국가들에게 출산장려 대신 이민을 통해 과잉인구 국가의 노동력을 수입하도록 권장하고 있다(정홍원, 2008). 같은 맥락에서 한국사회도 이민정책에 대해 신중하고 장기적인 정책적 대안 마련이 시급한 상황이다.

3) 다민족 사회로의 이행의 출발점

국가 간의 인적·물적 교류 없이 세계체제에 편입되어 살아간다는 일은 불가능한 일이 되었다. 국가 간의 자본 이동과 노동력 이동이 자유로운 현대사회에서 국경의 의미는 소멸된 지 오래다. 한국사회도 세계화의 틀 속에서 벗어날 수 없음은 물론이다. 지난 20여 년 동안 한국사회에는 대량의 노동력이 이입되었으며 국제결혼을 통한 이민자의 수도 급증했다. 한국사회도 더 이상 왜곡된 순혈주의에 매몰되지 않는 인식의 전환이 필요한 시기가 도래했다.

다음의 <표 Ⅴ-7>은 한국인과 혼인을 통하여 혈연관계를 가지게 된 국가와 인구수에 대한 통계표이다. 2009년 6월말 현재 한국정부로부터 국민으로 인정을 받은 이주민의 숫자는 126,155명에 이른다. 국제결혼을 통한 외국 국적의 국민의 수를 집계한 이 표에서 주목할 만한 통계가 있다. 결혼을 통해 한국사회에 이입된 이주민 중 다수가 여성이며 이들의 출신국은 중국 출신의 한족, 재중동포, 베트남, 필리핀, 일본, 우즈베키스탄 등이다. 이 중 일본 여성의 경우에는 종교적 혼인에 의한 이주민이지만 다른 국가의 여성들은 결혼정보 업체를 통해 결혼에 성공한 경우가 대부분이다.

<표 Ⅴ-7> 국민의 배우자 국적 및 성별 현황

(단위: 명)

국적명	남자	여자	총계	남자 비율	여자 비율	국가별 구성 비율
총계	15,323	110,832	126,155	12.1%	87.9%	100.0%
중국	9,713	58,634	68,347	14.2%	85.8%	54.2%
한국계 중국인	6,498	28,230	34,728	18.7%	81.3%	27.5%
베트남	153	29,373	29,526	0.5	99.5%	23.4%
필리핀	166	6,082	6,248	2.7	97.3%	5.0%
일본	502	4,464	4,966	10.1	89.9%	3.9%
캄보디아	10	2,834	2,844	0.4	99.6%	2.3%
몽골	44	2,272	2,316	1.9	98.1%	1.8%
미국	1,77	500	1,577	68.3	31.7%	1.3%
우즈베키스탄	50	1,392	938	3.5	96.5%	1.1%
파키스탄	598	24	622	96.1	3.9%	0.5%
네팔	130	376	506	25.7	74.3%	0.4%
방글라데시	403	39	442	91.2	8.8%	0.4%

* 출입국 · 외국인 정책본부. 2009년 6월 말 통계.

그런데 특이한 점은 미국을 비롯해 방글라데시와 파키스탄 출신의 이민자는 여성보다 남성이 월등히 많다는 점이다. 한국에 이입된 미국인 남성이 다수이며 미국과의 교류가 활발한 점에 비추어 볼 때 이는 당연한 통계로 볼 수 있다. 그러나 한국인과 결혼한 파키스탄과 방글라데시 남성의 수가 여성의 수보다 많다는 점은 고려해 볼 지점이다. 한국과 방글라데시, 파키스탄은 무역 교류나 인적 자원의 교류가 활발한 상대국이 아님에도 불구하고 한국에 결혼을 통해 이입된 남성 이주민이 많다는 것은 한국에 이주노동자로 이입되었다가 한국인 여성과 결혼을 통해 이주민화 되었다고 유추할 수밖에 없다. 이들은 한국사회에서 자녀를 낳고 양육할 것이며 함께 살아가게 될 것이다. 이 자연스러운 흐름은 이제 거스를 수 없는 상황이 되었고 이에 대한 한국인의 인식 전환은 빠를수록 좋다. 이에 대한 김해성 목사의 의견은 한국인에게 시사하는 바가 크다.

정치적 목적에 의해 형성되었던 단일민족의 신화는[98] 이제 그 효용성을 상실했다. 더 이상 단일민족이라는 허구의 상상 속에 매몰되어 살아가기에는 사회의 변화 속도가 너무 빠르게 변화되었다. 한국인과 다른 모습을 가지고 있는 외국인 신부와 이국적인 모습의 아이들이 새로운 이웃으로 다가섰으며 그러한 광경이 한국인에게도 낯설지 않은 모습이 되었다.

마석에서 생활하는 이주노동자들도 그곳에서 생활하는 한국인에게는 더 이상 낯선 이방인이 아니었다. 공단에서 10년 동안 슈퍼마켓을 운영하고 있는 김영권 씨는 이주노동자들과 격의 없이 지내고 있었는데 한국인과 이주민에 대한 구분 개념 자체가 존재하지도 않는 듯이 보였다.

---

97 2009년 2월 4일 간담회 녹취록.

98 러·일 전쟁에서 일본이 승리하여 망국이 가시화되자 지식인들은 이에 맞서는 유일한 방법으로 민족을 조직해 내는 데 전력을 기울일 수밖에 없었다(이혜진, 2006: 50, 52~55). 민족이란 용어와 이데올로기로서 민족주의가 탄생한 것이 바로 러·일 전쟁 후 계몽기다(허동현, 2009: 17). 계몽의 주체들은 이 땅의 사람들을 단군을 공동의 선조로 하는 '신성한 민족'으로 만듦으로써, 동일한 혈통과 역사를 공유한 단일민족의 신화를 만들어냈다(이혜진, 2006: 56, 58).

인제 우리 가게 와서 물건을 같이 팔아 주니까 그게 인제 뭐 우리 생업이니까. 우리 가게 와서, 그게 돕고 자체가 날 도와주는 거니까. 가게 와서 물건 팔아 주고 하는 게. 인제 그거에 대한 보답이라고 하면 뭐하지만 하여튼 그렇게 해 주는 거에 대해서 내가 인제 쪼금씩 해 주는 거죠. (중 략) 같이 얘기 해보면 한국이 좋아서 있으라고 그런지 돈을 벌라고 있을 라고 그러는 건지 그렇게 뭐 가고 싶어 하지 않는 친구들도 많은 거 같애요. 더 있을 수 있으면 더 있겠다고 생각하는 친구들이 많은 거 같애요. (중 략) 알고 보면 뭐 똑 같지요. 다를 게 뭐 있겠어요? 같지. (중 략) 근데 인제 뭐 먹는 게 틀려서 그렇지 뭐, 똑 같지요(남, 45세, 수퍼마켓 운영).

이질적인 것에 대한 두려움과 거부는 누구에게나 나타날 수 있는 현상이다. 처음 이주노동자를 접했던 김영권 씨도 처음에는 낯설음을 경험했지만 친교의 과정을 거치면서 이들을 평범한 이웃으로 생각하고 있었다.

이제 이주노동자를 포괄하는 다민족 사회로의 진입에 대해 한국 정부와 사회는 철저한 준비가 필요할 것으로 본다. 만약 과거에 되풀이 되었던 이주노동자 정책과 같은 미봉책이 다문화 사회를 맞이하는 한국사회의 대안이라면 큰 사회적 혼란이 야기되리라는 것은 명약관화한 일이다. 아래의 기사는 한국사회가 어떻게 다문화 시대를 준비해야 하는가에 대한 좋은 정책적 사례이다.

"흑백계 혼혈인도 군대 가야." 법 개정 추진.

국회에서 병역법 중 '외관상 식별이 명백한 혼혈인'을 제2국민역(병역면제, 전시 근로동원)에 편입하게 된 조항을 삭제, 이들의 병역을 의무화하는 법률개정을 추진 중인 것으로 30일 밝혀졌다.
국회 국방위원회 소속인 유승민 의원(한나라당)은 여야 의원 23인과 공동으로 지난달 25일 인종이나 피부색을 이유로 제1국민역(신체검사 또는 입영대상자)으로의 편입 제한 등 차별을 받지 않도록 하는 내용의 '병역법 일부 개정 법률안'을 제출했다.

'외관상 식별이 명백한 혼혈인'은 통상적으로 흑·백인계 혼혈인을 지칭하는 것으로 제1국민역에 편입되는 아시아계 혼혈인과 구분된다. 지난 2005년 개정된 병역법은 '외관상…혼혈인'과 귀화자가 면제 출원에 의해 병역 혜택을 받을 수 있지만 지원 시 입영이 가능하게 돼 있다.

유 의원 등은 제안 이유에서 "병역 의무 및 지원은 인종과 피부색 등을 이유로 차별하면 안 된다는 규정(병역법 3조3항)에도 불구 동법 65조는 인종과 피부색으로 인해 병역수행에 심각한 영향을 받을 것으로 인정되는 사람에 대해 징병검사 없이 제2국민역으로 편입할 수 있게 해 모순된다"라고 지적했다.

제안 이유서는 또 "인종·피부색을 이유로 차별받게 만든 조항은 헌법이 보장하는 평등권에 위배되고 혼혈인 중 아시아계와 흑·백계를 나눠 차별하는 인종차별적 시각을 드러내는 것이어서 보충역이나 제2국민역에 편입하게 돼 있는 규정(65조1항 제4호)을 삭제한다"라고 밝혔다.

이 법안은 부칙에 "공포 후 3개월 경과한 날부터 시행된다"라고 명시돼 있어 10월 국회에서 통과될 경우 빠르면 내년 상반기부터 '외관상… 혼혈인'들도 군 복무가 의무화될 전망이다(연합뉴스, 9월 30일자).

이러한 일련의 조치는 현실과 제도 사이에 위치해 있던 괴리를 무력화시키는 좋은 사례라고 할 수 있다. 이는 그동안 한국사회가 애써 외면하려했던 사실을 현실로서 인정하는 좋은 계기가 될 수 있을 것이다.

그러나 가장 중요한 문제는 다문화주의에 관한 한국사회의 인식의 제고이다. 한국의 '다문화주의' 개념은 미국의 68혁명 당시 흑인의 강제 동화를 위한 미국정부의 동화모델을 차용한 관주도형의 '분할 통치술'(divide and rule)의[99] 형태와 비슷하다. 개념의 왜곡은 정책의 비틀림 현상을 동반한다. 이는 상호 평등하지 않으며 호스트

---

[99] 한국사회의 이주민은 이주노동자와 결혼 이주민으로 구분할 수 있다. 그러나 한국 정부의 정책은 결혼 이주민에 대해서는 우호적이지만 미등록 이주노동자나 등록 이주노동자에 대해서는 가혹할 정도의 정책을 실시하고 있다.

소사이어티의 일방적 요구에 의한 폭력에 다름 아니다. 상호존중하
고 소통할 수 있는 한국사회의 '다문화주의'의 새로운 개념화 작업
과 한국인의 인식제고 문제가 중요한 시점이다.

5. 소결

  한국계 이주노동자의 에스니시티는 비한국계 이주노동자의 경우
보다 더 규정하기 어렵다. 강력한 사회주의 체제하의 중국에서 강요
된 국가 정체성을 이식받았던 재중동포들은 단지 돈을 벌기 위해
한국에 이입되었을 뿐, 민족적 정체성은 일부분 상실되었던 것이 사
실이다.[100] 한국계 이주노동자의 경우, 소수는 한국에 정착하기를 원
하며 대부분은 중국으로 돌아가기를 희망한다. 먼저, 20~30대 젊은
층의 경우, 중국에서 태어나 교육받고 생활한 이들은 사회주의 국가
체제 하에서의 공고화된 국가 정체성과 이주 1세대, 2세대와는 전혀
다른 한국과의 혈연적 정체성에 의해 반드시 한국에서의 귀화 또는
정착을 원하지 않는다. 이들은 중국에서 한민족 특유의 교육열에 의
해 대학교육 이상의 고등교육을 받았으며 음식, 문화, 관습을 포함하
는 일상의 사고체계가 혈연적 민족관에는 동의되어 있지 않다. 그들

---

100 중국의 동포들의 면담 기록에서 살펴보면 전통적 관습을 지키려고 노력했던 흔적들이 있다 "우리
    민족의 옛날에는 내가 예수 믿기 전에는 차례 추석이라든가 설날이라든가 이렇게는 다 음력설에도
    절하고 제사도 지내고 내내 그랬어요." 신덕화(50대 초반) 그러나 구로 지역에 위치한 재중동포들의
    에스닉 타운을 방문해 보면 즐겨 먹는 음식의 종류가 전통적인 한국음식과는 차이가 있다. 음식 뿐
    아니라 사람을 상대하는 태도(중국 사람의 속담에 따라 가지고 보복이라는 게 10년, 10년 동안 참고
    있다 보복해도 그게 늦지 않다. 이런 말이 있어요. 속담에…. 신덕화)에도 중국화 된 정체성을 보이고
    있다. 이와 같이 한민족적 정체성을 가지고 있는 듯이 보이는 재중동포들의 이면에는 중국사회로부
    터 이식된 중국 정체성이 더 강하게 나타난다.

은 중국에서의 정착 욕구가 강하며 만약 혈연적, 민족적 관계에 의해 한국에 이입되더라도 일상의 사고체계를 버리고 새로운 에스니시티를 구성해야 하는 문제에 봉착하게 되는 것이 일반적이다. 그들은 이러한 상황과 대면하기를 꺼려한다. 그러나 중국의 공간적 지형이 광범위하기 때문에 이러한 사실이 획일화되었다고는 할 수 없다. 지역에 따라 한족으로부터 차별을 경험한 젊은 층은 한국으로의 정착을 시도하기도 한다. 그러나 정착을 시도하더라도 젊은 층의 재중동포들은 한국에 이입되었던 앞 세대와는 다른 정착의 과정을 시도하고 있다. 40대 이상의 중·장년층이 대부분 건설 현장이나 그 밖의 일용직에 종사하거나 여성의 경우 식당이나 가정부와 같은 하층노동현장에서 돈을 벌기 위해 일을 했다면 이들은 전혀 다른 직종의 직업을 선택하고 있다. 예컨대 보험설계사나 무역업, 식당을 운영하는 자영업과 같은 직종이다. 둘째, 중국에서 태어난 이주 2세대는 반드시 한국 국적을 취득하기를 바라지 않는다는 점이다. 한국사회는 이들을 가난한 국가에서 이입되어 한국 내의 국부(國富)를 유출하는 존재쯤으로 조망하지만 재중동포들은 중국 시장의 잠재적 가치를 인식하고 있으며 몇 십 년 안에 중국의 경제력이 한국을 추월할 수 있으리라는 믿음을 가지고 있다.[101] 이와 같은 상황에서 재중

---

101 중국 사회과학원 학부위원, 청서 주요 책임자, 수량경제(数量经济) 연구소 소장인 왕통산(汪同三) 교수에 의하면(2008년 12월 2일), 중국 사회과학원에서 발표한 '2009년 경제청서(靑書)'에서 중국의 2009년도 GDP 성장률은 9%가 될 것으로 예상했다. 이러한 발표 내용은 재중동포들이 중국경제 성장에 거는 기대에 조응하는 자료로서의 역할을 하고 있다. 실제로 세계은행(국제부흥개발은행, IBRD)이 2009년 4월 7일 발표한 "동아시아 경제반년보"에 따르면, 동아시아의 가장 큰 국가인 중국경제는 호전 징조를 보이기 시작했으며, 암담한 세계경제에 일말의 희망을 주고 있다고 지적했다. 또한 중국정부의 강력한 경기부양책으로 중국경제는 2009년부터 회복되기 시작하고 2010년에 전면 회복될 것으로 전망하면서 중국경제가 회복되면 동아시아 및 태평양지역 각국의 경제성장에 도움이 될 것이라고 언급하면서 2009년 중국의 경제성장률이 6.5%에 달할 것으로 전망했다. 이에 비해 IMF에서 예상한 2009년도 한국경제 성장률은 -4%였다. 이러한 사실은 세계경제의 불황에도 불구하고 중국의 경제성장은 괄목할 만 한 성장 동력을 지속하고 있다고 볼 수 있으며 이러한 상황은 앞으로도 계속될 것이다.

동포들은 한국 국적을 취득하는 것보다는 중국 국적을 유지하는 편이 스스로에게 이롭다고 판단하고 있다. 물론 한국 국적을 취득하기를 바라는 사람들도 있지만 이들조차도 오히려 한국 국적 취득보다는 자유왕래를 통한 자유로운 상거래 활동이나 노동활동을 원하고 있다. 따라서 셋째, 한국계 이주노동자인 재중동포들은 한국사회와의 네트워크 구축에 소극적이며 중국과의 인적 네트워크를 강하게 유지시킨다. 예컨대 본인은 한국 국적을 취득하더라도 중국에 남아 있는 다른 가족들의 한국 국적 취득에는 소극적인 행태를 보이고 있다. 이는 추후 중국의 경제성장에 대한 기대를 가지고 있으며 한국과 중국 사이에 연결된 네트워크를 유지하는 것이 경제적 이익 수취 향상에 도움을 줄 수 있다고 생각한다. 따라서 중국의 가족이나 친지와 유기적 관계를 지속하고 있으며 경제적 이익의 크기가 축소되면 한국을 떠날 수 있는 상태를 유지한다. 이들에 대한 한국사회나 정부의 대책은 일본이나 미국의 동포들과 대등한 '열린 동포정책'을 수용해야 함이 마땅하다. 결국 사회주의 국가라는 특성에 의해 학습된 국가 정체성과 부모로부터 이식된 민족 정체성의 공존하는 이중정체성을 담지한 재중동포들의 경우 국적 취득이나, 한국에서의 정착을 필연적으로 고민하지 않는다는 사실이다. 넷째, 한국사회와는 적극적 네트워크 구성을 하지 않지만 한국정부의 정책에 관해서는 적극적 의사표현을 한다. 한국계이주노동자의 이입 초기에는 체류 기간이 경과하였지만 중국으로 귀국을 하지 않아 미등록 상태의 신분을 유지하는 사람들이 많았기 때문에 신분적 불안정 때문에 한국정부를 향한 재중동포를 위한 정책 요구에 소극적이었다. 그러나 재외동포법의 개정으로 합법적 신분을 취득하게 된 사람들이 증가하면서 한국의 시민단체나 자생적 단체를 통해 재중동포 사회의 요구사항을 한국정부에 대해 전달하고 있다.

한편 비한국계 이주노동자는 다양한 출신국을 배경으로 가지고 있다. 본 책에서 연구한 필리핀, 네팔, 방글라데시 출신의 이주노동자들의 경우 이들의 출신국이 강력한 국가통제를 기제로 가지고 있거나 민족적 정체성을 매개로 정치적 영향력을 행사하려는 시도가 미미한 국가들이다. 따라서 비한국계 이주민들의 일반적인 특징은 반드시 귀국을 고려하지 않고 있다는 점이다. 한국계 이주노동자와는 달리 비한국계 이주노동자들은 20대와 30대가 주류를 이루고 있다. 이들이 출신국으로의 귀환을 원하지 않는 몇 가지 이유를 보면 첫째, 대부분의 이주노동자들이 민족적 · 국가적 정체성이 약한 국가에서 이입되었다는 점이다. 중국과 같이 강력한 국가체제를 유지하기 위해 강요된 국가 정체성을 교육 받지도 않았으며 다양한 민족이 어우러져 살아가는 삶이 일반적인 이들에게 민족이라는 허상은 의미가 없는 단어일 뿐이다. 출신국보다 한국에서의 삶이 미래를 보장하는 데 도움이 된다면 - 이익의 수취가 극대화 된다는 의미에서 - 그들에게 출신국의 의미는 더 이상 존재하지 않는다. 만약 한국정부가 이주노동자 정책의 전면적 개방을 시도한다면 대부분의 이주노동자들은 그들의 가족을 한국에 이입시킬 것이 분명하다. 둘째, 한국 사회와의 적극적 네트워크를 구축하려는 노력을 하고 있다. 동남아시아의 경제 상황은 이주노동자가 돌아가더라도 적당한 일자리를 제공 할 수 없는 경제구조를 가지고 있다. 따라서 출신국으로의 귀국을 회피하며 미등록 신분일지라도 한국에서의 생활세계를 유지하기 위해 힘쓴다. 결국 출신국과 인적 · 사회적 네트워크는 약해지며 비

한국계 이주노동자들은 출신국과의 네트워크 유지에 소극적이다. 거
시적 담론으로 볼 때 자본주의의 구조적 문제에 의해 이주노동자들
은 한국사회에 편입되고 있다. 즉, 한국사회에 이입된 비한국계 이주
노동자들은 경제적 이유에 의해 한국사회로부터의 탈출을 시도할
수조차 없는 상황에 처하게 되는 것이다. 셋째, 젊은 층의 비한국계
이주노동자가 정착에 적극적이다. 동남아 출신의 이주노동자들은 20
대 초반에 이주를 감행하는 사람들이다. 연령층이 높을수록 이주에
대한 불안과 가족과의 결별에 의한 고독감을 견뎌내기가 쉽지 않다.
그러나 젊은 층의 이주노동자들은 이러한 면에서 보다 과감한 결정
을 내릴 수 있는 여지가 있다. 한국의 경우도 마찬가지로 젊은 층의
이주노동자들이 다수 이입되었으며 이들은 젊은 시절의 대부분을
한국에서 보내게 되었다. 이 과정에서 본국과의 네트워크는 희박해
지고 한국사회에 적응하게 되면서 한국 내의 네트워크가 강화되는
현상이 생겨난다. 이들은 출신국으로 귀환한다하더라도 출신국의 인
적ㆍ사회적 네트워크는 거의 소멸되어 새로운 네트워크의 구성에
직면하게 된다. 따라서 이들은 적응을 끝낸 한국사회에 머물기를 희
망하게 된다. 다섯째, 여성이주노동자만은 예외적으로 한국사회와의
네트워크 형성에 소극적 성향을 보인다. 여성이기 때문에 이질적인
한국사회에 대한 막연한 두려움을 가지고 있다. 이러한 경우 한국에
이입되어 있었던 동일한 출신국 남성 이주노동자로부터 도움을 받
게 되고 이후 노동과정에서도 지속적으로 도움을 받게 되어 한국사
회와의 네트워크 구축의 필요성이 감소하게 된다. 출신국의 에스닉
그룹은 내부적으로 견고한 구조를 유지하며 자국 출신의 이주노동
자에게 다양한 도움을 유지하는 역할을 하고 있다.

요약하면 한국계 이주노동자와 비한국계 이주노동자의 에스니시티는 이입 초기부터 지향점을 달리하고 있었다. 이후 한국사회에서의 생활세계를 통해서 변형되는 에스니시티의 유형도 차이점을 보이고 있었다. 한국계 이주노동자가 귀화지향형으로부터 출발하여 귀소지향형, 현지적응형, 상황선택형의 유형으로 변형되는 반면에 비한국계 이주노동자는 초기 귀소지향형 유형에서 현지적응형, 상황선택형 그리고 에스니시티의 유형이 이입초기와 동일 한 상태로 변형되지 않는 귀소지향형으로 남아 있었다. 한국계 이주노동자가 초기의 에스니시티 유형으로부터 다양하게 분화된 반면 비한국계 이주노동자는 에스니시티가 다양하게 분화된 속에서 이입초기의 에스니시티를 그대로 유지하고 있는 그룹이 존재하고 있다는 사실이 가장 큰 차이점이라고 할 수 있다. 이와 같은 두 집단의 차이는 한국계 이주노동자가 한국인과 민족적 정체성을 일정 부분 공유하고 있으며 국적의 취득이나 한국사회의 적응에 있어서 비한국계 이주노동자보다는 우월적 위치에 있기 때문이다. 이렇듯 두 집단이 가지는 차이는 에스니시티의 변형에 있어서 한국계 이주노동자가 비한국계 이주노동자에 비해 보다 역동적으로 분화될 수 있었던 중요한 전제조건이다.

06

결 론

 # 결 론

　본 연구 결과 한국계와 비한국계는 한국사회로의 이입 초기부터 서로 다른 에스니시티 상태를 보이고 있었다. 한국계의 경우에는 '귀화지향형' 개념의 상태로 이입 되었다가 점차 귀소지향형, 현지적응형, 그리고 상황선택형으로 변형된다. 그러나 비한국계는 한국사회로의 이입 초기에 '귀소지향형' 개념의 에스니시티 상태로 이입되었다가 점차로 현지적응형, 상황선택형으로 분화된다. 그런데 특이한 점은 이입 초기부터 담지 되어 있는 에스시니티 상태인 귀소지향형 유형은 시간이 지나도 변형되지 않는 부류가 있다는 점이다. 이와 같은 결과는 한국계와 가장 큰 차이를 보이는 지점이라 하겠다. 결과적으로 한국계와 비한국계 이주노동자는 이입 초기 시의 문화변용 태도가 다르며 시간이 지남에 따라 나타나는 문화변용의 결과도 다르게 나타난다고 할 수 있다.

　본 연구는 한국사회와 시민사회에서 주변적 문제로 인식되었던 이주노동자에 대한 관심을 환기 시키는 데 있었다. 연구를 통해 보여주고자 했던 함의는 첫째, 한국에서 주변적 존재로 인식되는 이주노동자들이 체류기간이 경과하면서 에스니시티가 변형되고 문화변용을 일으키면서 한국사회 구성원으로서의 역할을 하는 사람들이 생겼다는 것이다. 문화적 변용이란 한국사회에서의 적응을 마쳤다는 의미이고 정주화 현상이 이미 시작되었다는 증거이다. 둘째, 한국계 이주 노동자는 연령에 따라 문화변용의 유형이 다르게 나타난다. 중·장년층의 사람들은 본인의 처해진 상황을 고려하면서 한국으로의 적응·비적응을 고민하는 데 비해 젊은층일수록 에스니시티 변형에 무관심하며 한국사회로의 적응에도 소극적이다. 셋째, 비한국계 이주노동자는 문화변용을 거치면서 한국사회에 적응하지만 출신국으로의 귀환을 상정하고 있다. 그러나 현실적으로 이들의 사회적 네트워크가 이미 한국에서 형성되었기 때문에 돌아가기 어려운 비가역적 상황에 처하게 된다. 넷째, 이주노동자의 문화변용이 확인되었고 한국사회의 구성원으로서의 역할을 수행하고 있다는 점이다. 다섯째, 본 책은 이주노동자의 인권이나 노동 문제에서 탈피해 현실적 정착 과정의 일부분인 에스니시티 변형에 대해 분석하였다. 이러한 유형 분석은 한국사회가 이주노동자를 이해하고 외국인력 정책을 수립하는 데 기초자료로서의 역할을 기대할 수 있다. 여섯째, 주로 탈북주민의 문화변용 연구에 적용되었던 베리의 논의를 이주노동자의 문화변용을 분석하는 틀로 이용함으로써 새로운 방법의 분석을 시도하였다. 특히 문화변용의 분석틀을 기존의 양적 연구분석에서 질적 연구분석으로 전환하면서 보다 심도 깊은 내용을 추출하였다.

이상과 같은 결론은 한국계와 비한국계를 막론하고 이주노동자를 대상으로 하는 국적 문제에 관해 한국사회의 고민이 필요하다는 점을 입증해 주고 있다. 이주노동자의 이입이 선행되었던 선진국의 사례에서 볼 때 미등록 신분으로 이입국에 거주하고 있더라도 일정 기간이 경과하면 해당국의 국적 취득을 할 수 있는 제도적 조건이 마련되어 있다. 그러나 한국은 이와 같은 제도적 장치가 전무하기 때문에 증가하는 이주노동자에 대해 일시적 미봉책으로만 일관해왔다. 독일의 경우 5년 이상 체류했고 특별한 사정으로 본국으로의 송환이 어렵다고 판단되면 '한정적 거주권'을 부여하고 있으며 20만 명이 넘는 이주민이 이 자격으로 독일에 거주하고 있다. 1972년까지 '백호주의(白濠主義, White Australia policy)' 원칙에 의해 강력한 이민 억제 정책을 시행했던 호주도 등록 체류자에게 1973년과 1976년 그리고 1980년에 사면을 실시한 적이 있다. 미국은 10년 이상 미국에 거주한 사실이 있으며 범죄 사실이 없으며, 추방 되었을 경우 배우자와 자녀·부모에게 피해가 생길 것이 확실한 경우 강제퇴거 취소처분을 결정하고 있다. 이상과 같은 사례에서도 나타나듯이 한국사회는 적응하고 정착하는 이주노동자에 대해 영주권 허가나 국적 취득과 같은 현실적이고 필요한 정책대안을 제시해야 할 때이다. 이주노동자의 에스니시티가 변형하고 이에 따라 문화변용에 보폭을 맞추는 현실적 제도의 문제에 관해 논의가 필요한 시점이다.

앞으로 한국사회에서 이주노동자 문제는 중요한 문제로 대두 될 것이며 이를 해결하기 위해서 한국인과 한국사회는 이주노동자 문제가 핵심적인 문제라는 현실에 동의하는 것부터 출발해야 한다. 다인종·다문화 시대의 한국사회는 이주노동자를 포함하는 이주민과 한국인 사이의 상호 동화를 전제로 해야 한다. 이주민에게 강요되는 한국문화의 강습이나 관습의 강제적 요구보다는 상호 존중하는 태도를 바탕으로 한 상호동화가 상생의 생활세계를 완성하는데 우선되어져야 한다.

한국정부의 역할은 특히 중요하다. 이주노동자 정책은 그동안 미봉책으로 일관하였다. 한국사회의 미래에 이주노동자 문제는 미봉책으로 해결 되어질 수 있는 성질의 문제가 아니라는 것을 직시하고 장기적 목표를 전제로 하는 정책의 수립을 서둘러야 한다. 미시적으로는 노동부의 노동인력 배정 기능의 강화와 직업안정 행정의 효율성 제고가 요구되며 출입국 행정과의 보다 긴밀한 유기적 관계 형성이 시급하다고 할 수 있다. 거시적으로는 이주노동자 문제를 등록과 미등록의 이분법적인 시각에서 벗어나 일정기간 체류한 이주노동자에 대해 영주권 부여나 한국 국적 취득에 관한 특례법 제정을 반드시 고려해야 한다. 이러한 논의야말로 한국사회가 민주적이고 보편적인 시민권 형성에 한발 더 다가갈 수 있는 첩경이 될 수 있다.

절대로 간과하지 말아야 할 것은 지금도 이주노동자는 지속적으로 이입되고 있으며, 이입된 이주노동자들은 에스니시티 변형을 통해 문화변용이 되고 있으며 빠르게 한국사회에 적응하고 있다는 점이다. 이 과정에서 이입되는 속도에 비해 현격히 떨어지는 정책 입안의 '제도지체 현상'은 한국사회에서 해결해야 할 큰 과제이다.

재중동포는 한국인과 민족적 정체성을 공유하고 비한국계 이주노동자는 한국인과 동일한 공통의 분모가 많지 않다는 점에 착안하여 시작된 본 책은 한국계와 비한국계 이주노동자의 적응과 정착을 비교하기 위해 다양한 방법을 동원하여 차이를 규명하고 일반성을 규명하려고 시도하였다. 그러나 비한국계 이주노동자를 연구하기 위한 표본 국가를 3개국으로 한정하여 200여 국 출신의 이주민이 이입되

어 있는 한국사회에서 대표성을 담보하기가 곤란할 수도 있다는 점
이다. 또한 비한국계 이주노동자를 대표한 연구대상인 필리핀, 네팔,
방글라데시 출신의 이주노동자는 출신국의 상황이나 삶의 경험, 종
교를 비롯하여 다양한 상이점이 있음에도 불구하고 비교연구를 위
해 동남아시아 출신의 '비한국계'로 동일화시킴으로써 출신국 각각
의 민족지를 고려하지 못한 한계가 있다.

한국계 이주노동자들의 생활상을 살펴보기 위해 대림동 일대와
가리봉동 일대를 중심으로 재중동포들을 만나고 면담을 시도했다.
그러나 연구자 혼자서 면담할 수 있는 사람들의 수가 한계가 있기
때문에 더 많은 재중동포들에 대한 면담이 시도되지 못한 아쉬움이
있다.

참고문헌

1. 국내문헌

강민 외. 1991. 『국가와 공공정책: 한국국가 윤리의 재조명』. 법문사.

강보유. 1999. "중국 조선족의 모국어 생활과 모국어 교육". 『현대사회과학연구』.

강수돌. 1996. 『외국인 노동자 고용 및 관리실태와 정책대안』. 한국노동연구원.

강주현. 2008. "해외 다문화사회 통합 사례 연구". 한국다문화학회.

경기개발 연구원. 2002. "경기도 외국인노동자의 노동환경 개선방안".

고성호 외. 2002. 『사회조사방법론』. 도서출판 그린.

구종서. 1988. 『민족과 세계』. 나남.

국민호. 1998. "동아시아 신흥공업국 산업발전에서의 국가와노동". 『우리사회 연구』.

권혁민. 2009. "다문화 공간과 다문화 사회". 한국지역지리학회.

금명자, 권해수, 이희우. 2004. "탈북청소년의 문화적응과정 이해". 『한국심리학회지』.

김경일. 2003. 『한국의 근대와 근대성』. 백산서당.

김광억 외. 2005. 『종족과 민족: 그 단일화 보편의 신화를 넘어서』. 서울 아카넷.

김귀옥. 1999. 『월남민의 생활 경험과 정체성 밑으로부터의 월남민 연구』. 서울 대학교출판부.

김민정. 2008. "다문화가정 자녀의 문화인류학: 국제결혼 가족과 자녀의 성장: '여러 종류' 한국인이 가족으로 살아가기". 한국문화인류학회.

김병조. 2005. "계급분석을 통한 현실인식과 이론적 실천". 『한국사회학』. 제39호.

김병조. 2006. "한국의 자본주의와 이주노동자". 『경제학 공동학술대회』.

김병조. 2009. "한국의 이주노동자와 자본축적". 경상대 박사논문.

김선미. 2009. "이주·다문화 실태와 지원 사업 분석: 정부주도와 시민사회주도". 『시민사회와 NGO』. 제7권 제2호.

김수재. 2008. "외국인 노동자의 문화적 갈등과 대응: 인도네시아 노동자를 중심으로". 『민족문화논총』.

김수행. 2007. 『자본주의 이후의 새로운 사회』. 서울대학교출판부.

김영란. 2008. "한국사회에서 이주노동자의 사회문화적 적응에 관한 연구". 『담론201』. 제11권 2호.

김영주. 2009. "음식으로 본 한국 여성결혼이민자의 문화적 갈등과 적응 전략: 충청남도 농촌 거주 여성결혼이민자를 중심으로". 『농촌사회』. 제19집 1호.

김영준. 1987. 『마르크스. 레닌주의와 민족주의』. 아세아문화사.

김우식. 2000. "사회적 연합형성. 조직 인터페이스. 불확실성의 힘". 『전기사회학대회』.

김이선. 2008. "다문화 사회의 전개에 대한 한국 사회의 이중적 수용성". 한국다문화학회.

김인춘 외. 2005. 『세계화와 노동개혁』. 백산서당.

김장욱. 1992. "연변조선족 청소년의 특수성: 중국소수 민족정책과 민족 교육의 역할. 민족 정체성과 남북한 청소년". 한국청소년 연구원.

김재기. 2001. "중국의 민족문제와 '서부 대개발': 정치경제적 배경과 딜레마". 『한국동북아논총』. 제18집.

______. 2003. "중국 동북3성 조선족 집거구의 현황과 특성에 관한 연구". 『한국동북아논총』. 제28집.

______. 2005. "중국 조선족의 과계민족(跨界民族)적 특성과 북한 및 통일관". 『한국동북아논총』. 제38집.

김정원 · 이혜영 · 배은주 · 허창수. 2005. "외국인 근로자 자녀 교육복지 실태분석 연구". 한국교육개발원.

김주섭. 2005. "청년층의 고학력화에 따른 학력과잉 실태분석". pp.9~11. 한국노동 연구원.

김해성. 2002. "한국 내 외국인 노동자의 인권현황과 선교과제". 한신대학교 신학대학원 석사학위논문.

김현미. 2008. "이주자와 다문화 주의". 『현대사회와 문화』. 연세대학교 사회발전연구소.

______. 2009. "방문취업 재중 동포의 일 경험과 생활세계". 『한국문화인류학』. 제42권 2호.

김현선. 2009. "국적과 재일코리안의 정체성: 조선 · 한국적 유지자의 삶과 의식을 중심으로". 『경제와 사회』. 제83호.

김현실. 2006. "문화 정체성, 문화변용과 청소년의 정신건강 - 캐나다의 소수 민족 이민 청소년을 중심으로 - ". 『정신간호학회지』. Vol.15, No.4

김형기. 1990. 『한국의 독점자본과 임노동』. 까치글방.

김혜미·김선화. 2008. "외국인 노동자의 문화적응 스트레스와 예측 요인 - 사회적 지지를 중심으로 - ". 『정신보건과 사회사업』. 한국정신보건사회복지학회.

김효정. 2008. "한국이주 남아시아 무슬림의 현황과 집단화: 남아시아 무슬림의 에스닉 집단화에 관한 연구". 『한국이슬람학회논총』. 제18 - 3집.

김효정. 2009. "한국이주 남아시아 남성 무슬림 근로자의 문화적응모델 연구: 혼인을 통한 문화정체성 형성의 패턴 분석을 중심으로". 『한국이슬람학회』. 제19 - 2집.

남양주시 외국인근로자복지센터. 2008. 『똘레랑스』. 샬롬의집.

대우학술총서 공동연구. 1990. 『한국사회의 구조론적 이해』. 아르케.

리상우. 2007. "개혁기 중국조선족 사회의 정체성에 대한 고찰: 구심력과 원심력을 중심으로". 『동아연구』. 제53호. 서강대학교 동아연구소

문형진. 2006. "모국의 신화, 노동력의 이동, 그리고 이탈: 조선족의 경험에 대한 디아스포라적 해석". 『한국동북아논총』. 한국동북아학회.

문형진. 2008. "한국 내 조선족 노동자들의 갈등사례에 관한 연구". 『국제지역연구』. 제12권 제1호.

민주노총 정책실. 2007. "산별노조시대. 고용·임금·복지의 연대전략". 전국민주노동조 합총연맹.

박경태 외. 1999. "국제노동력 이동과 사회적 연결망: 경기도 마석의 필리핀인 노동자집단을 중심으로". 『한국사회학』. 제33호.

박경태. 2005a. "이주노동자를 보는 시각과 이주노동자 운동의 성격". 『경제와 사회 제67호.

박경태·설동훈·윤수종 외. 2005b. 『우리시대의 소수자 운동』. 이학사.

______. 2008. 『소수자와 한국사회』. 후마니타스.

______. 2007. 『인권과 소수자 이야기』. 책세상.

박석운. 1995. "한국의 외국인 노동자 인권문제와 대책". 『법과 사회』. 법과사회이론학회.

박성희. 2004. 『질적연구방법의 이해』. 도서출판 원미사.

박영범. 2004. "노동시장과 인력이동". 『국제노동브리프』. 한국노동 연구원

박종일. 2006. "다문화 시대의 정체성 연구를 위한 '에스니시티(Ethnicity)'의 개념화: 민족, 인종, 종족 그리고 소수민족과 연결하여". 사회학대회.

박준성·정태연. 2008. "한국사회에서 다문화 가정 아동의 초등학교 적응에 관한 연구". 한국심리학회.

박준식. 2001. 『세계화와 노동체제』. 한울아카데미.

박충환. 1995. "한국인과 외국인노동자 간 문화접촉에 관한 연구: 작업장 내 비

형식적 인간관계를 중심으로”. 경북대학교 대학원 고고인류학과 석사학위논문.

박태주·이병훈·노중기·이동응·이상학·이호근. 2005. “‘노동운동 위기’ 진단: 위기發 노동운동 열차 희망行을 소망한다!: 노동운동의 위기는 노동과 사회의 위기로 연결: 애정 어린 비판에 귀 기울이고 해법모색 머리 맞대야 <座談>”. pp.32～61, 『노동교육』. 제47호. 한국노동교육원.

박　혁. 2009. “다문화 사회 안에서의 정체성과 다원성의 문제: 한나 아렌트의 정체성과 다원성 개념에 대한 고찰”. 서강대학교 사회과학연구소.

박환영. 2009. “다문화 속의 에스니시티와 유목성 고찰: 재한 몽골인을 중심으로”. 『비교문화연구』. 제15집 1호.

배은주. 2007. “‘차별’과 ‘동화’: 초등학교 이주노동자 자녀들의 학교생활과 갈등”. 교육비평사.

백석현. 1993. “해외노동력 유입이 한국경제에 미치는 파급효과”. 대한상공회의소 한국경제연구센터.

______. 1997. “외국인 노동자의 고용과 노동력부족 대책”. 『외국인노동자의 현실과 미래』. 미래인력연구센터.

사회와철학연구회. 2001. 『세계화와 자아 정체성』. 이학사.

산업연구원. 2005. 『서울디지털단지 구조고도화 기본계획』.

석원정. 2008. “다문화 존재들과 동등하게 소통하고 수용할 수 있는 토양 건설이 필요한 때”. 한국다문화학회.

석현호. 2001. “외국인노동자의 기대체류기간에 관한 연구”. 『한국사회학회』.

______. 2003. 『외국인 노동자의 일터와 삶』. 지식마당.

석현호·오계택. 1996. “한국 내 외국인 취업자들의 직무만족과 조직헌신”. 한국사회학회.

설동훈. 1996a. “한국사회의 외국인 노동자에 대한 사회학적 연구: 외국인 노동자의 유입과 적응을 중심으로”. 서울대학교 박사학위논문.

______. 1996b. “외국인 노동자의 임금수준 결정의 역동성. 1992～1996년: 한국의 사례”. 『한국사회학회』.

______. 1997. “외국인 노동자와 한국사회의 상호작용”. 『노동문제논집』. 제13호.

______. 1999. “외국인노동자와 한국사회”. 『서울대학교 사회발전연구총서』. 서울대학교 출판부.

______. 2000. 『노동력의 국제이동』. 서울대학교 출판부.

______. 2001. 『외국인 노동자. 현대판 노예인가 외국인 용병인가』. 생각의 나무.

______. 2003a. “한국의 외국인 노동운동. 1993～2003년: 이주노동자의 저항의 기록”. 『진보평론』. 제17호.

_____. 2003b. "한국의 외국인력제도의 문제점과 대안". 『이주노동자 문제와 대안』. 민주화운동기념사업회 연구소.

_____. 2005. "일본과 한국의 외국인노동자정책비교". 『일본연구논총』. 제21호. 현대일본학회.

성균관대학교 사회과학연구소. 1989. 『한국민족주의의 이상과 현실』. 대영문화사.

성황용. 1986. 『일본의 민족주의』. 명지사.

송건호·강만길. 1982. 『한국민족주의론 Ⅰ, Ⅱ』. 창작과 비평사.

송병준. 1997. "외국인 노동자의 현실과 미래". 미래인력연구센터.

신광영. 2001. "사회이동과 사회이동 연구". 『한국사회학』. 제35호.

신동엽 외. 2003. "한국 제조업에서 비정규직 고용의 결정요인". 『산업노동연구』. 제9호.

안재섭. 1994. "구로공단의 산업구조와 공단주거지역의 인구 및 주택 변화에 관한 연구". 『지리교육논집』. 제32호.

양기호. 2008. "한국에 있어서 외국인노동자 사회통합 방안". 한국다문화학회.

여수경. 2005. "한국체류 조선족의 갈등과 적응". 영남대학교 인문과학연구소.

연변조선족자치주개황 집필소조. 1988. 『중국의 우리민족』. 연변인민출판사간. 한울.

오경석 외. 2007. 『한국에서의 다문화주의』. 한울.

오경석. 2008. 『전환기의 안산 : 쟁점과 대안』. 한울.

오상우 외. 2000. "한국 일부 지역의 외국인노동자의 의료실태와 상병 사망 양상의 조사". 『가정의학회지』. 대한가정의학회.

오타 타카코. 2004. "'재외동포법' 개정을 둘러싼 담론 분석". 『한국민족연구』.

외국인 노동자 대책협의회. 2001. 『외국인 노동자 인권백서』. 다산.

외국인 노동자 의료공제회. 2001. 『외국인노동자 의료백서』. 청년의사.

우평균. 2002. "동북아 각국의 외국인노동자 정책: '에스닉 집단화'의 가능성과 관련하여". 『평화연구』. 제11권 1호.

우평균. 2003. "동북아 각국의 외국인노동자 정책: '에스닉 집단'의 가능성과 관련하여". 고려대학교 평화연구소.

유길상·이규용·이해춘·조준모·노용진·김헌구·박의경. 2004. 『저숙련 외국인력 노동시장 분석』. 한국노동연구원.

유길상·이정혜·이규용. 2004. 『외국인력 제도의 국제 비교』. 한국노동연구원.

유명기. 1997. "외국인노동자와 한국문화: 외국인노동자의 현실과 미래". 미래인력 연구센터.

_____. 2002. "민족과 국민사이에서: 한국 체류 조선족들의 정체성 인식에 관하여". 한국문화인류학회. 제35권 1호.

윤인진. 2003. "코리안 디아스포라: 재외 한인의 이주. 적응. 정체성". 『한국사회학』.

제37집 4호.

______. 2004. 『코리안 디아스포라』. 고려대학교 출판부.

은기수. 2008. "한국의 인구변화 실태와 사회적 영향". 『제1차 사회과학 포럼』.

이규용·유길상·이해춘·설동훈·박성재. 2007. 『외국인력 노동시장 분석 및 중장기 관리체계 개선방향 연구』. 한국노동연구원.

이규용·이해춘. 2007. "외국인력 수요전망 및 적정 외국인력 도입규모". 『외국인력 노동시장 분석 및 중장기 관리체계 개선방향 연구』. 한국노동연구원.

이병욱 외. 2008. "중소기업 기술 인력의 경쟁력 제고를 위한 공업계 고교의 역할과 직업교육의 방향". 『한국기술교육 학회지』. 제8권 제1호.

이병욱·류병구·이창훈. 2008. "중소기업 기술 인력의 경쟁력 제고를 위한 공업계 고교의 역할과 직업교육의 방향". 『한국기술교육학회지』. 한국기술교육학회.

이병훈. 2004. "세계경제의 역동적인 세계화에서 비롯되는 노동과 사회문제들". 국제노사관계학회 5차 아시아대회. 『국제노동브리프』.

이상준. 2007. "동북아포럼 정기세미나: 중국 조선족 동포들의 국내 이주". 국토연구원.

이선옥. 2005. "한국 이주노동자운동의 형성과 성격변화". 성공회대학교 석사학위 논문.

이선화. 2007. "두려움과 공존사이에서: 외국인노동자 유입에 대한 도시지역 원주민의 대응". 서울대 인류학 석사논문.

이성언. 2006. "다문화 가정 도래에 따른 혼혈인 및 이주민의 사회통합을 위한 법제지원방안 연구". 한국법제연구원.

이수자. 2004. "이주여성 디아스포라: 국제성별분업, 문화혼성성, 타자호와 섹슈얼리티". 『한국사회학』. 제38호.

이순태. 2007. "다문화 시대의 도래에 따른 외국인의 출입국 및 거주에 관한 법제 연구". 한국법제연구원.

이연심. 1997. 『국내 외국인노동자의 산업재해 보상에 관한 연구: 상담사례 내용을 중심으로』. 연세대 석사학위논문.

이왕재. 2001. "중국동포의 대(對)한국 인식도에 관한 실증분석과 정책 제언". 『한국정책학회보』. 제20권 제2호.

이욱정. 1999. "국내 방글라데시 노동자들의 생활 실태와 적응전략에 관한 사례 연구". 서울대학교 대학원 인류학과 석사학위논문.

이인재. 2005. "출산·고령화 시대의 고용활성화 방안". 『노동리뷰 특집호』. 한국노동연구원.

이정환. 2007. "외국인 노동자에 대한 사회학적 연구의 방향". 『다문화 사회 한국 사회과학의 과제』. 성균관 대학교 동아시아지역연구소.

이정환·석현호. 2001. "외국인노동자의 기대체류 기간에 관한 연구". 『한국사회학』. 제35호.

이종구. 1996. "혁신자치제와 주민의 정책참가: 천기(川崎) 카와사키의 사례". 『일본사학회』.

______. 1999. "이쿠노지역 재일동포의 사회운동". 한국사회학회.

______. 2004. "외국의 노동: 일본 노동시장의 유연성과 고용형태의 다양화". 『한국산업노동학회』.

이종구 외. 2005. 『1960년대-70년대 노동자의 작업장 경험과 생활세계』. 한울.

이종구 외. 2006. 『1960년대-70년대 노동자의 작업장 문화와 정체성』. 한울.

이종구 외. 2006. 『1960년대-70년대 한국 노동자의 계급문화와 정체성』. 한울.

이종구 외. 2007. "한국의 이주노동자와 다문화 사회". 『비판사회학회』.

이준호. 2005. 『데이비드 흄 인간 본성에 관한 논고』. 살림.

이창호. 2008. "한국 화교의 사회적 지위와 관계의 공간: 인천 화교의 관시와 후이를 중심으로". 『비교문화연구』. 제14집 1호.

이철우. 2003. "국적과 종족성에 의한 집단적 자아와 타자의 구별". 『한국사회이론학회』.

이한숙. 2004. "외국인 노동력 유입의 경제적 효과에 대한 연구". 부산대학교 박사학위 논문.

이현정. 2001. "조선족의 종족 정체성 형성과정에 관한 연구". 『비교문화연구』. 제7집 2호.

이혜경·정기선·강수돌·설동훈·석현호. 1998. 『한국사회와 외국인 노동자』. 생각의 나무.

이혜경 외. 2002. "국내외 한국기업의 외국인력 관리에 관한 비교 연구: 한국식 관리방식을 중심으로". 『한국사회학』. 제36호.

이혜경 외. 2006. "이주의 여성화와 초국가적 가족: 조선족 사례를 중심으로". 『한국사회학』. 제40집 5호.

이혜경. 1994. "외국인 노동자 고용에 관한 연구: 국내 노동시장에 미치는 영향". 『한국사회학』. 제28집.

______. 2001. "국가간 노동이동에 관한 연구". 『한국사회학』. 제35호.

______. 2005. 『물한모금』, 창비.

이혜진. 2006. "근대 계몽기 '민족'의 탄생과 '국민'의 거처". 『인문 연구』.

이희영. 2005. "이주노동자의 생애 체험과 사회 운동". 『사회와 역사』. 제68호.

일본노동운동 연구회. 2001. 『일본 노동운동의 새로운 이해』. 원민.

임영언. 2009. "재일한인의 민족정체성(Ethnic Identity) 유형에 관한 사례연구".

『일본문화학보』. 제40호.

임지현. 1999. 『민족주의는 반역이다: 신화와 허무의 민족주의 담론을 넘어서』. 소나무.

임진철. 2005. "조선족 사회 발전전략과 초록 민족공동체 발전구상". 『동북아시대 조선족 사회 발전을 위한 귀향 아리랑 문화축제와 국제 학술 심포지움 자료집』. 재한 중국조선족경제문화발전협회.

임채완 외. 2002. "중국 연변 조선족의 민족정체성 조사연구". 『대한정치학회보』. 제10집 1호.

장미경. 2001. "시민권(citizenship) 개념의 의미 확장과 변화: 자유주의적 시민권개념을 넘어서". 『한국사회학』. 제35호.

장미경. 2005. "한국사회 소수자와 시민권의 정치". 『한국사회학』. 제39호.

장영진. 2006. "이주 노동자를 대상으로 하는 상업 지역의 성장과 민족 네트워크: 안산시 원곡동을 사례로". 『한국지역지리학회지』.

장임숙 · 이수상. 2009. "계층 분석과정(AHP)을 이용한 이주노동자의 사회적 욕구의 우선순위". 『한국행정논집』. 한국정부학회.

장혜경. 2003. "외국인 노동자 가족관련 정책 비교연구". 한국여성개발원.

______. 2004. "외국인 근로자 자녀의 교육소외 실태와 대책: 교육소외 집단의 교육 실태와 복지대책". 한국교육 개발원.

전수경. 2005. "범인은 노말핵산이 아니라 인권에 대한 무지: 이주노동자 노말핵산 중독사건으로 보는 노동자 건강실태". 『노동사회』. 한국노동사회연구소.

전혁진. 2002. "외국인 노동자를 위한 사회선교 활동과 방향: 성공회 남양주교회 '샬롬의집'의 활동 비판적 고찰". 성공회대학교.

전형권. 2005. "초국가주의 관점에서 본 화교 디아스포라와 네트워크". 『대한정치학회보』. 13집 2호.

전형권. 2006. "모국의 신화. 노동력의 이동. 그리고 박탈: 조선족의 경험에 대한 디아스포라적 해석". 『한국동북아논총』. 제38집.

정건화 외 2005. 『근대 안산의 형성과 발전』. 한울.

정경화. 2003. "국내 이주노동자 유입단계의 성숙에 관한 연구". 고려대 노동대학원 석사학위 논문

정기선. 1996. "국내 외국인 취업자의 사회심리적 적응". 『한국사회학회』.

정성훈. 1994. "현장분석: 서울시 산업지구 재편과정: 구로공단을 사례로". 『한국공간환경학회지』.

정수일. 2002. 『이슬람 문명』. 창비.

정이환. 2000. "주변노동자의 동원화와 조직화". 『전기사회학대회』. 한국사회학회.

_____. 2002. "노동시장 불평등과 조직내 불평등: 1990년대 임금불평등 추세 연구". 『한국사회학』. 제36호.

_____. 2006. 『현대 노동시장의 정치사회학』. 후마니타스.

정진경. 2000. "남북한간 문화이해지" 조한혜정, 이우영 엮음. 탈분단 시대를 열며, 367 - 422. 서울: 삼인

정진경 외. 2001. "북한에서 온 내 친구: 아이들과 함께 하는 남북한 문화이해지". 『우리교육』.

정진경 · 양계민. 2004. "문화적응이론의 전개와 현황". 『한국심리학회지』. 제23권 1호.

정진농. 2003. 『오리엔탈리즘의 역사』. 살림.

정판룡. 1993. "'서문' 당대중국 조선족 연구". 김동화 · 김승철 공역. 연변인민출판사.

_____. 2002. "민족과 국민사이에서". 한국문화인류학회.

정항희. 1981. 『국가와 민족주의』. 법문사.

정현숙. 2004. "문화 간 커뮤니케이션 갈등에 관한 연구: 한국에 거주하는 외국인 노동자의 체험담을 중심으로". 『커뮤니케이션학』. 제12권 3호.

정홍원. 2008. "고령사회(aged society)의 도래와 대응". 『제 1차 사회과학포럼』.

조명래 외. 1996. "구로지역 사회경제 변화에 관한 연구". 한국도시연구소.

조정남 편. 2004. 『외국인 노동자 정책 국제 비교』. 교양사회.

_____. 2002. 『현대정치와 민족문제』. 교양사회.

_____. 2004. 『외국인노동자정책 국제비교』. 교양사회.

조현미. 2006. "외국인 밀집 지역에서의 에스닉 커뮤니티 형성: 대구시 달서구를 사례로". 『한국지역지리학회지』.

조희선 외. 2008. "한국사회 이주 무슬림 커뮤니티에 관한 연구: 유입, 적응, 사회적 네트워크를 중심으로". 『중동연구』. 제27권 2호.

조희연 외. 2009. 『아시아 민주화와 사회경제적 불평등의 동학: 사회경제적 독점의 변형 연구』. 한울.

조희연. 1999. 『국가폭력. 민주주의 투쟁. 그리고 희생』. 함께 읽는 책.

주봉호. 2006. "중국조선족 사회의 변화와 과제". 『한국동북아논총』. 제41집.

진덕규. 1983. 『현대 민족주의의 이론구조』. 지식산업사.

_____. 1991. 『한국의 민족주의』. 대한기독교서회.

진형권. 2006. "모국의 신화. 노동력의 이동. 그리고 이탈: 조선족의 경험에 대한 디아스포라적 해석". 『한국동북아논총』. 제38집.

차기벽 편. 1984. 『민족주의』. 종로서적.

_______. 1990. 『민족주의 원론』. 한길사.

채수홍. 2007. "귀환 베트남 이주노동자의 삶과 동아시아 인적교류". 『비교문화연구』. 제13집 2호.

천연희. 2008. "이주노동자에 대한 한국인의 태도: 이혜경의 「물 한 모금」을 중심으로". 『지방자치연구』.

최문환. 1973. 『민족주의의 전개과정』. 박영사.

최병두. 2009. "한국 이주노동자의 일터와 일상생활의 공간적 특성". 『한국경제지리학회지』. 제12권 제4호.

최상용 외. 2007. 『민족주의, 평화, 중용』. 까치글방.

최영관 외. 2001. "한국통일과 중국 동북 3성 조선족에 관한연구". 『한국동북아논총』. 제20집.

최장집. 1998. 『한국의 노동운동과 국가』. 얼음사.

최정신 외. 2007. "재한 조선족 이주노동자를 위한 주거계획: 한국과 중국에 거주하는 조선족의 주거 및 주생활에 대한 고찰". 『대한 가정학회지』. 제45권 9호.

한경구 외. 1998. 『시화호 사람들은 어떻게 되었을까』. 솔.

한경구. 1994. 『공동체로서의 회사』. 서울대 출판부.

한국사회학회. 2008. 『기로에 선 중산층』. 인간사랑.

한국여성정책연구원. 2008. "다민족·다문화사회로의 이행을 위한 정책 패러다임 구축 Ⅱ: 다문화주의의 이론적 패러다임과 국가별 유형비교". 한국여성정책연구원.

함한희. 1995. "한국의 외국인노동자 유입에 따른 인종과 계급문제". 『한국문화인류학』. 제28집.

함한희. 1997. "외국인노동자의 갈등과 적응 – 외국인노동자의 현실과 미래". 『미래인력연구센터』.

허동현. 2009. "한국 근대에서 단일민족 신화의 역사적 형성과정". 『동북아역사논총』. 제23호. 동북아역사재단.

홍기원. 2006. "다문화정책의 방향과 문화적 지원 방안 연구". 한국문화관광정책연구원.

홍성욱. 1999. 『생산력과 문화로서의 과학 기술』. 문학과지성사.

홍순혜, 이숙영. 2008. "청소년 새터민의 문화변용과 심리사회적 적응에 관한 연구" 『청소년학연구』. 제15권 6호. 한국청소년학회

홍 우. 1989. 『민족주의 입문』. 일조각.

황승연. 1994. "중국동포들의 한국사회 적응실태 조사연구". 한국사회학회.

황익주. 1999. "조선족의 사회조직과 그 변화". 『한국문화인류학회 학술대회 발표논문집』. 한국문화인류학회. pp.270~282.

2. 외국문헌

A, Giddens. 1971. *Capitalism & Modern Social Theory: An Analysis of the Writing of Marx, Durkheim and Max Weber.* Cambridge University Press.

Alberto, Hirschman. 1970. *Exit Voice. and Loyalty.* Harvard University Press.

Anderson, Bennedict. 1991. *Imagined Communities: Reflctions on the Origin and Spread of Nationaism.* London: Verso.

Ankie, Hoogvelt. 1997. *Globalisation and the Postcolonial World.* Macmillan Press Ltd.

Anthony, D. Smith. 1991. *National Identity.* New York: Penguin Books.

Anthony, Giddens. 1985. *Nation-State and Violence: Volume Two of a Contemporary Critique of Historical Materialism.* University of California Press.

Antonio, Negri · Michael, Hardt. 2000. *Empire.* Harvard University Press.

Arjun, Appadural. 2001. *Globalization.* Durham & London.

Armstrong, J. A. 1982. *Nations before Nationalism.* University of North Carolina Press.

Barth, F. Intoduciton. *Ethnic Groups and Boundaries.* Barth. Fed. LIttle Brown. Boston. 1969. pp.9~38.

Bassam, Tibi. 1990. *Arab Nationalism. Between Islam and the Nation-State.* Houndmills: Palgrave Macmillan.

Berry, J. W. 1980. Acculturation as varieties of adaptation. In A. M. Padilla(Ed), *acculturation: Theories, models and findings*(pp.9~25). Bouder, CO; Westview.

______. 1990. Psycology of acculturation: Understanding individuals moving between culture. In R. Brislin(Ed.)Applied cross-cultural psycholgy(pp. 232~253). Newbury Park, CA: Sage.

______. 1997. Immigration, acculturation and adaption. Applied Psychology: An International Review, p.46, pp.5~34.

Bhabha, Homi K. 1990. "Introduction: Narrating the Nation". in Homi K. Bhabha ed. *Nation and Narration.* Routledge.

Bjorn, H. Junker and Falk, Schreiber. 2008. *Analysis of biological networks.* Wiley-Interscience.

Bob, jessop. 1990. *State Theory: Putting the Capitalist State in Its Place.*

Cambridge: Polity.

Bohning, W. Roger. 1972. *The Migration of Workers in the United Kingdom and the European Community.* New York: Oxford University Press.

______. 1984a. *Some Basic Facts: patterns of Asian Immigration and Exclusion.* pp. 60~78. *in Labor Immigration under Capitalism: Asian Workers in the United States before World war II.* edited by Lucie, Cheng. and Edna, Bonacich. Berkeley. CA: University of California Press.

______. 1984b. *Asian Labor in the Development of California and Hawaii.* pp.130~185. *in Labor Immigration under Capitalism: Asian Workers in the United States before World War II.* edited by Lucie, Cheng. and Edna, Bonacich. Berkeley. CA: University of California Press.

Borjas, Georg. J. 1989. "Economic Theory and International Migration". International Migration Review. p.233: pp.457~485.

______. 1990. *Friends or Strangers: The Impact of immigrants on the U.S. Economy.* New York: Basic Books.

Boyd, Monica. 1989. "Family and Personal Networks in International Migration: Recent Developments and New Agendas". *International Migration Review.* p.233: pp.638~670.

Breuilly, J. 1993. *Nationalism and the State.* Manchester University Press.

Burawoy, M. A. Burton, A. A. Ferguson, K. J. Fox, J. Gamson, N. Gartrell, L. Hurst, C. Kurzman, L. Salzinger, J. Schiffman, & S. Ui, eds. 1991. *Ethnography Unbound: power and Resistance in the Modern Metropolis.* Berkeley: University of California Press. p.10: pp.14~19

Burt, Ronalds. 1992. *Structural Holes.* Cambridge. MA: Harvard University Press.

Castells, Manuel. 1975. *Immigrant Workers and Class Stuggles in Advanced Capitalism: The Western European Experience.* Politics and Society: p.51: pp.33~66.

______. 1989. *The Informational City: Information Technology. Economic Restructuring and the Urban: Regional Process.* New York: Bail Blackwell.

______. 1998. *End of Millennium. Volume 3 of Information Age－Economy.* Society and Blackwell.

Castells, Stephen. and Godula, Kosack. 1985. *Immigrant Workers and Class Structure in Western Europe.* Second Edition. Oxford University Press.

________. 1993. *The Age Migration: International Population Movements in the Modern* World. New York: Guilford Press.

Castles, Stephen. and Mark, J. 1989. *The Age of Migration: International Population Movements in the Modern World.* Second Edition. New York: Guiford Press.

Charles, F. Sabel. 1982. *Work and Politics: The division of labor in industry.* Cambridge University Press.

Daniel, J. Leab. 1985. *The Labor History Reader.* University of Illinois Press.

David, Montgomery. 1979. *Workers' Control in America.* Cambridge University press.

E. H. Carr. 1970. *What is history?.* Penguin Books.

E. Kamenka. 1976. *Nationalism the nature and evolution of an idea.* Edward Arnold

Ernest, Gellner. 1988. *Nations and nationalism,* Oxford: Basil Blackwell.,

Eugene, Kamenka. 1976. *Nationalism: the nature and evolution of an idea.* London: Edward Arnold.

Fawcett, James. T. and Fred, arnold. 1987. *Explaining Diversity: Asian and Pacific Immigration Systems. pp.453~473in Pacific Bridges: The New Immigration from Asia and the Pacific islands.* edited by,,james, T. Fawcett. and Benjamin, V. Carino. Staten Island. NY: center for Migration Studies.

Furnham, A. & Bochner, S. 1982. Social Difficulty in foreign culture: An empirical analysis of culture shock. In S. Bochner (Ed), Cultures in contact: Studies in cross-cultural interactions(pp.161~198). Oxford: Peramon.

Furnham, A. 1985. Why do people save? Attitudes to, and habits of, saving maney in Britain. *Journal of Applied Social Psychology, p.15, pp.354~373.*

Gellner, Ernest. 1983. *Nations and Nationalism.* Cornell University Press.

Gibson, Katherine. and Julie, Graham. 1986. "Situating Migrants in Theory: The Case of Filipino Migrant Contract Construction Workers". *Capital and Class.* p.29: pp.130~149.

Glick-Schiller, Nina and Fouron, Georges. 1990. "Everywhere We Go, We Are in Danger: Ti Manno and Emergence of a Haitaian Transnational Identity", *American Ehnologist 17(2).*

Ghaffarian, S. 1987. The acculturation of Iranians in united States. Journal of Social Psychology, p.127, pp.565~571.

Granovetter, Mark. 1973. "The Strength of Weak Ties". *Americna Journal of Sociology. p.786:* pp.1360~1380.

______. 1983. "The Strength of Weak Ties: A Network Theory Revisited". *Sociological Theory.* p.11: pp.201~233.

______. 1995. *Getting a Job: A Study of contacts and Careers.* Second Edition. Chicago. Ⅱ: University of Chicago Press.

Grasmuck, Sherri. and Patricia, R. Ressar. 1991. *Between Two Islands: Dominican International Migration.* Berkeley. CA: University of California Press.

Greenwood, Michael. J. 1981. *Migration and Economic Growith in the United States.* New York: Academic Press.

______. 1985. "Human Migration: theory. Models. and Empirical Studies". *Journal of Regional Science.* p.254: pp.521~544.

Greenwood, Michael. J. Gary, L. Hunt. and John, M. McDowell. 1986. "Migration and Employment achange: Empirical Evidence on the Spatial and Temporal Dimensions of the Linkage". *Journal of Regional Science. p.262:* pp.22~234.

Gullahorn, J. T. & Gullahorm, J. E. 1963. An extension of the U-curvc hypothesis. Jounal of Social Issues, p.19, pp.33~47.

Gurak, Douglas. T. and Fe, Caces. 1992. *Migration Networks and the Shaping of Migartion Systems.* pp.150~176. in *International migration Systems: A Global Approach.* edited by Mary, M. Kritz. Lin, Lean. Lim. and Hania, Zlotnik. Oxford: Clarendon Press.

Hans, Kohn. 1956. *The idea of nationalism: a study in its origins and background.* New York : Macmillan,.

Hobsbawm, E. J. 1990. *Nations and Nationalism since 1780.* Cambridge Univ. Press.

______. 1992. *The invention of tradition.* Cambridge Univ. Press.

______. 1993a. "Mass-Producing Traditions: Europe. pp.1870~1914". Eric J. Hobsbawm · T. Ranger ed. *The Invention of Tradition.* Cambridge Univ. Press.

______. 1993b. *The Age of Capital 1848~1875.*

______. 1993c. "Introduction: Inventing Traditions. Eric J. Hobsbawm · T. Ranger ed. *The Invention of Tradition.* Cambridge Univ. Press.

Hobsbawm, E. J. · Ranger. T. ed. 1983. *The Invention of Tradition.* Cambridge Univ. Press.

Jean, Jacques. Rousseau. 1955. *The social contract, Discourses.* London: J. M. Dent & sons, ltd; New York : E. P. Dutton & co.

Jeremy, Rifkin. 1996. *The end of work :the decline of the global labor force and the dawn of the post-market era.* New York : G. P. Putnam's Sons.

John, Locke. 1955. *Two treatises of civil government.* London: Dent; New York: Dutton.

Kim, Moody. 1997. *Workers in a lean world: unions in the international economy.* London; New York: Verso.

Kritz, Mary. M. and Hania, Zlotnik. 1992. *Global Intreracitons: Migration Systems. Processes. and Policies.* pp.1∼16. *International Migration Systems:* A Global Approack. edited by Mary, M. Kritz. Lin, Lean. Lim. and Hania, Zlotnik. Oxford: Clarendon Press.

Kvale, Steinar. 1996. "Interviews: An Introduction to Qualitative Research Interviewing". Thousand Oaks. CA: sage.

Lazarus, R. S. and Folkman, S. 1984. Stress, coping and appraisal. New York: Springer

Lee, Everett S. 1966. "A Theory of Migration". *Demography.* p.31: pp.47∼57.

Lee, I. S. 2004. The influence of acculturative stress on migrant worker's mental health: Focused on the moderating effects of social relationship. Unpublished Master's thesis, Yonsei University, Seoul.

Lin, Nan. 1982. "Social Resources and Instrumental Action". pp.131∼145. in *Social Structure and Network Analysis.* edited by Peter, Marsden. and Nan, Lin. Beverly Hills. CA: Sage Publications.

_______. 1990. "Social Resources and Social Mobility: A Structural Theory of Status Attainment". pp.247∼271. in *Social Mobility and Social Structure.* Edited by Ronald, L. Breiger. New York: Cambridge University Press.

_______. 2000. *Social Resources and Social Capital: A Theory of Action and Social Structure.* New york: Cambridge University Press.

Lin, K. Tazuma, L. and Masuda, M. 1979. Adaptational problems of Vietnam refugees: health and mental status. *Archives of General psychiatry,* p.36, pp.955∼961

Marin, G. Sabogal, F. Martin, B., Otero-sabogal,R & Rerez-Stable, E. J. 1987. Development of a short acculturation scale for Hispanics. Hispanic Journal of behavioral Science, p.2, pp.21~34.

Marsden, Peter. V. and Jeanne, S. Hurlbert. 1988. "Social Resources and Mobility Outcomes: A Replication and Exculusion". *Social Forcess.* 664: 1038-1059.

Marx, K. & Engels, F. 1967. *The communist manifesto.* Middlesex: Penguin Books.

Massey, Douglas. S. 1987. "Understanding Mexican Migration to the United States". *American Jounal of Sociology. p.926:* pp.*1372~1403.*

________. 1988. "Economic Development and International Migration in Comparative Perspective". *Population and Development Review.* 143: pp.383~413.

________. 1990a. "Social Structure. Household Strategies. and the Cumulative Causation of Migration". *Population Index. p.*561: pp.2~26.

________. 1990b. "The Social and Economic Origins of Immigration". *Annals of the Americna Academy of Political and Social Science.* p.510: pp.60~72.

Massey, Douglas. S. and Felipe, Garcia. Espana. 1987. "The social process of International Migration". *Science.* p.237: pp.733~738.

Massey, Douglas. S. Joaquin, Graeme. Hugo. Ali, Kouaouci. Adela, Pellegrino. and J, Edward. Taylor. 1993. "Theories of International Migration: A Review and Appraisal". *Population and Development Review.* p.193: pp.431~466.

Matthews, P. H. 1993. *Grammatical theory in the united states from Bloomfiend to Chomsky.* Cambridge University Press.

Melvyn, Dubofsky. 1994. *The state labor in modern america.* The University of North Carolina Press.

Michel, Foucault. 1972. *Histoire de la folie à l'âge classique. Suivi de Mon corps, ce papier, ce feu et La folie, l'absence d'œuvre.* Paris: Gallimard.

________. 2004. *Surveiller et punir, surveiller ou punir: perspectives de la peine privative de liberté.* Presses universitaires de Caen.

Motgomery, G. T. 1992. Comfort with acculturation status among students from South Texas. Hispanic Journal of behavioral Science, p.14, pp.201~223.

Mouffe, Chantal. 1979. *Gramsci and Marxist theory.* London; Boston: Routledge

& Kegan Paul.

Myrdal, Gunnar. 1957. *Rich Lands and poor.* New York: Harper and Row.

Naidoo, J. 1985. A cultural perspective on the adjustment of South Asian women in Canada. In I. R. Langunes and Y. H. Poortinga(Eds), *from a different perspective: Studies of behavior across cultures* (pp.76~92). Lisse, The Netherlands:Swets & Zeitlinger.

Negri, A. & Hardt, M. 2000. *Empire.* Cambridge, Mass.: Harvard University Press.

Nicos, Poulantzas. 2000. State, power, socialism. London: Verso.

Oberg, K. 1960. Cultural shock: Adjustment to new cultural environment. Raactical Antbropology, p.7, pp.177~182.

Oetting, E. R & Beauvais, F. 1991. Orthogonal cultural identification theory: The cultural identification of minority adolescents. International Journal of Addictions, p.25, pp.655~685.

Paul, R. Brass. 1991. *Ethnicity and Nationalism.* Theory and comparison.

Peter, A. Swenson. 2002. *Capitalists against Markets.* Oxford university press.

Petras, Elixabeth. McLean. 1980. "Towards a Theory of International Migration: The New Divison of Labor". pp.439~449. in *Sourcebook on the New Immigration: Implications for the United States and the ir ernational Community.* edited by Roy Simon Bryce-Laporte. New Burnswick. Nj: Transaction Books.

________. 1981. "The Global Labor Market in the Modern World-Economy". pp.44~63 in *Global Trends in Migration: Theory and Research on International Population Movements.* edited by Mary, M. Kritz. Charles, B. Keely. and Silvano, M. Tomasi. Staten, Island. NY: Center for Migration Studies.

Piore, Michael. J. 1970. *Birds of Passage: Migrant Labor and Industrial Society.* Cambridge University Press.

Portes, Alejandro, and John, Walton. 1981. *Labor. Class. and the International System.* New York: Academic Press.

Pruitt, F. K. 1978. The adaptation of African students to American society. *International journal of Intercultural Relations, p.21,* pp.90~118

Ravenstein, Ernest. George. 1885. "The Laws of Migration". *Journal of the Royal Statistical Society.* 48. June: pp.167~235.

Redfield, R, Linton, R, & Herskovits, M. 1936. Insanity, Memorandum on the study of acculturation. *American Antbropologist*, p.49, pp.701~708.

Reichert, Joshua. 1982. "A Town Divided: Economic Stratification and Social Relations in a Mexican Migrant Community". *Social Problems. p.*294: pp.411~423.

Renan, Ernest. 1990. *What is a Nation?*. Homi K. Bhabha ed. *Nation and Narration*. Routledge.

Robert, A. Dahl. 1989. *Democracy and its critics*. New Haven: Yale University Press.

Robin, Cohen. 1977. Global diasporas: An introduction.(London: UCL Press). pp.29~31, 180~187

Salt, Jhon. and Jeremy, Stein. 1997. "Migration as a Business: The Case of Trafficking ". *International Migration* 35(4): pp.467~494.

Sam, D. L. & Berry, J. W. 1995. Acculturative stress and young immigrants in Norway. *Scandinavian Jounal of Psychology,* p.36, pp.10~24.

Sam, D. L. & Berry, J. W. 2006. Acculturation Psychology, Cambridge University Press.

Sam, D. L. 1995. Acculturation attitudes among young immigrants as a function of perceived parental attitudes toward cultural change. *Journal of Early Adolescence, p.15,* pp.238~258.

Samual, P. Huntington. 1992. *The Clash of Civilizations: Remaking of World Order*. Touchstone Books.

Sassen, Saskia. 1988. *The Mobility of Labor and Capital: A Study in International Inverstment and Labor Flow.* Cambridge University Press.

_______. 1991. *The Global City: New York. London. and Tokyo.* NJ: Princeton University Press.

Smith, Anthony D. 1983. *State and Nation in the Third World.* Wheatsheaf Books Ltd.

_______. 1986. *The Ethnic Origins of Nations.* Basil Blackwell.

_______. 1991. *National Identity.* University of Nevada Press.

_______. 1994. *The politics of culture: ethnicity and nationalism.* in Tim ingold ed. Companion Encyclopedia of Anthropology. London & New York: Routledge. pp.706~733.

Stalker. Peter. 2001. *The no-nonsense guide to international migration.* Oxford: New Internationalist Publications; London: in association with Verso.

Stark, Oded. 1991. *The Migration of Labor.* Cambridge. MA: Basil Blackwell.

Stephen, Cornell. and Douglas, Hartmann. 1998. *Ethnicity and race: making identities in a changing world.* Pine Forge Press.

Stouffer, Samuel. A. 1940. "Intervening Opportunities and Competing Migrants". *American Sociological Review. p.56:* pp.845~867.

Shisana, O. and Celentano, D. D. 1987. Relationship of chronic stress, social support and coping style to health among Namibian refugees. *Social Science and Medicine, p.24,* pp.145~157.

Suinn, R. M., Ahuna, C. & Khoo, G. 1992. The Suinn-Lew Asian Self-Identity Acculturation Scale: Concurrent and factorial validation. Educational and Psychological Measurement, p.52, pp.1041~1046.

Tajfel, H. 1982. *Social identity and intergroup relations.* Cambridge, MA; Cambrige University Press.

Tajfel, H. & Turner, J. 1986. "The social identity theory of intergroup behavior". in W. Austin and S. Worchel(Eds), *The social psychology of intergroup relations* (pp.7~14). Chicago: Nelson-Hall Publishers.

Taylor, Edward. J. 1992. "Remittances and Inequality Reconsidered: Direct. Indirect. and Intertemporal Effects". *Journal of Policy Modeling. p.*142: pp.187~208.

Thomas, Samuel. Kuhn. 1966. *The structure of scientific revolutions.* Chicago, IL: University of Chicago Press.

Thorstein, B. Veblen. 1992. *The theory of the leisure class.* New Jersey: Transaction Publishers.

Todaro, Michael. P. 1969. "A Model of Labor Migration and Urban Unemplyment in Less-developed Countries". *Americna Economic Review. p.*591, pp.138~148.

___________________P. 1986. "International Migration. Domestic Unemployment. and Urbanixation: A Three-Sector Model". *Center for Policy studies Working Papers.* NO.124.

Urvashi, Butalia. 2004. *the Disenfranchised-Victims of development* in asia. Arena Press.

Ward, C. Bochner, S. and Furnham, A. 2001. The Psychology of culture shock. East Sussex: Routledge.

Ward, C. and Chang, W. C. 1997. Cultural fit: A new prespective on personality and sojourner adjustment. *International Journal of Intercultural Relations, p.21,* pp.525~533

Ward, C. and Kennedy, A. 1992. Locus of control, mood, disturbance and social difficulty during cross-cultural transitions. *International Journal of Intercultural Relations, p.16,* pp.175~194

Wehler. Hans-ulrich. 1979. *Klassen in der europaischen Soaialgeschichte.* Gottingen: Vandenhoeck & Ruprecht.

Weist, Raymond. E. 1984. "External Dependency and the Perception of Temporary Migration to the United States". pp.110~135. in *Patterns of Undocumented Migration: Mexico and the United States.* edited by Richard C. Jones. Totowa. NJ: Rowman and Allanheld.

William, Safran. 1991. "Diasporas in modern societies: myths of homeland and return."Diaspora, vol. 1. no 1. pp.83~84

Zipf, George. Kingsley. 1946. "The P1P2/D Hypothesis: On the Intercity Movement of Persons". *American Sociological Review. p.*116, pp.677~686.

韓景旭. 1999. "エスニシティー中國・朝鮮族"、アジアの文化人類學(片山隆裕編)ナカニシシャ出版.

關根政美. 1994. "エスニシティの政治社會學" 名古屋大學出版會. 名古屋.

3. 기타자료

경향신문. 2009년 10월 5일 자.
구로구. 2007년 『구로통계연보』.
한겨레. 2005년 10월 18일 자.
참세상. 2008년 4월 17일 자.
한겨레. 2009년 3월 11일 자.
국민일보. 2006년 11월 21일 자.
노컷뉴스. 2009년 8월 5일 자.
법무부 국적법 시행령. [일부개정 2007.12.28 대통령령 제20465호].
법무부. 2009. 『법무부 국적별 체류외국인 현황』.
부산일보. 2006년 9월 11일 자.
서울 경제 신문. 2007년 7월 11일 자.
신혜란. 1998. "80년대 구로의 회색빛 삶과 장밋빛 희망: 장미빛 인생과 구로아리랑". 국토81.

연합뉴스. 2009년 9월 30일 자.

연합뉴스. 2009년 10월 21일 자.

외국인이주·노동운동 협의회 홈페이지. http://www.jcmk.org.

이데일리. 2009년 9월 30일 자.

이주노동자 인권연대. http://www.migrantnet.org.

인민일보. 2009년 2월 2일 자.

중국동포 한마음협회 카페. http://cafe.daum.net/yitiaoxin.

중앙일보. 1989년 11월 18일 자.

통계청. 1999. 『통계연감』.

한국일보. 2009년 10월 6일 자.

부록 1 – 설문지

번호 □□□ – □□□□

이주민의 에스니시티와 거주지역 분석

안녕하십니까?

성공회대학교 노동사연구소에서는 '이주민의 에스니시티와 거주지역 분석'에 관한 조사를 실시하게 되었습니다.

최근 한국사회에 이주민이 급증하고 있으며 이주한 각국의 이주민들은 지역을 단위로 한국사회에 정착하고 있습니다. 이 중에서 조선족이 집중적으로 거주하는 서울시 구로구의 '가리봉동' 일대, 동남아 출신 이주민들이 밀집해 있는 경기도 마석의 '성생가구공단' 일대의 지역을 대표적으로 들 수 있습니다.

이에 본 연구소는 이주민이 집중적으로 거주하는 구로구와 마석의 지역을 중심으로, 이곳에 거주하는 이주민들에 대한 생활실태에 대한 조사를 실시하게 되었습니다. 조사결과는 한국사회에서 이주민이 살아가는데 좀 더 나은 환경을 조성하는 데 활용될 수 있을 것입니다.

바쁘시겠지만 조사에 협조해주신다면 한국에 거주하는 이주민의 지위향상과 제도를 개선하는 데에 도움이 될 것입니다. **응답자의 개인적 사항은 결코 외부에 공개되는 일이 없을 것이며, 조사결과는 연구 목적만으로 사용될 것임을 말씀드립니다.**

귀하의 협조에 깊이 감사드립니다.

2009. 06.

A. 개인적사항

1. 귀하의 국적은 무엇입니까? (   )

1-1. 귀하의 출신 국가는 어디입니까? (   )

2. 귀하의 성별은 무엇입니까? (   )
 1) 남   2) 여

3. 귀하는 언제 태어났습니까? (   )년

4. 귀하의 종교는 다음 중 어디에 해당합니까? (   )
 1) 기독교   2) 이슬람교   3) 천주교   4) 불교
 5) 힌두교   6) 기타(   )

5. 귀하는 정규학교(초·중·고·대)를 몇 년 다녔습니까?
 (   )년

6. 귀하는 한국에 오기 전에 무슨 일을 하고 있었습니까?
 (   )

7. 귀하가 처음 한국에 입국한 때는 언제였습니까?

　(　　　　)년 (　　　　　)월

7-1. 여러 번 입국을 했다면 가장 최근 입국한 때는 언제입니까?

　(　　　　)년 (　　　　　)월

8. 귀하의 여권에 표시된 체류자격은 무엇입니까? (　)

　1) 해외투자 관련 산업연수(D-3-1)

　2) 업종단체 추천 산업연수(D-3-2부터 D-3-6까지)

　3) 연수취업(E-8)　　　　4) 고용허가제(E-9)

　5) 방문취업(H-2-A)　　　6) 방문취업(H-2-B)

　7) 예술흥행(E-6)　　　　8) 단기종합(C-3)

　9) 기타 비자(　　　　　　　　　　　　　　)

9. 귀하의 현재 체류자격은 어떻습니까? (　)

　1) 합법체류　　　2) 불법체류

10. 귀하는 여건이 허락된다면, 얼마나 오랫동안 한국에 머무르고
　　싶습니까? (　)

　1) 즉시 떠나고 싶다　　2) 1년까지　　3) 3년까지

　4) 5년까지　　　　　　5) 영주

11. 귀하가 한국에 머무르기를 원한다면, 그 이유는 무엇입니까?

   (   )

   1) 충분한 돈을 못 벌었기 때문에

   2) 모국에서 마땅한 일자리를 구할 수 없어서

   3) 한국의 생활여건이 모국보다 좋기 때문에

   4) 기타(   )

C. 취업 과정

12. 귀하는 현재 어떤 일을 하고 있습니까? (√ 해 주십시오.)

직 종	구체적 업무	직 종	구체적 업무
공장노동자		건설 노동자	
어부 또는 수산 노동자		농림, 축산업 노동자	
식당(주방), 청소, 서빙		간병인	
가정부, 파출부		유흥업소 종사자	
기 타			

13. 귀하는 어떤 경로로 현재 직장에 취직하였습니까? (   )

   1) 공개채용(산업연수생 · 연수취업자)

   2) 비공식 브로커의 알선

   3) 한국 내 사설 직업소개소 소개

   4) 친구 · 친지 등 연고자 소개

   5) 외국인 노동자 상담소 소개   6) 광고를 보고 스스로 찾음

   7) 기타(   )

14. 귀하는 현재의 직장에서 언제부터 일하였습니까?

  (   )년 (   )월

14-1. 귀하는 현재의 직장에서 반장이나 조장의 역할을 하고 있
      습니까? (   )
  1) 예   2) 아니오

15. 귀하는 한국에서 직장을 옮긴 경험이 있습니까? (   )
  1) 예(☞ 문항 15-1번으로 가시오)   2) 아니오

15-1. 직장을 옮긴 가장 중요한 이유는 무엇입니까? (반드시 하
      나만 선택하여 주십시오.) (   )
  1) 하는 일이 힘들어서   2) 하는 일이 위험에서
  3) 임금이 낮아서   4) 직장 동료와 사이가 안 좋아서
  5) 직장상사와 사이가 안 좋아서
  6) 사장과 사이가 안 좋아서
  7) 기타

15-2. 직장을 옮기는 것이 어려웠습니까? 어려웠다면 가장 중요
      한 이유는 무엇입니까? (   )
  1) 본인의 사업장 이동방법에 대한 정보부족
  2) 고용주의 사업장 이동방법에 대한 정보부족
  3) 고용주의 비협조
  4) 새로운 일자리에 대한 정보부족

5) 기타(   )

6) 어렵지 않았다

D. 노동조건

16. 귀하는 일주일에 몇 시간 정도 일합니까? (잔업, 특근 포함)
   (   )시간

17. 귀하는 한 달에 며칠을 쉽니까? (   )일

18. 귀하의 한 달 평균 임금은 얼마입니까?(모든 수당을 포함합니다)
   (   )만 원

18-1 (작업 중 사고를 당하였다면) 사고가 일어난 원인은 무엇이
      라고 생각하십니까? (   )
   1) 일이 너무 많아 빨리 일해야 해서
   2) 너무 피곤해서 주의력이 저하되어
   3) 기계에 안전장치가 없어서
   4) 작업장이 너무 시끄러워 주의를 집중할 수 없어서
   5) 기계를 다루는 솜씨가 서툴러서
   6) 기타(   )

19. 직장에서 겪는 가장 어려운 점은 무엇입니까? (   )
   1) 한국인 관리자 및 동료와의 언어 소통문제

2) 욕설 및 언어폭력   3) 폭행 등 신체적 폭력

4) 잔업 강요   5) 임금 체불

6) 기타(   )

20. 직장에서 어려움이 발생할 경우 어떻게 대처하고 있습니까?
  (   )

1) 회사 측 관리자와 이야기를 하여 해결한다

2) 같은 나라 출신의 직장 동료나 친구들과 의논한다

3) 한국인 친구에게 도움을 청한다

4) 종교단체(교회, 사원), 인권단체 등 이주노동자 지원단체의
   도움을 받는다

5) 노동부(고용지원센터)에 연락하여 도움을 받는다

6) 그냥 참는다

7) 기타(   )

21. 귀하의 현 직장의 전반적인 만족도는 다음 중 어디에 해당합
   니까? (   )

1) 매우 불만	2) 다소 불만	3) 보통	4) 다소 만족	5) 매우 만족

E. 가족

22. 귀하는 결혼하였습니까? (   )

1) 예   2) 아니오

23. 현재 귀하와 함께 살고 있는 사람을 모두 선택해 주십시오.
   (   )
   1) 가족·친척 (   )명   2) 모국인 친구 (   )명
   3) 한국인 친구 (   )명   4) 제3국인 친구 (   )명
   5) 혼자   6) 기타(   )명

24. 귀하는 자녀가 있습니까? 있다면, 몇 명입니까? (   )
   1) 없다   2) 1명   3) 2명   4) 3명 이상

25. 귀하의 자녀 중 한국에 살고 있는 사람은 몇 명입니까?
   (   )명

F. 주거와 일상생활

26. 귀하가 현재 거주하고 있는 곳은 어디입니까? (   )
   1) 기숙사(☞ 문항 27번으로 가시오)
   2) 임대주택(☞ 문항 26-1번으로 가시오)

26-1 임대주택일 경우 어떻게 알게 되었습니까? (   )
   1) 회사 소개   2) 본인이 직접   3) 친구 소개

27. 비용을 지불한다면, 어느 정도 수준입니까?
   1) 무상   2) 월세 월(   )만 원

3) 전세 보증금(   )만 원

4) 기타(   )

28. 집을 구할 때 어려움은 없었습니까? (   )

1) 없었다   2) 있었다

28 – 1. 어려웠던 이유는 무엇이었습니까? (구체적으로 써주세요)

(   )

29. 현재 같은 방에서 몇 명이 함께 거주합니까? (   )명

30. 귀하가 현재의 거주지에 사는 이유는 가장 중요한 이유는 무엇입니까? (   )

1) 집값이나 임대료가 싸서   2) 일터가 가까워서

3) 친척이나 친구가 가까이 있어서   4) 이웃관계가 좋아서

5) 주변 환경이 좋아서

6) 기타(   )

31. 귀하가 현재의 거주지에 살면서 어려운 점은 무엇입니까? 모두 골라주세요 (   )

1) 집세가 비싸다   2) 동거인이 많다

3) 화장실 사용의 불편   4) 화재나 붕괴의 위험

5) 교통의 불편   6) 이웃들과 다툼이 있다

7) 집주인이 나가라고 한다   8) 방음이 안 된다

9) 창문이 없다

6) 기타(   )

32. 지역의 한국인 주민들이 얼마나 친절하다고 생각하십니까?
  (   )
  1) 매우 불친절   2) 불친절   3) 보통
  4) 친절   5) 매우 친절

33. 한국에서 귀하가 마음을 터놓고 이야기할 수 있는 친구들은
   주로 어느 나라 친구입니까? 그런 친구들이 몇 명이나 되는지
   써주십시오.
   A. 본국인 친구: (   )명
   B. 한국인 친구: (   )명
   C. 제3국인 친구: (   )명

34. 당신이 한국인 친구를 사귀는 것은 쉽습니까? 어렵습니까? 그
   정도를 답해 주십시오. (   )
   1) 매우 쉽다   2) 대체로 쉬운 편이다.
   3) 그저 그렇다   4) 대체로 어려운 편이다
   5) 매우 어렵다

35. 같은 나라 사람끼리의 모임이 있습니까? (   )
   1) 있다(☞ 문항 35-1번으로 가시오)
   2) 없다(☞ 문항 36번으로 가시오)

35 - 1. 모임이 있고, 그 모임에서 회비를 내고 있다면, 회비는 얼
        마입니까?

    한 달(   )원 또는 1년(   )원

35 - 2. 귀하가 참여하는 모임의 목적은 무엇입니까? (   )

    1) 친목   2) 운동   3) 서로 돕기   4) 기타

35 - 3. 그 모임은 누가 리드합니까? (   )

    1) 나이 많은 원로가   2) 투표로 뽑은 대표가

    3) 공동의 의견으로

36. 귀하의 생활비 금액을 기입해 주세요.

항 목	금 액
송 금	원
식 비	원
주 거 비	원
잡비(교통비, 담뱃값, 술값 등)	원
총 계	원

37. 귀하는 평소 몸이 아플 때 주로 어느 곳을 이용하십니까?

    (   )

    1) 병원   2) 약국   3) 무료검진기관

    4) 보건소   5) 한의원   6) 기타

38. 귀하는 한국에서의 일상생활에서 다음 문제를 얼마나 겪고 있
　　습니까? (√ 해 주십시오.)

일상생활에서의 문제	전혀 심각하지 않다	별로심각하지 않다	그저 그렇다	다소 심각한 편이다	매우 심각하다
38-1 음식					
38-2 의복					
38-3 주거·숙소					
38-4 금전 문제					
38-5 결혼생활					
38-6 성생활 문제					
38-7 기후·날씨					
38-8 언어(의사소통)문제					
38-9 건강문제					
38-10 문화적 차이로 인한 갈등					

39. 귀하의 한국에 대한 인상은 한국에 오기 전과 비교할 때 어떻
　　게 변하였습니까? (　　)
　　1) 매우 많이 좋아졌다　　　　2) 다소 좋아졌다
　　3) 마찬가지다　　　　　　　　4) 다소 나빠졌다
　　5) 매우 많이 나빠졌다

40. 귀하는 퇴근 후 시간을 주로 어떻게 활용하고 있습니까? 가장
　　많이 하는 순서로 세 개를 골라주세요. (　　)
　　1) 방에서 TV보기 등 휴식　　2) 집안일(빨래, 청소 등)
　　3) 친구만나기　　　　　　　　4) 기술 습득 및 한국어 공부
　　5) 신앙생활　　　　　　　　　6) 시내 구경 및 쇼핑
　　7) 게임방, 노래방 등　　　　　8) 기타(　　　　　)

41. 귀하는 주말 또는 휴일 시간을 주로 어떻게 활용하고 있습니

 한국사회 이주노동자의 문화변용

까? 가장 많이 하는 순서로 세 개를 골라주세요. (   )

1) 방에서 TV보기 등 휴식   2) 집안일(빨래, 청소 등)

3) 친구만나기   4) 기술 습득 및 한국어 공부

5) 신앙생활   6) 시내 구경 및 쇼핑

7) 게임방, 노래방 등   8) 기타(   )

42. 여가 시간을 보내는 데 있어서 가장 불편한 점은 무엇입니까?
   (   )

1) 회사 주변에 적절한 시설이 없어서

2) 어디를 가야할 지 몰라서

3) 돈이 없어서   4) 시간이 부족해서

5) 의사소통이 안돼서

6) 기타(   )

43. 귀하는 모슬렘입니까?

1) 예(☞ 문항 43 - 1번으로 가시오)

2) 아니오(☞ 문항 44번으로 가시오)

43 - 1. 귀하가 모슬렘인 경우 귀하는 술이나 돼지고기를 먹습니
    까? (   )

1) 예   2) 아니오

43 - 2. 귀하가 모슬렘인 경우 하루에 기도를 5번 합니까? (   )

1) 예   2) 아니오

44. 귀하는 종교 모임이나 집회에 얼마나 자주 참석합니까?

   (   )

   1) 주 1회   2) 주 2회 이상

   3) 한 달에 1회~2회   4) 비정기적으로

   5) 참석하지 않는다(☞ 문항 45번으로 가시오)

44-1. 귀하가 종교 모임이나 집회에 참가하는 이유를 선택하여
       주십시오(해당되는 것을 모두 골라주십시오). (   )

   1) 나의 신앙을 위해서

   2) 집회에 나가면 동포들을 만날 수 있어서

   3) 사제로부터 도움을 받을 수 있어서

   4) 동포들로부터 도움을 받을 수 있어서

G. 한국인과의 관계와 의식

45. 귀하는 한국인으로부터 차별을 받은 적이 있습니까? (   )

   1) 매우 자주 있다   2) 종종 있다

   3) 조금 있다   4) 거의 없다   5) 전혀 없다

46. 지금까지 가장 기억에 남는 차별은 누구에게 받은 것입니까?

   (   )

   1) 직장 상사   2) 행정 공무원

   3) 학교, 교회의 선생님

4) 주위의 아는 한국인(친구, 동료, 이웃 등)

5) 모르는 한국인   6) 없다

46-1. 지금까지 가장 기억에 남는 차별의 형태는 어떤 것입니까?

(   )

1) 폭력   2) 월급을 받지 못한 것

3) 말로 무시한 것

4) 시선이나 표정 등의 행동으로 무시한 것

5) 기타(   )

6) 없다

47. 귀하는 한국사회에 대해서 가장 불만스런 점이 무엇입니까?

해당되는 것을 모두 골라주십시오. (   )

1) 직장에서의 월급이 적다   2) 직장 상사의 폭력이 많다

3) 비자허가, 갱신이 힘들다   4) 출입국 절차가 복잡하다

5) 국적취득 절차가 복잡하다   6) 일이 너무 힘들다

7) 의식주 등의 물가가 비싸서 생활하기가 힘들다

8) 기타(   )

9) 없다

48. 귀하는 한국사회에서 가장 좋은 점이 무엇입니까? 해당되는

것을 모두 골라주십시오. (   )

1) 돈벌이가 좋다   2) 의식주의 생활이 편리하다

3) 한국 사람들이 친절하고 좋다

4) 한글, 컴퓨터 등 여러 가지 배울 수 있어서 좋다

5) 기타(   )

6) 없다

49. 귀하는 한국 국적으로 바꾸실 의향이 있습니까? (   )

  1) 꼭 바꾸고 싶다   2) 가능하다면 바꾸고 싶다

  3) 상황이 되면 바꾸겠다   4) 별로 바꿀 생각이 없다

  5) 바꿀 생각이 전혀 없다   6) 생각해 본 적이 없다

(아래부터는 중국동포만 대답해 주십시오.)

50. 귀하는 현재 본인을 중국인이라고 생각하십니까? 한국인이라
    고 생각하십니까? (   )

  1) 중국인이라고 생각한다   2) 한국인이라고 생각한다

  3) 둘 다라고 생각한다

  4) 둘 다 어느 쪽도 아니라고 생각한다

50-1. 귀하는 한국에 오기 전에 본인을 중국인이라고 생각하셨
    습니까? 한국인이라고 생각하셨습니까? (   )

  1) 중국인이라고 생각했다   2) 한국인이라고 생각했다

  3) 둘 다라고 생각했다

  4) 둘 다 어느 쪽도 아니라고 생각했다

# 부록 2 - 국적법 시행령

[일부개정 2007.12.28 대통령령 제20465호]

　제3조 (귀화허가의 신청) 법 제4조제1항의 규정에 의하여 귀화허가를 받고자 하는 자는 법무부령이 정하는 귀화허가신청서를 작성하여 법무부장관에게 제출하여야 한다.

　제4조 (귀화허가신청에 대한 심사) ①법무부장관은 법 제4조제2항의 규정에 의하여 귀하허가신청자에 대한 귀화요건을 심사함에 있어서 관계기관의 장에게 귀화허가신청자에 대한 신원조회·범죄경력조회 및 체류동향조사를 의뢰하거나 기타 필요한 사항에 관하여 의견을 구할 수 있다.

　②법무부장관은 귀화허가신청자중 법 제6조제2항 각호에 해당하는 자에 대하여는 배우자와 정상적인 혼인관계를 유지하고 있는지 여부를 법무부령이 정하는 증빙서류를 제출하게 하거나 거주지를 실사하는 등 적정한 방법으로 확인하여야 한다.

③법무부장관은 제1항 및 제2항의 규정에 의한 조회·조사 및 확인 결과 귀화요건(법 제5조제3호 및 제5호의 요건을 제외한다)을 갖춘 자에 한하여 법 제5조제3호 및 제5호의 요건을 갖추고 있는지의 여부에 관한 심사(이하 "귀화적격심사"라 한다)를 시행한다.

④귀화적격심사는 필기시험 및 면접심사로 구분하여 시행한다. 다만, 법무부령이 정하는 자에 대하여는 필기시험을 면제할 수 있다.

⑤필기시험의 출제방식 등 귀화적격심사의 시행에 관하여 필요한 사항은 법무부령으로 정한다.

⑥법무부장관은 귀화적격심사의 대상자 중 필기시험에서 100점을 만점으로 하여 60점 이상을 득점하고, 면접심사에서 적합평가를 받은 자를 귀화적격자로 판정한다.

제5조 (귀화허가) ①법무부장관은 귀화적격심사결과 귀화적격자로 판정된 자에 한하여 귀화를 허가한다.

②법무부장관은 귀화를 허가한 때에는 그 사실을 지체 없이 본인에게 통지하고, 관보에 고시하여야 한다.

제6조 (특별귀화 대상자) 법 제7조제1항제2호에서 "대한민국에 특별한 공로가 있는 자"라 함은 다음 각호의 1에 해당하는 자를 말한다.

1. 본인 또는 그 배우자나 직계존·비속이 독립유공 또는 국가유공으로 관계법률에 의하여 대한민국의 정부로부터 훈장·포장 또는 표창을 받은 사실이 있는 자

2. 국가안보·사회·경제·교육 또는 문화 등 제반분야에서 대한민국의 국익에 기여한 공로가 있는 자

3. 기타 제1호 및 제2호에 준하는 공로가 있다고 법무부장관이 인정하는 자

제7조 (수반취득의 신청절차 등) ①법 제8조제1항의 규정에 의한 국적취득(이하 "수반취득"이라 한다)을 하고자 하는 자는 그 부 또는 모가 제3조의 규정에 의하여 법무부장관에게 제출하는 귀화허가 신청서에 수반취득하고자 하는 뜻을 표시하여야 한다.

②제1항의 규정에 의한 신청을 함에 있어서 부모가 이혼한 경우에는 그 부 또는 모가 수반취득을 신청한 자에 대하여 친권 또는 양육권을 가지고 있다는 것을 서면으로 증명하여야 한다.

③법무부장관은 법 제8조제1항에 규정된 요건을 갖춘 수반취득 대상자가 제1항 및 제2항의 규정에 의한 절차에 따라 수반취득을 신청한 경우에는 그 부 또는 모에 대하여 귀화를 허가하는 때에 수반취득에 관한 사항도 함께 통지하고, 관보에 고시하여야 한다.

제8조 (국적회복허가의 신청) 법 제9조제1항의 규정에 의하여 국적회복허가를 받고자 하는 자는 법무부령이 정하는 국적회복허가신청서를 작성하여 법무부장관에게 제출하여야 한다.

제9조 (국적회복허가신청에 대한 심사) ①법무부장관은 법 제9조제2항의 규정에 의하여 국적회복허가신청자에 대한 국적회복요건을 심사함에 있어서 관계기관의 장에게 국적회복허가신청자에 대한 신원조회·범죄경력조회·병적조회 또는 체류동향조사를 의뢰하거나 기타 필요한 사항에 관하여 의견을 구할 수 있다.

②법무부장관은 필요한 때에는 국적회복허가신청자에 대하여 의견을 진술하게 하거나 보완자료의 제출을 요구할 수 있다.

제10조 (국적회복허가) ①법무부장관은 국적회복허가신청자에 대하여 국적회복을 허가한 때에는 그 사실을 지체 없이 본인에게 통지하고, 관보에 고시하여야 한다.

②제7조의 규정은 국적회복허가의 경우에 이를 준용한다. 이 경우 "귀화허가신청서"는 "국적회복허가신청서"로 본다.

제11조 (외국 국적의 포기방식 등) ①법 제10조제1항에 규정된 자(동조 제2항 단서에 규정된 자를 제외한다)는 동조동항의 기간 내에 그 외국의 법률 및 제도에 따라 그 외국 국적을 포기 또는 상실하는 절차를 마치고, 그 외국의 영사 기타 관련 공무원이 발급한 국적포기

(상실)증명서 기타 이에 준하는 서류(이하 "국적포기증명서등"이라
한다)를 지체 없이 법무부장관에게 제출하여야 한다. 다만, 그 외국
의 법률 및 제도에 의하여 국적포기가 불가능하거나 그에 준하는
특별한 사유가 있는 자는 동조동항의 기간 내에 법무부령이 정하는
외국 국적포기각서를 작성하여 법무부장관에게 제출할 수 있으며,
이 경우 외국국적포기각서를 제출한 때에 그 외국 국적을 포기한
것으로 본다.

②법무부장관은 제1항의 규정에 의하여 국적포기증명서 등을 제
출하거나 외국국적포기각서를 제출한 자에 대하여 외국국적포기확
인서를 발급하여야 한다.

③제2항에 규정된 외국국적포기확인서의 서식 및 발급절차 등에
관하여 필요한 사항은 법무부령으로 정한다.

제12조 (외국 국적 포기사실증명의 요구) ①법무부장관은 법 제10
조제1항에 규정된 자(동조 제2항 단서에 규정된 자 및 제11조제1항
의 규정에 의하여 국적포기증명서등을 제출하거나 외국국적포기각
서를 제출한 자를 제외한다)에 대하여 동조동항의 기간이 경과한 이
후에 그 외국 국적을 포기하였는지의 여부를 확인할 필요가 있는
때에는 그 포기사실을 증명할 것을 서면으로 요구할 수 있다.

②제1항에 규정된 자의 소재를 알 수 없거나 기타 서면에 의하여
요구할 수 없는 부득이한 사정이 있는 때에는 관보에 게재하는 방식

으로 제1항의 규정에 의한 요구를 할 수 있다. 이 경우 관보에 게재된 날의 다음 날에 그 요구의 의사표시가 도달된 것으로 본다.

③제1항 또는 제2항의 규정에 의하여 요구를 받은 자는 요구를 받은 때부터 1월내에 그 외국의 영사 기타 관련 공무원이 발급한 국적포기증명서등에 의하여 그 외국 국적을 포기한 사실을 증명하여야 하며, 이를 이행하지 아니한 때에는 그 외국 국적을 포기하지 아니한 것으로 본다.

④제3항에 규정된 자로서 천재지변 기타 불가항력적 사유로 인하여 그 기간 내에 요구사항을 이행하지 못한 자는 그 사유가 소멸된 때부터 10일 내에 그 외국 국적을 포기한 사실을 증명할 수 있다.

제13조 (외국 국적 포기의무의 유보) ①법 제10조제2항 단서에서 "본인의 의사에 불구하고 제1항의 규정을 이행하기 어려운 자로서 대통령령이 정하는 경우에 해당하는 자"라 함은 다음 각호의 어느 하나에 해당하는 자를 말한다. <개정 2007.12.28>

1. 대한민국 국적을 취득할 당시 대한민국의 「민법」에 의하여 미성년인 자

2. 해당 외국의 법률에서 정하는 절차 등으로 인하여 법 제10조제1항에 규정된 기간 내에 당해외국 국적의 포기절차를 마치지 못하였으나 그 기간 내에 당해외국의 영사 기타 관련 공무원에게 국적포기의 뜻을 신고 또는 선서하는 등 당해국가의 국적포기절차를 개시하

고, 법무부장관에게 그 사실을 증명하는 서류를 제출한 자

3. 외국에 주소를 두고 있거나 영주귀국준비 등 법무부장관이 인정하는 특별한 사유로 인하여 법 제10조제1항에 규정된 기간 내에 그 외국 국적을 포기하지 못한 자로서 그 기간 내에 법무부장관에게 그 사유를 소명하는 서류를 제출한 자

②법무부장관은 제1항제2호 또는 제3호에 해당하는 자에 대하여는 외국국적포기유보확인서를 발급하여야 한다.

③제2항의 외국국적포기유보확인서의 서식 및 발급절차 등에 관하여 필요한 사항은 법무부령으로 정한다.

제14조 (외국 국적 미포기자에 대한 처우제한) 법 제10조제1항에 규정된 자로서 국적포기증명서 등에 의하여 그 국적포기사실을 증명하지 못한 자 또는 제13조제1항 각호의 1에 해당하는 자임을 증명하지 못한 자에 대하여는 관계법령이 정하는 바에 따라 출입국·체류·주민등록 또는 여권발급 등에 있어서 대한민국 국민으로서의 처우를 제한할 수 있다.

제15조 (국적의 재취득 신고절차 등) ①법 제11조제1항의 규정에 의하여 대한민국의 국적을 재취득하고자 하는 자는 법무부령이 정하는 국적취득신고서를 작성하여 법무부장관에게 제출하여야 한다.

②법무부장관은 제1항의 규정에 의한 국적취득신고를 수리한 때에는 그 사실을 지체 없이 본인에게 통지하고, 관보에 고시하여야 한다.

제16조 (이중국적자의 의의 등 <개정 2007.12.28>) ①법 제12조 제1항에서 "기타 이 법의 규정에 의하여 만 20세가 되기 전에 대한민국의 국적과 외국 국적을 함께 가지게 된자"라 함은 다음 각호의 1에 해당하는 자를 말한다.

1. 만 20세가 되기 전에 법 제3조, 법 제4조, 법 제8조, 법 제9조 또는 법률 제5431호 국적법개정법률 부칙 제7조의 규정에 의하여 대한민국의 국적을 취득한 외국인으로서 법 제10조제2항 단서의 규정에 의하여 그 외국 국적의 포기가 유보된 자

2. 대한민국의 국민으로서 만 20세가 되기 전에 법 제15조제2항의 규정에 의하여 외국 국적을 취득하게 된 후 법무부장관에게 대한민국 국적의 보유의사를 신고한 자

②법 제12조제1항에서 "만 20세가 된 후에 이중국적자가 된 자"라 함은 다음 각호의 1에 해당하는 자를 말한다.

1. 만 20세가 된 후에 법 제4조 또는 법 제9조의 규정에 의하여 대한민국의 국적을 취득한 외국인으로서 법 제10조제2항 단서의 규정에 의하여 그 외국 국적의 포기가 유보된 자

2. 만 20세 이상의 대한민국의 국민으로서 법 제15조제2항의 규정에 의하여 외국 국적을 취득하게 된 후 법무부장관에게 대한민국 국적의 보유의사를 신고한 자

③ 삭제 <2007.12.28>

④ 만 20세가 되기 전에 법 제12조제3항 각호의 어느 하나에 해당하게 된 자의 경우에는 만 20세가 된 때부터 같은 조 제1항 단서의 기간을 계산한다. <개정 2007.12.28>

제17조 (국적선택의 신고절차 등 <개정 2007.12.28>) ①법 제13조제1항의 규정에 의하여 이중국적자로서 대한민국의 국적을 선택한다는 뜻을 신고하고자 하는 자는 법 제12조제1항에 규정된 기간 내에 그 외국의 법률 및 제도에 따라 그 외국 국적을 포기 또는 상실하는 절차를 마치고, 법무부령이 정하는 국적선택신고서를 작성하여 법무부장관에게 제출하여야 한다.

②제11조제1항 단서에 규정된 자는 제1항의 국적선택신고를 위하여 외국 국적을 포기함에 있어서 외국국적포기(상실)증명서 대신 외국국적포기각서를 제출할 수 있다. 이 경우 외국국적포기각서는 국적선택신고서와 동시에 제출할 수 있다.

③법무부장관은 제1항의 규정에 의한 국적선택신고를 수리한 때에는 그 사실을 지체 없이 본인에게 통지하고, 그 등록기준지 가족관

계등록관서의 장에게 통보하여야 한다. <개정 2007.12.28>

제18조 (국적이탈의 신고절차 등 <개정 2007.12.28>) ①이중국적자로서 법 제14조제1항의 규정에 의하여 대한민국의 국적을 이탈한다는 뜻을 신고하고자 하는 자는 법무부령이 정하는 국적이탈신고서를 작성하여 법무부장관에게 제출하여야 한다.

②법무부장관은 제1항의 규정에 의한 국적이탈신고를 수리한 때에는 그 사실을 지체 없이 본인에게 통지하고, 관보에 고시하여야 하며, 그 등록기준지 가족관계등록관서의 장에게 통보하여야 한다. <개정 2007.12.28>

③제2항의 경우에 법무부장관은 국적이탈자가 주민등록이 되어 있는 것을 안 때에는 그 주민등록관서의 장에게도 그 사실을 통보하여야 한다.

④제2항 또는 제3항에 따라 그 등록기준지 가족관계등록관서의 장 또는 주민등록관서의 장에게 통보하는 서류에는 다음 각호의 사항을 기재하고 대한민국 국적이 상실되었음을 증명하는 서류를 첨부하여야 한다. <개정 2007.12.28>

1. 국적상실자의 성명 · 생년월일 · 성별 및 등록기준지

2. 국적상실의 원인 및 연월일

3. 외국 국적을 취득한 때에는 그 국적

제19조 (국적보유 의사의 신고절차 등 <개정 2007.12.28>) ①법
제15조제2항의 규정에 의하여 대한민국의 국적을 보유할 의사가 있
다는 뜻을 신고하고자 하는 자는 법무부령이 정하는 국적보유신고
서를 작성하여 법무부장관에게 제출하여야 한다.

②법무부장관은 제1항의 규정에 의한 국적보유신고를 수리한 때
에는 그 사실을 지체없이 본인에게 통지하고, 그 등록기준지 가족관
계등록관서의 장에게 통보하여야 한다. <개정 2007.12.28>

③제2항에 따라 그 등록기준지 가족관계등록관서의 장에게 통보하
는 서류에는 다음 각호의 사항을 기재하여야 한다. <개정 2007.12.28>

1. 국적보유 신고자의 성명·생년월일·성별 및 등록기준지

2. 외국 국적을 취득하게 된 원인 및 연월일

제20조 (국적상실의 신고·통보절차 등 <개정 2007.12.28>) ①법
제16조제1항의 규정에 의하여 국적상실신고를 하고자 하는 자는 법
무부령이 정하는 국적상실신고서를 작성하여 법무부장관에게 제출
하여야 한다.

②법 제16조제2항의 규정에 의하여 국적상실의 통보를 하는 때에

는 그 자의 성명·생년월일·성별 및 등록기준지 등 인적사항을 기재하고, 그가 대한민국 국적을 상실한 원인 및 연월일을 증명하는 서류 또는 그가 소지한 외국여권의 사본을 첨부하여야 한다. <개정 2007.12.28>

제21조 (국적상실자의 처리) ①법 제16조제3항의 규정에 의하여 법무부장관은 그 직무상 대한민국 국적을 상실하고도 가족관계등록부에서 말소되지 아니한 자를 발견하거나 제20조의 규정에 의한 국적상실의 신고 또는 통보를 수리한 때에는 지체 없이 그 사실을 관보에 고시하고, 그 등록기준지 가족관계등록관서의 장에게 통보하여야 한다. <개정 2007.12.28>

②제18조제3항 및 제4항의 규정은 제1항의 경우에 이를 준용한다.

제22조 (법정대리인이 하는 신청·신고 등) 법 제19조의 규정에 의하여 법정대리인이 대신하여 신청 또는 신고를 하는 때에는 신청서 또는 신고서에 법정대리인의 성명·주소 및 신청(신고)자와의 관계를 기재하고, 그 관계를 증명하는 서류를 첨부하여야 한다.

제23조 (국적판정의 신청) 법 제20조의 규정에 의하여 국적판정을 받고자 하는 자는 법무부령이 정하는 국적판정신청서를 작성하여 법무부장관에게 제출하여야 한다.

제24조 (국적판정의 심사 및 판정절차 등 <개정 2007.12.28>) ①

법무부장관은 국적판정을 함에 있어서 필요한 때에는 관계기관의 장에게 국적판정신청자에 대한 신원조회·범죄경력조회 또는 체류동향조사를 의뢰하거나 기타 심사상 참고가 될 사항에 관하여 의견을 구할 수 있다.

②법무부장관은 필요한 때에는 국적판정신청자에 대하여 의견을 진술하게 하거나 보완자료의 제출을 요구할 수 있다.

③법무부장관은 국적판정신청자의 혈통관계, 국외이주경위, 대한민국 국적을 취득한 사실여부, 그가 대한민국의 국적을 취득한 후 자진하여 외국국적을 취득함으로써 대한민국의 국적을 상실한 사실이 있는지의 여부 등을 심사한 후 현재도 대한민국의 국적을 보유하고 있는지의 여부를 판정한다.

④법무부장관은 국적판정신청자에 대하여 현재도 대한민국의 국적을 보유하고 있는 자로 판정한 때에는 그 사실을 지체 없이 본인에게 통지하고, 관보에 고시하여야 한다.

⑤제4항의 판정을 받은 자는 별도의 국적취득절차를 거치지 아니하고 「가족관계의 등록 등에 관한 법률」에서 정하는 바에 따라 가족관계등록창설을 할 수 있다. <개정 2007.12.28>

제25조 (외국에 주소를 두고 있는 자의 신고 또는 신청) ①법 제3조제1항·법 제9조제1항·법 제11조제1항·법 제13조제1항·법

제14조제1항·법 제15조제2항 및 법 제16조제1항의 규정에 의한 신고 또는 신청은 그 신고 또는 신청을 하고자 하는 자가 외국에 주소를 두고 있는 때에는 주소지 관할 재외공관의 장에게 신고서 또는 신청서를 제출할 수 있다. 다만, 외국에 주소를 두고 있는 자도 대한민국에 거소가 있는 때에는 법무부장관에게 직접 그 신고서 또는 신청서를 제출할 수 있다.

②제1항의 규정에 의하여 신고서 또는 신청서를 제출받은 재외공관의 장은 이를 지체 없이 외교통상부장관을 경유하여 법무부장관에게 이를 송부하여야 한다.

③법무부장관은 재외공관의 장을 통하여 제출된 신고를 수리하거나 신청을 접수한 때에는 그 사실을 외교통상부장관을 경우하여 당해재외공관의 장에게 통보한다.

제26조 (관보에 고시할 사항) 법 제17조제2항의 규정에 의하여 관보에 고시할 사항은 다음과 같다. <개정 2007.12.28>

1. 인지에 의한 국적취득신고를 수리한 때에는 국적취득자의 인적사항(성명, 생년월일, 성별, 종전 국적, 예정 등록기준지를 말한다. 이하 제2호 내지 제4호에서 같다) 및 신고 수리일

2. 귀화를 허가한 때에는 귀화자의 인적사항 및 귀화허가일(수반취득자가 있는 때에는 수반취득자의 인적사항을 포함한다)

3. 국적회복을 허가한 때에는 국적 회복자의 인적사항, 국적상실의 원인과 연월일 및 국적회복허가일(수반취득자가 있는 때에는 수반 취득자의 인적사항을 포함한다)

4. 국적재취득신고에 의한 국적취득신고를 수리한 때에는 국적취득자의 인적사항 및 신고수리일

5. 국적이탈신고를 수리한 때에는 국적이탈자의 인적사항(성명 · 생년월일 · 성별 · 외국국적 · 등록기준지) 및 신고수리일

6. 국적상실자에 대하여 국적상실처리를 한 때에는 국적상실자의 인적사항(성명 · 생년월일 · 성별 · 등록기준지), 국적 상실의 원인 및 국적상실 연월일(외국국적을 취득한 때에는 그 국적을 포함한다)

7. 국적판정신청에 대하여 국적보유자로 판정한 때에는 국적보유판정자의 인적사항(성명 · 생년월일 · 성별 · 등록기준지 또는 예정등록기준지) 및 국적보유판정일

부칙 <제15807호,1998.6.5>

제1조 (시행일) 이 영은 1998년 6월 14일부터 시행한다.

제2조 (모계출생자의 국적취득특례신고절차 등) ①법 부칙 제7조 제1항 또는 제3항의 규정에 의하여 대한민국의 국적을 취득하고자

하는 자는 법무부령이 정하는 국적취득신고서를 작성하여 법무부장
관에게 제출하여야 한다.

②법무부장관은 제1항의 규정에 의한 국적취득신고를 수리한 때
에는 그 사실을 지체 없이 본인에게 통지하고, 관보에 고시하여야
한다.

③제25조제1항 내지 제3항의 규정은 외국에 주소를 두고 있는 자가
제1항의 규정에 의하여 국적취득신고를 하는 경우에 이를 준용한다.

부칙 <제20465호,2007.12.28>

이 영은 2008년 1월 1일부터 시행한다.

임선일

건국대학교 석사(1995)
서울외국인 노동자센터 사무국장(2000~2003)
외국인 노동자 샬롬의집 대외협력국장(2006)
인문철학 연구공간 '여럿' 대표(2007)
이주노동자 인터넷 방송국 자문위원장(2008)
성공회대학교 외래교수(2008, 2010)
성공회대학교 사회학 박사(2010)
현) 성공회대학교 노동사연구소 연구위원

『지구화 시대의 국가와 탈국가』(공저, 2009)
「에스니시티 변형을 통한 한국사회 이주노동자의 문화변용 연구」(박사 논문, 2010)
「재한 중국동포의 에스니시티(ethnicity) 변용에 관한 연구
 － 서울 서남부 지역을 중심으로」(산업노동학회 연구 논문, 2010)

한국사회
이주노동자의
문화변용

초 판 발 행 | 2011년 1월 3일
중   쇄 | 2012년 12월 1일

지 은 이 | 임선일
펴 낸 이 | 채종준
펴 낸 곳 | 한국학술정보㈜
주   소 | 경기도 파주시 교하읍 문발리 파주출판문화정보산업단지 513-5
전   화 | 031) 908-3181(대표)
팩   스 | 031) 908-3189
홈페이지 | http://ebook.kstudy.com
E-mail | 출판사업부 publish@kstudy.com
등   록 | 제일산-115호(2000. 6. 19)

ISBN   978-89-268-1824-4 93330 (Paper Book)
          978-89-268-1825-1 98330 (e-Book)

이담
Books 는 한국학술정보(주)의 지식실용서 브랜드입니다.